국가공인

서비스경영능력시험

Service Management Ability Test

SMAT

비즈니스 커뮤니케이션

Module A

기획 SP&S컨설팅
저자 서비스 세일즈 가치 향상 연구회

BM 성안당
www.cyber.co.kr

Module A 비즈니스 커뮤니케이션

2015. 2. 16. 초 판 1쇄 발행
2016. 1. 12. 초 판 2쇄 발행
2016. 7. 20. 1차 개정증보 1판 1쇄 발행
2018. 2. 26. 1차 개정증보 1판 2쇄 발행

저자와의
협의하에
검인생략

지은이 | 서비스 세일즈 가치 향상 연구회
펴낸이 | 이종춘
펴낸곳 | **BM** 주식회사 **성안당**
주소 | 04032 서울시 마포구 양화로 127 첨단빌딩 5층(출판기획 R&D 센터)
| 10881 경기도 파주시 문발로 112 출판문화정보산업단지(제작 및 물류)
전화 | 02) 3142-0036
| 031) 950-6300
팩스 | 031) 955-0510
등록 | 1973. 2. 1. 제406-2005-000046호
출판사 홈페이지 | **www.cyber.co.kr**
도서 내용 문의 | ranglee@nate.com
ISBN | 978-89-315-7962-8(13320)
정가 | 14,000원

이 책을 만든 사람들
책임 | 최옥현
진행 | 최창동
기획 | SP&S 컨설팅
본문 디자인 | 인투
표지 디자인 | 박원석
홍보 | 박연주
국제부 | 이선민, 조혜란, 김해영
마케팅 | 구본철, 차정욱, 나진호, 이동후, 강호묵
제작 | 김유석

■ **도서 A/S 안내**

성안당에서 발행하는 모든 도서는 저자와 출판사, 그리고 독자가 함께 만들어 나갑니다.
좋은 책을 펴내기 위해 많은 노력을 기울이고 있습니다. 혹시라도 내용상의 오류나 오탈자 등이 발견되면 **"좋은 책은 나라의 보배"**로서 우리 모두가 함께 만들어 간다는 마음으로 연락주시기 바랍니다. 수정 보완하여 더 나은 책이 되도록 최선을 다하겠습니다.
성안당은 늘 독자 여러분들의 소중한 의견을 기다리고 있습니다. 좋은 의견을 보내주시는 분께는 성안당 쇼핑몰의 포인트(3,000포인트)를 적립해 드립니다.

잘못 만들어진 책이나 부록 등이 파손된 경우에는 교환해 드립니다.

머리말

현대사회는 우리가 변화를 인식하기도 전에 너무나 빠른 변화를 하고 있다. 이에 경제 행위를 하는 개인이나 기업들도 변화에 대응하거나 이끌기 위해 그 어느 때보다 더한 노력을 기울이고 있다. 현시대는 초변화, 초경쟁, 초세분화의 시대이며, 그 영향력은 국가도 예외일 수 없다. 개인과 조직, 기관, 기업, 나아가 국가도 차별화된 경쟁력을 향상시켜 지속성장이 가능한 상황을 만들기 위해 최선의 노력을 다하고 있는 상황이다. 이에 산업발전법상 산업생산성 향상의 전담기관인 한국생산성본부에서는 산업통상자원부와 함께 2012년부터 MAT(경영능력시험)제도를 개발하고 있다. MAT는 국내 각 주요산업 및 직무별 핵심지식을 체계화하여 각 자격시험으로 평가/인증하는 제도이며, 매년 1개 종목씩 개발 중에 있다.

이제 많은 국가들은 제조업을 뛰어 넘어 서비스 산업의 경쟁력 향상에 많은 관심과 투자를 하고 있다. 특히 우리나라 경제의 지속적인 성장 모멘텀 확보를 위해 서비스 산업의 전략적 육성이 필요한 바, 관련 인재를 양성하기 위해 MAT제도의 첫 번째 자격종목으로서 SMAT(서비스경영자격)를 시행하고 있다. SMAT는 Philip Kotler교수의 'Service Marketing Triangle' 모델을 기반으로 한다.

이는 서비스 경영분야의 학문연구에서 가장 많이 인용되는 모델로서, 기업의 브랜드 가치 향상을 위해서는 회사와 직원 간의 내부적 마케팅(HR 및 운영관리), 회사와 고객 간의 외부적 마케팅(브랜드), 직원과 고객 간의 상호작용적 마케팅(서비스) 간에 상호괴리가 없어야 함을 의미한다. 즉 서비스-브랜드-문화 간의 일체화를 이루어야 타사 대비 높은 수준의 서비스 차별화 및 조직경쟁력 확보가 가능하다는 것이다.

코틀러가 기업의 서비스 경쟁력 강화를 위해 제시한 3가지 요소는 실제 서비스 기업에서의 직무와도 일치한다. 대부분의 서비스 기업에서 직원들은 (1)고객현장 커뮤니케이션, (2)서비스 제공/세일즈 활동, (3)내부 운영관리 중 하나의 역할을 수행하게 된다. 따라서 서비스 현장의 실무 능력을 강화시키기 위한 노력은 곧 현장 업무수행 효과로 이어지고 이를 통해 기업의 경쟁력 강화에 기여하게 된다.

또한 체계의 우수성과 사회적 통용성을 갖춘 자격제도는 기업과 내부직원, 그리고 고객 모두에게 만족과 시너지를 제공해준다. SMAT자격은 관광/의료/금융/유통 등 국내 주요 서비스 산업의 기업에서 도입이 늘어나고 있으며, 2015년 국가공인 승격에 따라 교육기관에서의 활용 또한 활성화될 것으로 예측하고 있다. 특히 중견/중소기업의 경우 인사고과, 교육훈련 등 HR 전 분야에 걸쳐 신뢰성 있는 객관적 지표인 SMAT를 활용함으로써 보다 적은 비용으로 고객 서비스 차별화 및 경쟁력 강화를 이룰 수 있을 것으로 판단된다.

우리의 대다수 기업은 고객 접점의 현장보다는 고객 대중의 관심을 끄는 마케팅에 집중해온 것이 사실이다. 그러나 이제는 고객 접점의 세일즈 및 서비스 활동에서 새롭게 창조되는 고객가치에 집중해야 하는 시대가 펼쳐지고 있다. 각 기업의 경쟁이 심해지고 고객들의 요구가 다양, 개별, 복잡해지고 있기 때문이다.

서비스 현장의 경쟁력을 높이는 SMAT 자격 제도는 기업의 매출증대와 고객 만족도를 높이는 것과 동시에 브랜드가치의 향상을 꾀할 수 있다. 또한 자격을 획득한 서비스 제공자는 직업에 대한 자부심과 만족도가 향상되며, 고객입장에서는 같은 가격에 최상의 서비스를 제공받을 수 있다. 역동적인 서비스 현장을 체계적으로 학습하고 기초 역량을 강화하는 과정 속에서 기업과 소속 구성원들은 서비스 현장에서의 고객 이해도를 높이고 고객과의 커뮤니케이션의 중요성을 인식함과 동시에 이를 효과적으로 수행하는 실질적인 방법을 모색하게 될 것이다.

이러한 SMAT자격의 기본 취지와 목표에 맞도록 본 교재는 변경된 출제기준에 맞추어 SMAT 자격시험을 준비하는 수험생들이 효율적이면서도 쉽게 학습할 수 있도록 하였다. 또한 시험합격만이 아닌 실무에서 구체적이고 실질적으로 적용할 수 있도록 현장전문가를 포함한 최고의 집필진을 구성하였다. 본 교재는 SMAT시험을 주관하는 한국생산성본부의 인증을 받은 공식교재이며, SMAT의 공식 추천 도서인 '세일즈 커뮤니케이션 스킬12'와의 접목을 통해 이론과 현장을 아우르는 국가공인 자격시험의 수준과 방향에 맞추어 다음과 같이 구성하였다.

1. 변경된 출제기준에 맞추어 적중률 높은 내용으로 구성하였으며, 각 모듈과 주요 출제 범위들을 수험생이 이해하기 쉽도록 현장 업무의 흐름에 맞추어 구성하였다.

2. '서비스 현장 스케치'를 통해 현장 실무적인 내용을 제공함으로써 학습한 내용들이 실제 서비스 현장에서 어떠한 의미가 있는가를 인식하는 데에 도움을 준다. 이를 통해 SMAT 자격시험의 차별화인 '사례형, 통합형' 문제 풀이 역량이 강화될 것으로 기대된다.

3. 각 파트별 이론을 학습하기 전에 해당 파트에서 배워야 할 내용과 학습목표를 제시하였다. 이로써 내용의 구성과 흐름을 스토리로 이해하여 학습의 효과를 높일 수 있다.

4. '핵심 Key Word로 이해하기'와 '사례형, 통합형 문제 대비하기'에서는 본문 내용에서 반드시 이해하고 외워야 할 내용과 사항들을 정리하여 복습할 수 있도록 하였다.

5. '실력 평가 문제'를 통해 각 파트별 이론에 대한 내용을 점검할 수 있도록 하였다.

6. '실전모의고사'를 통해 중요 문제를 선별하여 최종적으로 실력을 점검할 수 있도록 하였으며, 한국생산성본부에서 제공한 '기출 예시 문제'를 통해 출제형식과 경향을 파악할 수 있도록 하였다.

본 교재를 통해 학습하는 많은 수험생들에게 자신의 미래를 열어가는 데 실질적이고 구체적인 도움이 되고자 하는 마음으로 정성껏 집필하였으며, 이를 위해 SP&S컨설팅은 '서비스 · 세일즈 가치향상연구회'를 특별히 신설하였으며, 앞으로도 SMAT의 발전을 위해 더 많은 노력과 열정을 다하고자 다짐해본다. 이 책이 나오기까지 수고해주신 '서비스 · 세일즈 가치향상연구회'의 모든 집필진들과 최고의 수험서를 발간하기 위해 아낌없는 지원과 응원을 보내 준 성안당출판사와 한국생산성본부에 감사의 마음을 전한다.

SP&S 컨설팅 공동대표 박두환 · 이경랑

■ 본 교재는 경영능력시험(MAT) 공식교재로서 다음과 같은 구성과 특징을 가지고 있습니다.

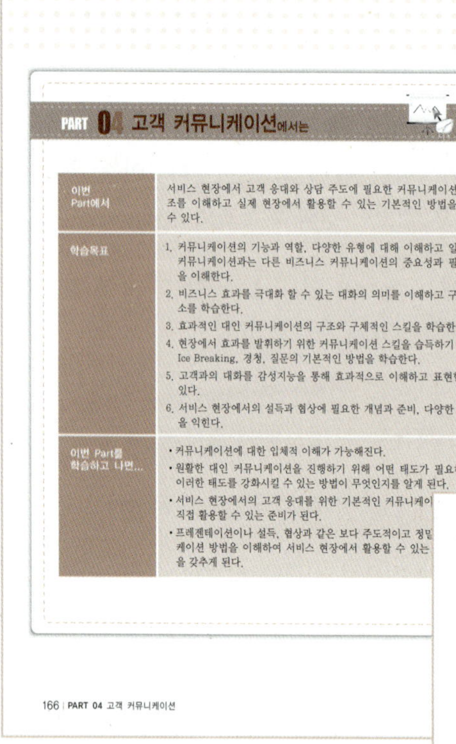

≫ 학습목표

이번 Part를 왜 학습해야 하는가/학습해야 할 중요 내용/학습의 기대효과를 제시하였습니다.

이론 정리 ≪

SMAT 출제기준과 출제 범위를 세밀히 분석하여 출제확률이 높은 내용만을 엄선하여 수록하였습니다.

「플러스 tip」 & 「서비스현장 스케치」≪

본문 내용의 보충 설명이나 추가적으로 학습해야 할 내용을 [플러스tip]으로 정리하였고, 실제 현장업무에서 진행되고 있는 중요한 사항을 [현장스케치]로 수록하였습니다.

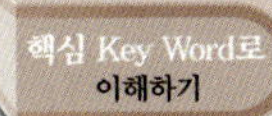

- **이미지** : '마음 속에 그린 그림'이라는 뜻으로 무형의 것으로 추상적이며 주관적인 측면이 강하다.
- **이미지 형성 과정** : 환경에 대해 의미를 부여하는 과정인 지각과정과 이를 각 개인이 보유한 과거의 기억과 혼합하여 형성되는 사고의 과정, 그리고 여기에 감정이 더해져 이미지는 강화, 확대되어 형성된다.
- **이미지 분류** : 내적, 외적, 사회적 이미지로 분류되며 이는 주관적 관점에서 형성된다.
- **이미지 메이킹의 개념** : 자신의 이미지를 상대에게 각인시키는 일, 자신에게 가장 바람직하게 구성된 개념 혹은 목표에 다가가기 위해 자신의 이미지를 통합적으로 관리하는 것이다.
- **이미지 메이킹의 세 가지 관점** : 참자아의 인식, 주관적 자아와 객관적 자아의 인식 차이를 축소·제거하는 것, 현실적 자아 상태를 이상적 자아 상태로 끌어 올리는 것
- **이미지 메이킹의 5단계** : 자신을 알라, 자신을 계발하라, 자신을 포장하라, 자신을 팔라, 자신에게 진실하라.
- **퍼스널 브랜딩** : 자신만이 가지고 있는 장점, 능력, 가치, 열정 등을 이해하고 그것들을 활용하여 자신을 차별화시켜 이를 경력이나 자기계발 등에 지침이 되도록 하는 과정, 이미지 메이킹의 보다 적극적이고 목표지향적인 개념의 활동
- **첫인상** : 신속성, 일회성, 일방적, 강한 영향력
- **메라비안의 법칙** : 한 사람이 상대방으로부터 받는 이미지는 시각이 55%, 청각이 38%, 언어의 내용이 7%라는 법칙으로 시각적, 청각적 이미지의 중요성을 강조한 법칙
- **이미지 형성과 관련된 효과** : 초두 효과, 맥락 효과, 후광 효과, 부정성 효과, 최근 효과, 중심특성 효과
- **표정의 중요성** : 내면의 감정이 외적으로 표현되는 것, 타인에게 감정이 전달되는 더불어 표정을 짓는 사람의 감정에도 영향을 미친다.
- 자연스러운 눈과 입의 표정 및 비호감을 주는 시선과 입의 표정에 대한 이해
- 서있는 자세, 걷는 자세, 앉는 자세, 방향안내 자세, 물건 수수 자세 등의 특징 이해
- **Voice 이미지** : 사람의 무의식적인 이미지 형성에 중요한 역할을 수행한다. 복식호흡 연습 등으로 개선할 수 있다.
- **효과적인 Voice 이미지 연출의 6가지 요소** : 속도, 리듬, 쉼, 강세, 끊어읽기, 발음과
- **패션 이미지** : 남성의 패션과 여성의 패션에 따른 기본적인 특징 이해하기

핵심 Key Word로

≫ 핵심 Key Word로 이해하기

본문 내용에서 반드시 이해하고 외워야 할 내용과 사항들을 정리하여 복습할 수 있도록 하였습니다.

- 이미지 메이킹 5단계를 이해하고 이를 어떻게 활용할 수 있을 것인가에 대한 판단력 측정을 위해 구체적인 이미지 메이킹의 사례를 제시할 수 있다.
  - 각 사례들이 이미지 메이킹의 어떠한 단계에 해당하는 가를 질문
  - 단계별 이미지 메이킹을 효과적으로 실천하기 위해 무엇을 하는 것이 적절한 것인지 질문
- 첫인상과 관련한 6가지의 효과(초두, 맥락, 후광, 부정성, 최근, 중심특성)에 대한 사례 및 예시 중심으로 이해도를 측정한다.
  - 초두 효과 : 첫인상의 지속성
  - 맥락 효과 : 동일한 상황, 조건에서도 기존의 판단이나 인상에 따라 다르게 해석된다.
  - 후광 효과 : 대상에 대한 하나의 이미지가 그와 연관된 다른 부분에도 영향을 미치게 된다.
  - 부정성 효과 : 긍정적인 내용보다 부정적 내용의 영향력이 더 크다.
  - 최근 효과 : 가장 최근의 정보, 인상이 가장 중요하게 영향을 미친다.
  - 중심특성 효과 : 모든 조건이 같다면 따뜻하고 인간적인 느낌을 선호한다.
  (특히 맥락 효과와 후광 효과를 구분하여 이해해야 한다. 맥락은 해석이 달라지게 되는 효과, 똑같은 상황도 어떤 맥락으로 바라보느냐에 따라 다르게 해석된다. 후광 효과는 예측 및 평가에 미치는 영향을 의미한다. "아마도 ~ 일 것이다." 등으로 표현되는 것이 일반적)
- 서비스 현장에서 효과적인 이미지 형성에 영향을 미치는 표정, 제스처, 걸음걸이, 방향안내 및 물건 수수 자세 등에서의 올바른 방법을 알고 있는가 확인한다.
- Voice 이미지 훈련법, 이미지 연출의 6가지 요소를 특정한 상황을 통해 유추해 낼 수 있도록 하여 이해도를 측정한다.
- 특정한 상황에서의 올바른 패션의 방법을 질문할 수 있다.
- 복합적인 서비스 현장 사례를 제시하여 서비스 제공자의 이미지 형성에 대한 긍정적, 부정적 요소 등을 확인할 수 있도록 입체적인 질문이 제시될 수 있다.

사례형, 통합형 문제 대비하기 ≪

현장 실무적인 내용을 통해 '사례형, 통합형' 문제 풀이의 역량을 강화할 수 있도록 하였습니다.

≫ 실전모의고사

SMAT 출제유형과 난이도를 분석하여 최종적으로 시험에 대비할 수 있는 문제를 자세한 해설과 함께 수록하였습니다.

≫ 실전모의고사

01~24 선다형

01 다음은 예절과 매너 에티켓의 설명이다. 옳지 않은 것은 무엇인가?

① 예의범절은 사람과 사람 사이에 함부로 하지 않고, 때와 장소에 따라서 적절하게 행동하는 것을 뜻한다. 그리고 축약하여 '예절'이라고 한다.
② 매너는 사람이 수행하는 일을 위해 행동하는 구체적인 방식이나 습관이 외적으로 표현되는 것을 말한다.
③ 에티켓이란 '규범', '사회적 약속'이라고 불리면서 대인 관계 속에서의 합리적 행동 기준이며 사회적 불문율로 이해할 수 있다.
④ 유교사상 중심의 동양적 예의범절은 위계질서와 공동체를 중시하여 윗사람에 대한 공경, 부모에 대한 효도를 중심으로 구성된 반면, 서양의 예절은 평등을 중시하고 개인주의적 경향성이 강하다.
⑤ 매너와 에티켓은 예의범절과 유사한 개념이지만 에티켓은 일종의 형식의 개념이고, 매너는 일종의 규범이라는 의미로 볼 수 있다.

에티켓은 약속 혹은 규범이므로 '있다', '없다'로 표현하고, 매너는 형식을 갖춘 표현이므로 '좋다', '나쁘다'로 표현하게 된다.

02 다음은 응대 매너 중 인사에 대한 설명이다. 잘못된 설명은 무엇인가?

① 자신의 인격과 교양을 외적으로 나타내며 서로의 마음을 열게 하는 첫 번째 단계로 볼 수 있다
② 상대방과 눈 맞춤을 하며 밝은 미소와 목소리로 하는 것이 좋다
③ 인사는 때와 장소를 가리지 않고 늘 한결같은 목소리와 패턴으로
④ 계단 아래에 윗사람이 있을 경우에는 아래로 내려가서 상대에게
⑤ 고개만 끄덕이거나 상대를 쳐다보지 않고 형식적으로 인사하이다.

인사는 때와 장소에 따라 다른 방식으로 해야 하는 경우가 있다.

45~50 통합형

※ [45~46] 다음은 금융상품이 만기가 되어 방문한 고객을 응대하는 은행 담당자의 서비스 응대이다.

A : 축하드립니다. 적금을 가입하실 때 목표가 있으셨을 것 같은데요. 여쭤봐도 될까요?

B : 네, 목돈을 만들기 위해서 이렇게 시간을 투자하신 거군요. 정확한 계획으로 목표를 이루셔서 뿌듯하실 것 같습니다. 그럼 이번 만기 자금은 특별한 사용처가 있으신 게 아니신가요?

C : 네, 사용하시기 보다는 재투자를 검토하시는 거군요. 그렇다면 혹시 어떤 형태로 투자를 계획하고 계신지요?(중략)

D : 거치식 상품은 투자 수익이 예상되는 상품을 선호하고 계신다는 말씀이시네요. 맞으신지요?

E : 투자 수익이 중요하긴 하지만 투자 상품을 고르기가 어려우신거군요. 혹시 염려되시는 점이 있다면 어떤 점 때문인가요?

F : 원금 손실에 대한 염려가 가장 크시군요. 그 밖에 또 어떤 점이 염려되시는지요?

G : 바로 그러한 부분들 때문에 고객님의 투자 성향이나 자금의 성격이 잘 고려된 상품으로 가입하시는 것이 중요합니다. (H   )

I : 고객님처럼 계획을 수립하고 완성하시는 성향의 고객께서는 포트폴리오별 투자 계획의 성공 확률이 매우 높으십니다. (J   )

45 서비스 제공자의 응대 화법을 효과적인 비즈니스 커뮤니케이션의 방법으로 해석하여 설명하였다. 거리가 먼 것은?

① 적절한 칭찬과 함께 정리하기 기법 등의 고급 경청 기법과 재질문의 구조로 이어진 One Cycle Flow의 구조를 가진 서비스 응대이다.
② 서비스 제공자는 상담의 목표를 위해 구체적인 질문을 단계별로 펼쳐 가고 있다.
③ A와 C는 고객의 상황을 파악하기 위한 폐쇄형 질문이며, D는 상담의 진전을 이루고 고객의 동의를 구하기 위한 직접형 질문의 형식이다.
④ E~G에서는 3 Step Keyword를 활용하여 고객의 부담이나 염려를 상담의 진전으로 효과적으로 이어가게 되었다.
⑤ I는 적절한 칭찬과 함께 서비스 제공자의 전문성과 경험을 드러내는 응대 화법이었다.

A와 C는 개방형 질문이며, D는 간접형 질문이다.

1. 시험안내

① 시험 접수방법

구분	접수 방법	비고
정시	MAT 홈페이지(www.mat.or.kr) 접수	연 6회 시험시행/개인 및 단체(5인 이상) 접수 가능
상시	지역센터 방문 접수	월 1회 시험시행/기관 및 학교 단위 단체접수(30인 이상)

※ 한국생산성본부 MAT 지역센터 연락처 참조

② 응시료

구분	1개 Module	2개 Module	3개 Module
응시료	20,000원	36,000원	50,000원

- 100%환불(결제수수료 포함) : 인터넷접수시작일(공식일정기준)부터 11일(18:00)까지 취소 가능
  (예 접수시작일이 1월 8일인 경우, 1월 18일 18:00까지 취소 가능)
- 50% 환불(결제수수료 포함) : 100% 환불기간 익일(10:00)부터 시험주 목요일(18:00)까지 취소 가능
  (예 2월 13일 시험인 경우, 2월 10일 18시까지 취소 가능)

③ 합격자 발표

- MAT 홈페이지(www.MAT.or.kr)에서 로그인 후 개별 또는 단체로 확인 가능
- 합격자 발표 기간은 성적공고 후 일주일 간
- 합격자 발표기간 이후의 합격여부는 "자격취득조회"에서 확인 가능

④ 자격증 발급

- 발급기관 : 한국생산성본부
- 신청방법 : MAT 홈페이지(www.MAT.or.kr)에서 신청 가능(자격증 발급비용 별도)
- 자격증 신청 기간 : 매주 월요일(09:00)~금요일(18:00)
- 자격증 배송 : 신청 후 수령까지 2주 소요(신청 후 MAT 홈페이지 "자격증 발급·수정" 메뉴에서 확인 가능)

2. 평가 체계(펼친면 편집)

① 시험 구조

(Module B) 서비스 마케팅/세일즈	(Module C) 서비스 운영전략

(Module A) 비지니스 커뮤니케이션

- **1급(컨설턴트) :**
  A+B+C 3개 Module 모두 취득
  (프로페셔널, 전문가)

- **2급(관리자) :**
  A+B or A+C 2개 Module 취득
  (직무별 특성화 인재)

- **3급(실무자) :**
  A(기본) 1개 Module 취득
  (서비스산업 신입사원)

② 시험모듈 및 합격기준

모듈	검정목표	과목	배점 및 합격기준
(Module A) 비지니스 커뮤니케이션	고객 접점에서 올바른 비즈니스 매너와 이미지를 바탕으로, 고객 심리를 이해하고 고객과 소통할 수 있는 현장 커뮤니케이션 실무자 양성	비즈니스 매너/에티켓	
		이미지 메이킹	
		고객심리의 이해	
		고객 커뮤니케이션	
		회의기획 및 의전실무	
(Module B) 서비스 마케팅/세일즈	서비스 현장에서 CRM 및 상담역량을 바탕으로, 서비스 유통관리 및 코칭/멘토링을 통해 세일즈를 높일 수 있는 서비스 마케팅 관리자 양성	서비스 세일즈 및 고객상담	- 100점 만점(70분간 50문항) - 총 70점 이상 합격 - 각 과목 40% 미만 시 과락 - 5가지 유형 혼합 출제
		고객관계관리(CRM)	
		VOC 분석/관리 및 컴플레인 처리	
		서비스 유통관리	
		코칭 교육훈련 및 멘토링 및 동기부여	
(Module C) 서비스 운영전략	서비스 현장에서 CSM 및 HRM에 대한 이해를 바탕으로, 우수한 서비스 프로세스를 설계하고 공급/수요를 관리할 수 있는 서비스 운영전략 관리자 양성	서비스 산업 개론	
		서비스 프로세스 설계 및 품질관리	
		서비스 공급 및 수요관리	
		서비스 인적자원관리(HRM)	
		고객만족경영(CSM) 전략	

③ 자격종목별 출제 범위

모듈	과목	출제 범위
(Module A) 비즈니스 커뮤니케이션	비즈니스 매너/에티켓	매너와 에티켓의 이해, 비즈니스 응대, 전화응대 매너, 글로벌 매너
	이미지 메이킹	이미지 메이킹의 개념, 표정이미지 분석, 상황별 제스처 분석, Voice 이미지 연출, 패션이미지 연출
	고객심리의 이해	고객에 대한 이해, 고객 구매행동 이해, 고객 성격유형에 대한 이해, 고객의 의사결정과정
	고객 커뮤니케이션	커뮤니케이션의 이해, 효과적인 대화기법 이해, 커뮤니케이션 스킬 습득, 고객 감성의 이해, 설득 및 협상기법 익히기
	회의기획 및 의전실무	MICE 이해, 회의 운영 기획/실무, 의전 실무 기획/운영, 프레젠테이션 작성
(Module B) 서비스 마케팅/세일즈	서비스 세일즈 및 고객상담	서비스 세일즈의 이해, 서비스 세일즈 전략 분석, 고객상담 전략, 고객 유형별 상담기법, MOT 분석 및 관리
	고객관계관리(CRM)	고객관계관리 이해, 획득-유지-충성-이탈-회복 프로세스, CRM 시스템, 고객접점 및 고객경험 관리, 고객 포트폴리오 관리
	VOC 분석/관리 및 컴플레인 처리 실무	VOC 관리시스템 이해, VOC 분석/관리법 습득, 컴플레인 개념 이해, 컴플레인 대응원칙 숙지, 컴플레인 해결방법 익히기
	서비스 유통관리	서비스 구매과정의 물리적 환경, 서비스 유통채널 유형, 서비스 유통 시간/장소 관리, 전자적 유통경로 관리, 서비스 채널 관리전략
	코칭 교육훈련 및 멘토링 및 동기부여	성인학습의 이해, 교육훈련의 종류 및 방법, 서비스 코칭의 이해/실행, 정서적 노동의 이해 및 동기부여, 서비스 멘토링 실행
(Module C) 서비스 운영전략	서비스 산업 개론	유형별 서비스의 이해, 서비스업의 특성 이해, 서비스 경제 시대 이해, 서비스 패러독스, 서비스 비즈니스 모델 이해
	서비스 프로세스 설계 및 품질관리	서비스품질 측정모형 이해, 서비스 GAP 진단, 서비스 R&D 분석, 서비스 프로세스 모델링, 서비스 프로세스 개선방안 수립
	서비스 공급 및 수요관리	서비스 수요 예측기법 이해, 대기행렬 모형, 서비스 가격/수율 관리, 서비스 고객기대 관리, 서비스 공급 능력 계획 수립
	서비스 인적자원관리 (HRM)	인적자원관리의 이해, 서비스 인력 선발, 직무분석/평가 및 보상, 노사관계 관리, 서비스인력 노동생산성 제고
	고객만족경영(CSM) 전략	경영전략 주요 이론, 서비스 지향 조직 이해, 고객만족의 평가지표 분석, 고객만족도 향상 전략 수립

구분	지역센터	시험시행 담당 지역	주소	연락처
수도권 (11곳)	서울남부	강서구, 양천구, 구로구, 영등포구, 동작구, 금천구, 관악구, 서초구	서울시 양천구 오목로189 남진빌딩 3층	02-2607-9402
	서울동부	도봉구, 강북구, 노원구, 중랑구, 동대문구, 성동구, 광진구	서울시 중랑구 동일로946(묵동) 신도브래뉴 4층 420	02-972-9402
	서울서부	은평구, 종로구, 서대문구, 마포구, 중구, 용산구, 성북구	121-748 서울 마포구 독막로 331(도화동) 마스터즈타워 2306호	02-719-9402
	서울강남	강남구, 송파구, 강동구	서울시 강남구 개포로668(일원동) 강남빌딩4층	02-2226-9402
	인천	인천시(강화군 제외)	인천광역시 남동구 동대로 935(간석동) 리더스타워 A동 902호	032-421-9402
	경기북부	고양시, 의정부, 동두천, 파주, 남양주, 연천, 포천, 가평, 양주, 양평, 구리	경기도 의정부시 추동로9(신곡동) 휴먼시티빌딩 509호	031-853-9408
	경기동부	성남시, 용인시, 하남시, 광주시, 이천시, 여주군	경기도 성남시 분당구 야탑남로128번길9-4(야탑동)/판교로592번길 9-4	031-781-9401
	경기남부	수원시, 평택시, 오산시, 화성시, 안성시	경기도 수원시 팔달구 중부대로223번길9(우만동) 우신빌딩 5층	031-236-9402
	경기중부	안양시, 과천시, 군포시, 의왕시, 안산시	경기도 군포시 군포로787-1(산본동) 세화빌딩 3층	031-429-9402
	경기서부	부천시, 김포시, 시흥시, 광명시, 인천광역시 강화군	경기도 부천시 원미구 중동로248번길86(중동) 현해탑프라자 505호	032-323-9402
	강원	강원도내 전지역	강원도 원주시 소방서길8(명륜동) 1층	033-731-9402
대전 충청 (3곳)	대전	대전시, 공주시, 청양군, 보령시, 부여군, 논산시, 계룡시, 서천군, 금산군, 세종시(12.7.1.출범)	대전광역시 중구 대흥로20(대사동) 선교빌딩 602호	042-222-9402
	충청북부	천안시, 아산시, 당진군, 예산군, 서산시, 홍성군,태안군[충북 : 음성군, 괴산군, 충주시, 제천시, 단양군 이상 5개 시군지역]	충청남도 천안시 서북구 오성9길(두정동) 1층	041-556-9402
	충북	진천군, 증평군, 청주시, 청원군, 보은군, 옥천군, 영동군 이상 7개 시군지역	충북 청주시 흥덕구 덕암로28(봉명동) 대진빌딩 1층	043-268-9402

구분	지역센터	시험시행 담당 지역	주소	연락처
부산 경남 (4곳)	부산동부	금정구, 동래구, 해운대구, 수영구, 남구, 기장군	부산광역시 해운대구 해운대로143번길(재송동) 3층	051-313-9402
	부산서부	부산진구, 북구, 사상구, 강서구, 동구, 서구, 중구, 사하구, 연제구, 영도구	부산광역시 연제구 중앙대로1073(연산동) 전국교수공제회관 1002호	051-465-9402
	경남	경남도내 전지역	경상남도 진주시 동진로111 디럭스타워 5층	055-762-9402
	울산	울산시 전지역	울산광역시 남구 북부순환도로17(무거동) 남운프라자 OP 1303호	052-223-9402
대구 경북 (4곳)	대구	경산시(경북), 대구시(달서구, 동구, 남구, 중구, 수성구)	대구광역시 달서구 달구벌대로301길14(용산동)3층	053-622-9402
	대구경북서부	구미시, 김천시, 상주시, 칠곡군, 대구시(북구), 대구시(서구), 고령군, 성주군, 청도군	경상북도 구미시 형곡로64(형곡동)	054-451-9402
	경북북부	군위군, 문경시, 봉화군, 안동시, 영양군, 영주시, 예천군, 의성군, 청송군	경상북도 안동시 경북대로391(옥동)	054-841-9402
	경북동부	경주시, 영덕군, 영천시, 울릉군, 울진군, 포항시	경상북도 포항시 북구 양학로70-22(학잠동) 보성아파트상가 2층	054-277-9402
호남 지부 (6곳)	전북	전북도내 전지역	전북 전주시 완산구 팔달로141(전동) 우성프라자 3층	063-286-9402
	광주	광주광역시(남구, 동구, 북구, 서구)	광주광역시 서구 매월2로53(2매월동) 광주산업용재유통센터29동 209호	062-603-4403
	전남서부	목포시, 무안군, 영암군, 장흥군, 강진군, 해남군, 완도군, 진도군, 신안군	전남 목포시 통일대로37번길38(상동)2층 전남서부자격정보센터	061-283-9402
	전남동부	순천시, 광양시, 보성군, 고흥군, 여수시	전남 순천시 강남로93(동외동) 강남타워 803호	061-745-9402
	광주전남북부	장성군, 담양군, 화순군, 영광군, 함평군, 곡성군, 구례군, 나주시, 광주광역시 광산구	광주광역시 북구 첨단과기로313(대촌동) 하이테크센터 506호	062-973-9402
	제주	제주도내 전지역	제주특별자치도 서광로289-1(이도일동) 하나빌딩 1층	064-726-9402

※ 전국 총28개 MAT 지역센터 (상기 지역 외 거주자는 가까운 지역센터를 통해서 시험 문의 가능)

목차
CONTENTS

PART 01 ▶ 비즈니스 매너와 에티켓

Chapter 01 매너와 에티켓의 이해
1. 매너(Manner)의 어원과 개념 ·········· 21
2. 에티켓(Etiquette)의 어원과 개념 ·········· 23
3. 예의범절(禮儀凡節) ·········· 23
4. 네티켓 ·········· 24

Chapter 02 비즈니스 응대
1. 개인매너 ·········· 26
2. 응대매너 ·········· 27
3. 명함 ·········· 30
4. 악수 ·········· 32
5. 장소별 매너 ·········· 33

Chapter 03 전화응대 매너
1. 유선전화 매너 ·········· 39
2. 무선전화 매너 ·········· 45

Chapter 04 글로벌 매너
1. 글로벌 매너의 원칙 이해 ·········· 47

| 핵심 Key Word로 이해하기 | ·········· 53
| 사례형, 통합형 문제 대비하기 | ·········· 55
| 실력 평가 문제 | ·········· 56

PART 02 ▶ 이미지 메이킹

Chapter 01 이미지 메이킹의 개념
1. 이미지(Image)란? ·········· 71
2. 이미지 메이킹이란? ·········· 73
3. 첫인상 ·········· 76
4. 이미지 형성과 관련된 효과 ·········· 77

Chapter 02 표정 이미지

1. 표정의 중요성 · 79
2. 아름다운 표정 만들기 · 80

Chapter 03 상황별 제스처

1. 자세 · 83

Chapter 04 Voice 이미지 연출

1. 소리 · 86
2. 목소리의 연출 · 86
3. 효과적인 Voice 이미지 연출의 6가지 요소 · · · · · · · · · · · · · · · · 88

Chapter 05 패션 이미지 연출

1. 패션 이미지의 중요성 · 90
2. 복장관리의 개념 · 90
3. 남성의 패션 · 90
3. 여성의 패션 · 93

| 핵심 Key Word로 이해하기 | · 95
| 사례형, 통합형 문제 대비하기 | · 96
| 실력 평가 문제 | · 97

PART 03 ▶ 고객심리의 이해

Chapter 01 고객에 대한 이해

1. 고객의 의미와 중요성 · 111
2. 고객의 특성 · 112
3. 고객 심리에 대한 이해 · 113
4. 다양한 고객 분류 · 114

Chapter 02 고객 구매 행동 이해

1. 고객의 니즈(Needs)에 대한 이해 · 118
2. 고객 구매 행동의 특성 · 121
3. 구매 심리 변화 모델 – AIDMA 모델 · 125

Chapter 03 고객 성격유형에 대한 이해

1. 고객 성격유형 이해의 필요성 · 126
2. MBTI 성격유형 · 126
3. DISC 유형 · 129
4. 빅 파이브(Big Five) 성격유형 · 131

Chapter 04 고객의 의사결정 과정

1.문제의 인식 134
1.정보 탐색 단계 135
2.대안평가 단계 135
4.구매(Purchase) 139
5.구매 후 행동(Post Purchase Behavior) 141

| 핵심 Key Word로 이해하기 | 144
| 사례형, 통합형 문제 대비하기 | 146
| 실력 평가 문제 | 147

PART 04   고객 커뮤니케이션

Chapter 01 커뮤니케이션의 이해

1.커뮤니케이션의 이해 167
2.커뮤니케이션의 유형 169
3.비즈니스 커뮤니케이션의 이해 171

Chapter 02 효과적인 커뮤니케이션의 이해

1.비즈니스 커뮤니케이션의 개념 및 특성 173
2.효과적인 커뮤니케이션을 구성하는 언어와 비언어적 커뮤니케이션에 대한 이해 174
3.커뮤니케이션의 장애 요소(오류의 원인) 175

Chapter 03 커뮤니케이션 스킬 습득

1.효과적인 대인 비즈니스 커뮤니케이션 스킬의 구조 177
2.현장에서 효과를 발휘하는 대화 스킬의 습득 178
3.대화의 주도권과 니즈를 이끌어 내는 질문 스킬 184
4.서비스 현장에서 유용한 표현법 188

Chapter 04 고객 감성의 이해

1.감성 지능의 이해 190
2.공감(Empathy)의 힘 192
3. 감성적 커뮤니케이션에 관련한 이론 194

Chapter 05 설득 및 협상 기법 익히기

1.설득 196
2.협상 201

| 핵심 Key Word로 이해하기 | 205
| 사례형, 통합형 문제 대비하기 | 207
| 실력 평가 문제 | 208

PART 05 ▶ 회의 기획 및 의전 실무

Chapter 01 MICE의 이해

1. MICE의 정의와 중요성 ···································· 229
2. 회의 및 컨벤션 산업의 이해 ···························· 232
3. 컨벤션 산업의 구성 3요소 ····························· 233
4. Incentive Trip ··· 237
5. Exhibitions/Event ····································· 238

Chapter 02 회의 운영 기획, 실무

1. 회의 개요 ·· 240
2. 회의 진행 실무 ·· 242
3. 등록 및 숙박관리 ····································· 246
4. 기자재 장비 관리 ····································· 247

Chapter 03 의전 실무 기획, 운영

1. 의전의 이해 ··· 248
2. 행사추진기구의 구성 ·································· 250
3. 의전 기획 ··· 251
4. 의전 분류 ··· 253
5. 연회(만찬) 서비스 ···································· 255
6. 의전 서열 ··· 258

Chapter 04 프레젠테이션 작성

1. 프레젠테이션의 이해 ·································· 261
2. 프레젠테이션의 3요소 ································ 262

| 핵심 Key Word로 이해하기 | ·························· 270
| 사례형, 통합형 문제 대비하기 | ······················ 272
| 실력 평가 문제 | ···································· 273

PART 06 ▶ 실전모의고사

실전모의고사 ··· 286

PART 01

비즈니스 매너와 에티켓

Chapter 01_ 매너와 에티켓의 이해

Chapter 02_ 비즈니스 응대

Chapter 03_ 전화응대 매너

Chapter 04_ 글로벌 매너

일상의 생활에서 예의범절과 규범은 자율과 창의의 중요성에 가려져 과거에 비해 강조되지 않고 있다. 하지만 비즈니스 현장에서는 고객 존중에 대한 욕구와 서비스 수준에 대한 요구가 높아지고 있기에 매너와 에티켓이 더욱 강조될 전망이다. 또한 과거에 비해 일상적인 교육, 훈육의 과정 속에서 자연스럽게 접할 기회가 적어져 비즈니스 현장에서 적절치 않은 매너와 에티켓으로 인해 당황하거나 실수하는 경우도 많아졌다.

매너와 에티켓은 서비스 현장에서 중요한 영향을 미칠 수 있다. 일반적인 관계에서처럼 실수를 만회할 여러 번의 기회가 주어지는 것이 아니며, 매너와 에티켓이 곧바로 자질과 태도에 대한 평가로 이어지기 때문에 비즈니스 현장에서 기업은 물론 각 개인의 브랜딩에 절대적인 영향을 미치게 된다.

서비스 제공자는 서비스 현장의 업종, 개인의 역할 등에 따라 비즈니스 매너와 에티켓의 범위를 적절하게 적용, 응용하여 자신의 가치를 높이고 기업의 이미지를 고객에게 제대로 전달할 수 있게 된다.

이번 Part에서	매너와 에티켓의 의미를 이해하고, 활용하는 방법을 익혀 효과적인 비즈니스 커뮤니케이션의 기초적인 토대를 만든다.
학습목표	1. 예의범절, 매너와 에티켓의 개념을 이해한다. 2. 비즈니스 응대의 방법을 알고, 현장에서 상황별로 적용하고 응용력을 높일 수 있도록 한다. 3. 유선전화와 무선전화의 매너와 비매너를 알고 실천할 수 있도록 한다. 4. 글로벌 매너를 이해하는 기본 태도와 함께 주요 국가의 핵심적인 매너의 차이를 익혀둔다.
이번 Part를 학습하고 나면...	• 고객을 응대할 수 있는 기초적이고 기본적인 매너와 에티겟을 이해하여 일상과 서비스 현장에서 바로 적용하며 자신감을 높인다. • 자신의 현재 서비스 응대 사항을 리뷰하여 비매너와 비에티켓을 찾아 고칠 수 있는 기회를 제공한다. • 현장별로 구체적인 상황에서의 매너와 에티켓을 알 수 있게 된다. • 전화응대 요령을 구체적으로 터득하여 서비스 현장에 바로 접목하여 서비스 수준을 정형화시킬 수 있다. • 글로벌 시대의 비즈니스를 할 수 있는 기본적인 소양을 갖출 수 있다.

Chapter 01 매너와 에티켓의 이해

서비스는 사람과 사람 사이에서 행해지는 비즈니스의 통로이며, 수단이다. 따라서 사람들 사이에서 보편적으로 인식되고 있는 예의, 행동 양식 등은 매우 기본적인 서비스 제공자의 태도이자 행동 지침의 바탕이 된다.

1 매너(Manner)의 어원과 개념

① 어원

㉠ 매너(manner)는 'manurius'라는 라틴어에서 유래되었다.

㉡ 'manurius'는 손이라는 뜻과 사람의 행동과 습관을 의미하는 'manus'와 행동을 취하는 방법, 방식을 뜻하는 'arius'의 합성어이다.

㉢ 매너는 손으로 무언가를 조작하고 움직이듯이 사람이 수행하고자 하는 바를 위해 움직이는 행동이나 방법을 의미한다.

② 개념

㉠ 사람이 수행하는 일을 위해 행동하는 구체적인 방식이다.

㉡ 타인을 향한 배려의 행동 및 언어를 '형식'으로 만든 것이므로 사람의 행동방식이나 습관이 외적으로 표현된 것을 말한다. 그러므로 매너가 '좋다', '나쁘다'라고 표현한다.

③ 매너의 역할

㉠ 갈등을 예방하고 상호 존중과 공존의 상황을 조성한다.

㉡ 상하, 주종의 관계를 강조하기 보다는 스스로 상황에 맞는 행동의 주체가 될 수 있도록 한다.

㉢ 매너는 사회생활을 편안하면서도 활기차게 해주며 주변 사람들로부터 신뢰를 얻고 인간관계를 넓힐 수 있게 한다.

④ 다양한 매너 개념

　㉠ 비즈니스 매너

　　– 이해관계 당사자가 각자의 목표에 맞는 활동을 벌이는 비즈니스 세계에서 개인 또는 기업의 구성원으로서 요구되는 행동방식의 기댓값을 의미한다.

　　– 현대 비즈니스 매너는 개인의 상호간 일반 매너는 물론 B2B(기업과 기업), B2C(기업과 개인 고객) 상의 매너를 포함하는 개념으로, 고객 중심의 비즈니스 마인드를 상황에 맞게 표현하고 대처하는 대인 관계 스킬 등을 의미한다.

　㉡ 업무 매너

　　– 기업 내 다양한 이해관계, 상하 조직 구조, 상이한 업무 체계 속에서 상호간에 지켜지기를 바라는 기대치를 의미한다.

　　– 필수 업무 매너

시간 관리	• 출근 시간의 엄수(최소 30분 이상 미리 출근하여 업무를 준비) • 근무 시간 중 사적인 일을 삼간다. • 외출 업무 중 회사와 연락이 끊기지 않도록 한다. • 퇴근 시간 전 퇴근 준비를 하지 않는다.
공간 관리	• 자신의 업무 공간 주변 정리정돈 • 정해진 공간을 넘어 타인에게 불편을 끼치지 않는다.
지시 수령	• 상사의 호출에 즉각 대답하고 상사가 다가오며 호출 시 일어서서 응대한다. • 상사의 업무 지시는 메모를 통해 확인하며 상사의 지시가 끝난 후 의문사항을 질문하고 핵심적인 요점은 복창하여 확인한다.
업무 보고	• 업무를 지시한 상사와 협의된 보고 날짜를 지킨다. • 최종 보고까지의 시간이 긴 경우 중간보고를 통해 업무 지시자가 과업 이행 정도를 사전에 파악할 수 있도록 한다. • 보고는 결론부터 명료하게 설명한 후 과정과 이유 등을 이야기 한다. • 보고는 객관적 사실을 위주로 하며 업무 지시자에게 직접 한다.

　㉢ 서비스 매너

　　– 기업이 충성 고객을 확보하기 위해 기업의 가치관과 전통, 전문 지식 등을 고객에게 제대로 전달하기 위한 적극적 개념의 커뮤니케이션 수단이자 행동양식이다.

　　– 기업이 고객과의 접점에서 고객 이해를 바탕으로 고객의 요구를 파악하고 응대하는 기본 능력이다.

　　– 고객 접점에서 이루어지는 실질적인 서비스 제공은 물론 고객의 만족을 추구하기 위한 서비스 태도, 고객 관점에서의 판단력과 공감 능력, 고객과의 커뮤니케이션 등을 입체적으로 표현하는 것으로 기업의 서비스 역량이라고도 볼 수 있다.

2 에티켓(Etiquette)의 어원과 개념

① 어원

   ㉠ 공공을 위한 안내판 혹은 입간판의 의미로 고대 프랑스어의 동사 'estiquer(붙이다)'에서 유래되었다.

   ㉡ '나무 말뚝에 붙인 표지', '상대방의 신분에 따라 달라지는 편지 형식'이라는 뜻으로 점차 궁중의 각종 '예법'을 가리키는 말이 되었다.

   ㉢ 15세기 프랑스에 정착하였고, 안 도트리시(루이 13세의 왕비)에 의해 궁정 에티켓으로 발달하였으며, 루이 14세 때에는 보다 발전되어 정비되었다고 볼 수 있다.

   ㉣ 19세기 말 프랑스의 부르주아 사교계에서 '관례(usage)' 및 '예의범절(civilité)'로 사용되던 것이 오늘날의 프랑스 에티켓의 기초가 되었고, 현대에 와서는 에티켓의 어의가 변천되어 일반인에게도 보편화되고 있다.

② 개념

   ㉠ 생활에서 지켜야 하는 규범이다.

   ㉡ 대인관계 속에서의 합리적인 행동기준이다.

   ㉢ 사회생활 속에서 지켜야 한다고 생각하는 '사회적 불문율'이다.

   ㉣ 법적구속력을 갖고 있지는 않지만 구성원들이 '지켜야한다'고 생각하는 규범적인 성격을 갖고 있다. 에티켓이란 '규범', '사회적 약속'이라는 의미이며, 그래서 에티켓이 '있다', '없다'라고 이야기 한다.

3 예의범절(禮儀凡節)

① 개념

> 국어사전 : 일상생활에서 갖추어야 할 모든 예의와 절차
>   (유의어) 예절, 범절, 버릇

예의범절은 사람과 사람 사이에 함부로 하지 않고, 때와 장소에 따라서 적절하게 행동하는 것을 뜻한다. 그리고 축약하여 '예절'이라고 한다.

② 원리

   ㉠ 사람과 사람 사이, 즉 타인의 몸과 마음이 불편하지 않도록 하여 상대방의 인격을 존중하고 배려함이 첫 번째이다.

   ㉡ 장소에 맞게 행동한다. 자신과 상대방이 속해있는 장소(나라, 조직, 공간 등)의 형식 및 격식을 우선시 한다.

ⓒ 시기에 맞게 행동한다. 때에 맞는 언어와 행동을 기본으로 한다.

동서양 "예절"의 차이

우리나라에서는 유교를 기반으로 '예(禮)'를 최고의 덕목으로 발전하여 왔다. 유교사상의 중심은 위계질서와 공동체이므로 윗사람에 대한 공경, 부모에게 효도하는 것이 최고의 가치이다. 반면 서양의 예절은 평등을 중시하고 개인주의적 성향이 강하다. 그래서 우리의 예절과 서양의 예절, 즉 에티켓 또는 매너는 차이가 있다. 현대 사회 속에서 우리의 예절과 서양의 에티켓 그리고 매너의 차이를 인식하고 적응해 나아가는 것이 비즈니스 커뮤니케이션의 방향이라고 할 수 있다.

4 네티켓

① 개념

네트워크(network)와 에티켓(etiquette)의 합성어이다. 네트워크상에서 메일을 주고 받거나 글을 올릴 때, 그리고 채팅이나 게임을 할 때 등의 모든 활동에서 지켜야 할 상식적인 예절을 말한다.

② 네티켓의 핵심원칙(The Core Rules of Netiquette)

1994년 미국 플로리다대학교의 버지니아 셰어(Virginia Shea) 교수가 제시하였다.

❶ 인간임을 기억하라.

❷ 실제 생활에서 적용된 것처럼 똑같은 기준과 행동을 고수하라.

❸ 현재 자신이 어떤 곳에 접속해 있는지 알고, 그곳 문화에 어울리게 행동하라.

❹ 다른 사람의 시간을 존중하라.

❺ 온라인에서도 교양 있는 사람으로 보이도록 하라.

❻ 전문적인 지식을 공유하라.

❼ 논쟁은 절제된 감정 아래 행하라.

❽ 다른 사람의 사생활을 존중하라.

❾ 당신의 권력을 남용하지 마라.

❿ 다른 사람의 실수를 용서하라.

③ 네티즌 윤리강령 (출처 – 정보통신윤리위원회)

ㄱ 네티즌 기본정신

  ❶ 사이버 공간의 주체는 인간이다.

  ❷ 사이버 공간은 공동체의 공간이다.

❸ 사이버 공간은 누구에게나 평등하며 열린 공간이다.

❹ 사이버 공간은 네티즌 스스로 건전하게 가꾸어 나간다.

ⓛ 네티즌 행동강령

❶ 우리는 타인의 인권과 사생활을 존중하고 보호한다.

❷ 우리는 건전한 정보를 제공하고 올바르게 사용한다.

❸ 우리는 불건전한 정보를 배격하며 유포하지 않는다.

❹ 우리는 타인의 정보를 보호하며, 자신의 정보도 철저히 관리한다.

❺ 우리는 비속어나 욕설 사용을 자제하고, 바른 언어를 사용한다.

❻ 우리는 실명으로 활동하며, 자신의 ID로 행한 행동에 책임을 진다.

❼ 우리는 바이러스 유포나 해킹 등 불법적인 행동을 하지 않는다.

❽ 우리는 타인의 지적재산권을 보호하고 존중한다.

❾ 우리는 사이버 공간에 대한 자율적 감시와 비판활동에 적극 참여한다.

❿ 우리는 네티즌 윤리강령실천을 통해 건전한 네티즌 문화를 조성한다.

④ **네티켓 지침**

e-mail 사용 네티켓	• 타인에게 피해를 주는 언어(비방이나 욕설)를 삼간다. • 행운의 편지, 메일폭탄 등을 사용하지 않는다. • 말머리 제도를 이용한다(예 [긴급], [제안], [잡담] 등). • 가능한 메시지 끝에 signature(성명, 직위, 단체명, 메일주소, 전화번호 등)를 포함시킨다. • 용량이 큰 파일은 압축하여 첨부한다. • 수신 메일에 대해 가능하면 24시간 이내 답신한다.
채팅 네티켓	• '님'이라는 호칭을 사용한다. • 대화의 시작과 종료시 인사를 한다. • 동시에 몇 사람과 이야기 할 때에는 상대방을 혼동하지 않도록 조심해야 한다. • 유언비어, 속어, 욕설, 타인에 대한 비방 및 명예 훼손을 하지 않도록 한다.
게시판 네티켓	• 게시판의 글은 명확하고 간결하게 작성한다. • 게시물의 내용을 잘 설명할 수 있는 알맞은 제목을 사용한다. • 올바른 맞춤법과 문법에 맞는 표현을 사용한다. • 다른 사람이 올린 글에 대해 지나친 반박은 삼간다. • 정확한 사실만을 전달한다. • 자기의 생각만을 고집함으로써 상대방에게 불쾌감을 주지 않도록 배려한다. • 동일한 글을 여러 번 올리지 않는다.
공개 자료실 네티켓	• 자료를 올리거나 다운받을 때 반드시 바이러스 체크를 한다. • 자료의 제공자를 명확히 밝힌다. • 파일은 가급적 압축하여 올린다. • 유익한 자료를 제공받았을 경우 자료 제공자에게 감사의 표현을 전한다.

Chapter 02 비즈니스 응대

일반적인 매너 및 에티켓이 일상에서 이해해야 하는 개념이라면 비즈니스 현장에서의 매너, 에티켓은 그 의미가 더욱 강하다. 서로의 이해관계가 존재하는 비즈니스에서의 응대는 상호 존중과 위계 등을 강하게 상징할 수 있으므로 서비스 제공자는 이를 잘 이해하고 자신의 서비스 상황에 적합한 부분을 기억하여 현장에서 적용해야 한다.

1 개인매너

1) 공수

① '공수(拱手)'란 어른 앞에서나 의식 행사에 참석했을 때 또는 절을 할 때 취하는 공손한 자세로, 두 손을 모아 맞잡는 것을 말한다. 옛 문헌에는 '차수'(叉: 깍지 낄 차, 手: 손 수)라 하여, 어른을 모실 때와 의식행사에 참석할 때는 반드시 공수를 해야 하며 현대의 차렷, 열중 쉬어 하는 경우에 전통적으로 공수를 한다고 나와 있다.

② 모든 행동의 시작이라고 할 수 있다.

③ 성별과 행사의 성격에 맞게 하는 것이 중요하다.

2) 공수법

① 두손을 앞으로 모아서 잡는다. 이때 엄지손가락은 엇갈려 깍지를 끼고 네 손가락을 포개는 것이 일반적이다.

② 평상시에는 남자는 왼손이, 여자는 오른손이 위로 가도록 한다. 단 흉사(예 초상, 영결식)에는 반대로 한다.

③ 손은 배꼽에 닿도록 하고, 소매가 긴 예복을 입었을 경우 팔뚝이 수평이 되도록 한다(한복 중 대례복 등 일부를 제외하고 양복에서는 거의 이 자세를 취할 수 없다).

④ 한복을 입었을 경우 앉을 때는 남자는 두 다리의 중앙이나 아랫배에 공수한 손을 위치시키며, 여자는 앉으며 세운 오른쪽 다리 또는 무릎 위에 놓는다(무릎을 꿇었을 경우 아랫배에 공수한 손을 위치시킨다).

2 응대매너

1) 인사

① 인사의 개념

ㄱ 가장 기본적인 예의이며 사람과 사람의 첫 만남의 표현 방법이자 인간관계의 출발점이다.

ㄴ 상대방에 대한 존경심과 친절을 나타내는 형식이다.

ㄷ 자신의 인격과 교양을 외적으로 나타내는 방법이다.

ㄹ 서로의 마음을 열게 만드는 첫 번째 단계이다.

서비스현장 스케치

마음의 벽을 허무는 인사

'인사'는 각 나라별 어원을 풀이하면 공통적으로 '사람이 마음의 벽을 허물고 다가간다'라는 의미를 가지고 있습니다. 마음의 벽을 허물고 다가가는 좋은 방법 중 하나는 바로 인사를 하면서 상대방의 이름이나 직함 등을 호칭하는 것입니다. 상대방에 대한 관심과 예의의 추가적인 표현이며 이는 나에 대한 긍정적인 이미지와 호감 그리고 신뢰로 이어지게 됩니다. 또한 상대방도 나를 정확히 기억을 하거나 기억하고자 노력하게 됩니다.

② 좋은 인사를 만드는 방법

ㄱ 밝은 목소리로 분명한 인사말과 함께 한다(말꼬리를 흐리지 않는다).

ㄴ 밝은 미소와 표정은 좋은 인사를 만든다.

ㄷ 상대방의 얼굴을 보고 눈 맞춤을 하며 인사하는 것이 좋다(고개를 숙일 때는 자연스럽게 눈을 바닥으로 한다).

ㄹ 되도록 먼저 하는 것이 좋다(윗사람에게 아랫사람이 먼저 하는 것이 예의이다).

ㅁ 시간(T. Time)과 장소(P. Place), 상황(O. Occasion)을 고려해서 실시한다(화장실에서는 인사말 없이 목례만 간단하게 하는 것이 예의이다).

ㅂ 진심어린 인사가 중요하다.

③ 인사의 순서

ㄱ 바른 자세로 상대의 눈을 보며 인사말을 한다.

ㄴ 상체를 정중히 굽힌다(등과 목은 일직선이 되도록 허리부터 굽히고 시선은 자신의 발끝에서 1.5m 정도 거리를 유지한다).

ㄷ 숙인 상태에서 약 1초 정도 잠시 멈춘다.

ㄹ 천천히 올린다.

ㅁ 바로 서서 상대방과 시선을 마주치며 미소 띤 얼굴로 응대한다.

④ 인사 시기

　㉠ 인사할 대상과 마주치는 방향일 때는 6보 이내에서 하는 것이 일반적이다.
　㉡ 갑자기 만나게 될 경우 즉시 해야 한다(단, 장소와 시간에 따라 인사의 종류를 선택한다).
　㉢ 계단 아래에 윗사람이 있을 경우에는 아래로 내려가서 상대에게 정중히 인사한다.

⑤ 인사종류

구 분	기본 개념 및 자세	상황
목례	• 눈으로 예의를 표함 • 상체를 숙이지 않고 가볍게 머리만 숙이는 인사 • 눈 맞춤이 중요	• 협소한 공간, 즉 복도 등에서 마주치는 상황 • 양손에 무거운 짐이 있는 상황 • 통화 중인 상황 • 업무 중일 때 눈이 마주치는 경우 중 업무에 영향을 미치지 않는 경우 • 반복적으로 마주치는 경우(상사 및 동료)
약례	• 짧은 순간 이루어지는 인사 • 상체를 15도 정도 숙임 • 미소와 함께 인사함	• 실내에서 마주치는 경우 • 손아랫사람과 인사할 경우 • 동료나 친한 사람에게 인사할 경우
보통례	• 가장 빈도수가 높으며 주로 인사말을 함께 건넴 • 상대에 대한 정식 인사 • 상체를 30도 정도 숙이며 허리를 너무 빨리 세우지 않도록 주의	• 고객이나 상사를 만나거나 헤어지는 경우 • 처음 만나서 인사하는 경우 • 상사에게 공적인 업무, 즉 보고하거나 지시를 받을 경우
정중례	• 가장 정중한 인사 • 상체를 45도 정도 숙이고 너무 가볍거나 입을 보이며 웃는 것을 삼가함	• 예의를 다해야 하는 상황 　– 감사의 뜻을 전할 때 　– 사과를 할 때 　– VIP 고객이나 CEO 등을 맞이하는 경우 　– 면접과 같은 공식 석상에서 처음 인사하는 경우

애매한 상황에서의 인사는 조금 더 정중한 인사를 선택

상황에 따라 인사의 종류를 선택하지만 애매한 경우가 발생할 수 있습니다. 이럴 때에는 조금 더 정중한 인사를 선택하는 것이 좋습니다. 예를 들어, 목례와 약례가 애매한 경우 약례를, 보통례와 정중례가 애매한 경우에는 정중례를 합니다. 예절에서 격식이 중요한 이유, 즉 '정중함'의 방향성 때문입니다.

> **플러스 tip**
>
> ### 인사에 임하는 자세
>
> 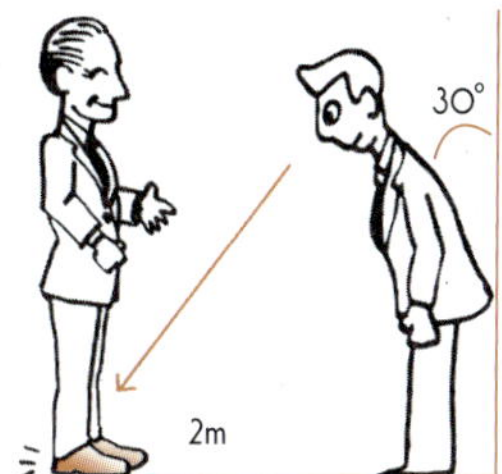
>
>
> ① 표정 : 밝고, 부드러운 미소
> ② 시선 : 상대의 눈이나 미간을 부드럽게 바라본다.
> ③ 상, 하체 : 어깨는 힘을 빼고 내리며, 머리, 가슴, 허리, 다리를 자연스럽게 펴서 일직선이 되도록 한다.
> ④ 무릎과 발 : 무릎은 곧게 펴서 붙이고 발뒤꿈치는 붙인다. 발 앞쪽은 남자는 30도, 여자는 15도 정도 살짝 벌려준다.
> ⑤ 손 : 남자는 가볍게 주먹을 쥐어 바지의 재봉선에 자연스럽게 붙이고, 여자는 오른손이 위로 가는 공수 자세를 취한다.
> ⑥ 허리를 숙일 때의 눈의 위치 : 자연스러운 시선 처리를 위해 시선의 끝을 상대방 발에 맞춘다. (1m 간격인 경우 상대 신발의 앞코, 2m일 때는 신발굽)

⑥ **잘못된 인사법**

   ㉠ 고개만 끄덕이는 인사

   ㉡ 동작이나 표정 없이 말로만 하는 인사

   ㉢ 상대를 쳐다보지 않고 하는 인사

   ㉣ 형식적인 인사

   ㉤ 계단 위에서 윗사람에게 하는 인사

   ㉥ 인사말이 분명하지 않으며 어물쩡한 인사

2) 소개

① **개념**

   ㉠ 사람과 사람의 만남은 소개에 의해서 시작된다.

   ㉡ '관계'를 형성하는 중요한 행동

   ㉢ 비즈니스를 넓힐 수 있는 가장 좋은 방법

② 순서

  ㉠ 연소자를 연장자에게 소개한다.

  ㉡ 손아랫사람을 손윗사람에게 소개한다.

  ㉢ 지위가 낮은 사람을 높은 사람에게 소개한다.

  ㉣ 남성과 여성이 있을 때는 남성을 여성에게 소개한다.

  ㉤ 자신의 회사 사람을 외부 고객에게 소개한다.

③ 원칙

  ㉠ 소개를 받거나 소개되는 사람 모두 일어나는 것이 원칙이다. 특히 성직자, 연장자, 지위가 높은 사람을 소개 받게 되면 남녀를 불문하고 모두 일어선다. 단, 환자나 노령인 사람 등 거동이 불편한 경우는 일어나지 않아도 된다.

  ㉡ 여성의 경우도 남성에게 소개받을 경우 반드시 일어날 필요는 없다. 단, 모임을 주선한 주체인 경우는 일어나는 것이 일반적이다.

  ㉢ 소개를 하면 악수를 하는 것이 일반적이지만 연장자, 즉 소개를 받는 사람이 악수 대신에 간단한 목례 등을 하는 경우 소개하는 사람도 그에 따르는 것이 예의이다.

  ㉣ 부부를 소개받았을 경우 동성에게는 악수를, 이성에게는 목례를 하는 것이 일반적이다.

  ㉤ 한 사람을 여러 사람에게 소개해야 할 경우에는, 한 사람을 여러 사람에게 먼저 소개한 후 여러 사람을 한 사람에게 소개한다.

  ㉥ 소개자의 소속, 직책, 성명 등을 간단하게 설명한다.

  ㉦ 한 사람을 여러 사람에게 소개할 때는 한 사람을 여러 사람에게 먼저 소개한 후 여러 사람을 한 사람에게 소개한다.

3　명함

① 유래

  ㉠ 고대 중국에서는 방문한 집의 주인이 부재 중일 경우에, 나무판이나 대나무(죽간)에 이름을 적어두어 자신의 방문을 알리면 집주인이 돌아와 상대의 이름을 보고 찾아가는 것이 예절이었다고 한다. 이것에서 명함이 유래되었다는 설이 있다.

ⓛ 유럽에서는 루이 14세 때 명함이 생겨났으며, 루이 15세 때에 동판으로된 명함을 사교에 사용하였다고 한다. 17세기 유럽에서 부유하고 어느 정도 지위가 있는 사람들은 트럼프와 유사한 형태의 카드를 사용하였다. 이후 19세기에는 중산층으로 확대되었다.

ⓒ 우리나라에서 명함에 대한 기록은 조선시대 동국세시기(東國歲時記)에 '종이를 접어 이름을 쓴 명함을 관원이나 선생의 집에 드리는 것을 세함이라 한다.'는 대목에서 명함의 사용을 알 수 있다.

플러스 tip

우리나라의 근대식 최초 명함은 19세기 구한말(1883년) 구미 순방을 한 민영익의 명함으로 가로 5.5cm, 세로 9cm의 미국산 종이에 민영익의 필체로 이름을 적어놓은 것이 있는데, 연세대학교 동은의학박물관에 보관되어 있다.

---

② 명함의 의미

㉠ 나의 소속과 성명을 알림과 동시에 증명하는 자기소개서이다.

ⓛ 직·간접적인 마케팅 및 홍보 효과를 가진다.

ⓒ 서로간의 연락처를 나누어 관계가 형성되었음을 증명하는 도구이다.

ⓔ 인간관계 형성과 인맥관리의 효과적인 도구이다.

③ 명함 예절

㉠ 명함은 자신을 나타내는 소개서이므로 소중하고 깨끗하게 다루어야 한다.

ⓛ 아랫사람이 윗사람에게 먼저 건네는 것이 일반적이다(두 사람 이상에게 명함을 건네는 경우에는 직급을 높은 사람 순서로 먼저 건넨다).

ⓒ 명함지갑에 보관하며 남성의 경우 양복 상의에, 여성의 경우 핸드백에 보관하는 것이 일반적이다.

ⓔ 명함을 주고 받을 때는 선 자세에서 왼손을 받쳐서 오른손으로 주고 두 손으로 받는다.

ⓜ 인사말과 함께 자신의 이름 등을 소개하면서 상반신을 약간 구부려(숙여) 예를 갖춘다.

ⓗ 명함을 받은 경우에는 반드시 자신의 명함도 주어야 한다. 만약, 명함이 없는 경우에는 정중히 사과하고 상대가 원하는 경우 종이 등에 메모한다.

ⓢ 명함을 받고 발음 혹은 읽기 어려운 글자가 있는 경우 그 자리에서 물어본다.

ⓞ 자신의 이름을 상대방이 바르게 볼 수 있는 방향으로 명함을 준다.

ⓩ 명함을 받은 후 대화가 이어질 때는 테이블 위에 올려놓고 대화를 진행한다.

매너에 어긋나는 명함 예절

• 보관상태가 좋지 않은 명함을 건네는 것

• 명함을 찾느라 상대를 기다리게 하는 행위

• 받은 명함을 아무 곳에나 방치하는 행위

• 명함을 받자마자 바로 집어넣어 버리는 행위

• 상대가 보는 앞에서 명함에 낙서를 하거나 훼손하는 행위

• 명함을 거꾸로(상대의 입장에서) 건네는 행위

4 악수

① 개념

㉠ 사람과 사람 사이의 친근함을 표현하는 것으로, 관계형성의 중요한 단계이다.

㉡ 서양에서 악수를 사양하는 것은 결례에 속할 정도로 악수는 호의적 관계 형성을 의미한다.

㉢ 바른 자세와 밝은 미소로 하는 것이 중요하다.

② 순서

㉠ 손윗사람이 손아랫사람에게 청한다.

㉡ 상급자가 하급자에게 청한다.

㉢ 여성이 남성에게 청하는 것이 일반적이다.

㉣ 기혼자가 미혼자에게 청한다.

③ 방법

㉠ 바른 자세로 서서 적당한 거리를 유지한다.

㉡ 오른손으로 적당히 힘을 주어 잡고 2~3번 정도 가볍게 흔든다.

㉢ 밝고 호의적인 표정으로 상대의 눈을 보며 가벼운 미소와 함께 손을 잡는다.

㉣ 상대방이 악수를 청하면 남성은 반드시 일어나야 하지만, 여성은 앉아서 해도 무방하다

ⓜ 당당한 자세로 허리를 곧게 펴고 악수한다. 단, 예외적으로 국가 원수나 왕족, 성직자 등의 경우에는 머리를 숙여 인사하고, 악수를 청하는 경우 허리를 숙여 악수한다.

ⓗ 장갑을 낀 경우에는 벗어야 하지만 여성의 드레스와 함께 연출된 경우는 예외로 하며, 피치 못할 사정(청결 상태 등)에서는 양해를 구하고 인사로 대신한다.

플러스 tip

악수의 유래

중세 유럽 전쟁이 빈번하게 일어나던 시대에 언제, 어디서 싸움이 일어날지 몰라 자신의 몸을 지키기 위해 무기를 들고 다녔다. 모든 사람이 경계의 대상이던 상황에서 손을 내밀어 잡는 것을 호감의 표시로 표현되었다.

내 손에는 무기가 없으니 안심하란 뜻으로 오른손을 내밀어 잡는 것에서 악수가 유래되었다. 상대를 공격할 뜻이 없음을 표현하는 악수는 당시 호전적인 분위기를 누그러뜨리는데 큰 역할을 하여 지금까지 상대방의 신뢰 및 사교의 첫걸음이 된 것이다.

5 장소별 매너

1) 안내하기

① 복도에서

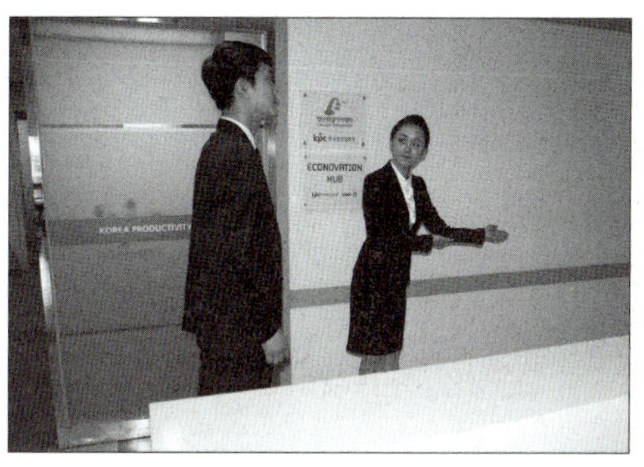

㉠ 고객 또는 안내하려는 사람보다 2~3보 가량 비스듬히 앞서서 안내한다.

㉡ 몸을 조금 비켜선 자세로 사선 걸음으로 걸으며, 고객 또는 안내하려는 사람이 잘 따라오는 지를 확인한다.

㉢ 손가락은 가지런히 모아 펴고 손바닥을 하늘로 향하여 가려는 방향을 안내한다.

㉣ 상대와의 거리를 확인하며 걷고 갈림길이나 길이 바뀔 때는 특히 유의하여 먼저 방향을 유도하여야 한다.

㉤ 시선은 얼굴의 방향과 함께 움직이는 것이 좋다.

② 계단/에스컬레이터에서

㉠ 계단과 에스컬레이터 등 경사가 진 위치에서는 위쪽이 상석이고 아래쪽이 하석이다. 즉, 올라갈 때는 뒤쪽에서 안내하고, 내려올 때는 앞쪽에서 안내한다.

ⓛ 남성이 여성을 안내할 때 위치를 반대로 하는 것이 일반적이다. 즉 남성이 위쪽에서 안내를 하고 여성이 아래쪽에 위치한다.

③ 엘리베이터에서

ⓐ 엘리베이터 조작은 하급자가 하는 것이 원칙이다.

ⓑ 엘리베이터를 타고 목적지를 안내하는 경우에는 엘리베이터를 탈 때 미리 행선 층을 알려주는 것이 매너이다.

ⓒ 승무원이 없을 때는 하급자가 먼저 타서 엘리베이터를 조작하고 내릴 때는 나중에 내린다.

ⓓ 승무원이 있을 때는 상급자가 타고 난 후 뒤에 탑승하고 내릴 때는 먼저 내린다.

④ 문에서

ⓐ 당겨서 여는 문일 경우에는 문을 당겨 열어서 고객이 먼저 통과하도록 안내한다.

ⓑ 반대로 밀고 들어가는 문의 경우에는 안내자가 먼저 통과한 후 문을 잡고 고객이 통과하도록 기다려 안내한다.

⑤ 회의실 및 응접실에서

ⓐ 도착한 장소를 '이곳입니다.'로 구두로 안내한 후 들어간다.

ⓑ 안내받는 분의 직위와 중요도를 고려해 상석을 안내한다.

2) 상석

상석의 방향은 동서남북의 기준에서 북쪽이며, 의전 기준의 기본은 오른쪽이 상석이다.

① 상석의 기준

  ㉠ 입구에서 먼 곳

  ㉡ 비좁지 않고 넉넉한 곳

  ㉢ 상사의 자리가 정해져 있을 경우, 상사와 가까운 자리나 오른쪽

  ㉣ 경치가 좋은 곳이나 그림이 보이는 곳

  ㉤ 레스토랑 등에서는 웨이터가 먼저 의자를 빼주는 곳이 상석이다.

플러스 tip

좌석별 상석

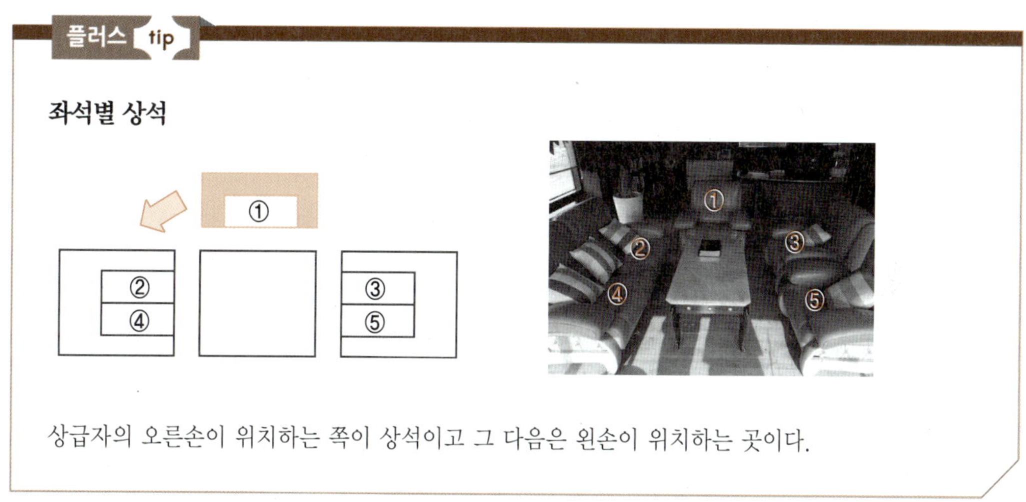

상급자의 오른손이 위치하는 쪽이 상석이고 그 다음은 왼손이 위치하는 곳이다.

② 자동차에서의 상석

  ㉠ 뒷자리의 상석은 문이 열리는 오른쪽이 가장 상석이며, 왼쪽이 그 다음이고, 가운데는 말석이다.

  ㉡ 운전자가 따로 있을 경우 운전자의 대각선 뒷자리가 가장 상석이고, 운전자 옆자리는 말석이 된다.

  ㉢ 차주가 운전하는 경우 운전자 옆이 상석이 되고, 뒷자리는 ㉠의 차례이다.

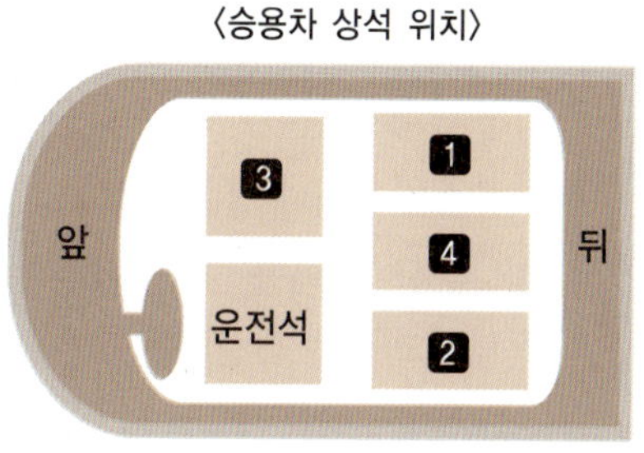

<승용차 상석 위치>

외국의 경우 운전석이 오른쪽에 있으면 주의

③ 기차에서의 상석

   ㉠ 기차에서의 상석은 열차 진행방향으로의
     창가자리가 상석이다.
   ㉡ ㉠과 마주보는 자리가 다음 상석이다.
   ㉢ ㉠의 옆자리가 그 다음 상석이다.

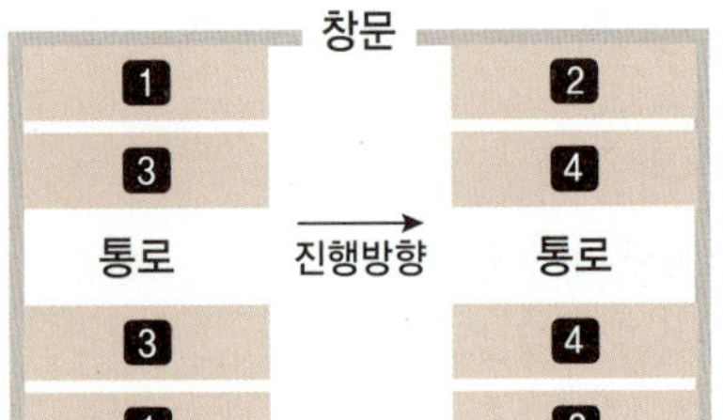

〈기차 상석 위치〉

플러스 tip

기타 상황에서의 상석 개념

- 비행기 내에서의 상석 : 비행기 내의 상석은 창가의 자리가 최상석이고, 통로쪽이 두 번째, 가운데
  가 마지막이다.
- 나란히 보행하는 경우 : 윗사람(상사, 고객)의 왼쪽에서 반 보 뒤에서 걷는다.
- 3명 이상 보행 시 : 중간이 상사, 상사의 오른쪽이 차상사, 왼쪽이 하급자의 순서이다.

3) 상황별 매너

① 조문 예절

   ㉠ 자신이 갖출 수 있는 최대한 단정한 복장을 취한다. 되도록 검정색 복식을 선택하며 화려한
     색조 화장이나 향수는 피한다.
   ㉡ 외투나 모자, 가방 등은 미리 벗어두고 상주와 목례를 하며 조문을 시작한다.
   ㉢ 영정에 향을 올린다. 향은 불을 붙인 후 왼손을 가볍게 흔들어 끈다. 향의 불을 입으로
     불어서 끄지 않고 두 손으로 향로에 꽂는다.
   ㉢ 영정 앞에서 일어나 잠깐 묵념 후 두 번 절한다.
   ㉣ 영정에서 물러나 상주에게 절을 한 번하고, 위로의 말을 건넨다.
   ㉤ 향 대신 헌화를 하는 경우는 꽃을 가슴 앞쪽에 들고 영정 앞에 천천히 놓은 후
     묵념하고(절을 대신하는 경우) 상주 앞으로 와 인사하고 위로의 말을 건넨다.

② 결혼축하 예절

   ㉠ 결혼식의 선물은 마음이 들어간 선물로 준비하고 전날 전달하는 것이 좋으며, 축의금을
     준비할 경우는 당일 날 전하는 것이 좋다.
   ㉡ 결혼식장에 축하객으로 참석하는 경우 신부나 신랑보다 화려한 옷은 피한다. 결혼식장의
     축의금을 내고 혼주에게 식장에 입장하기 전 축하의 말을 간단히 전한다.

ⓒ 부조금 봉투는 축 혼인(祝 婚姻)이라고 쓰고 부조하는 사람 이름 뒤에는 하배(賀拜)라고
쓴다.

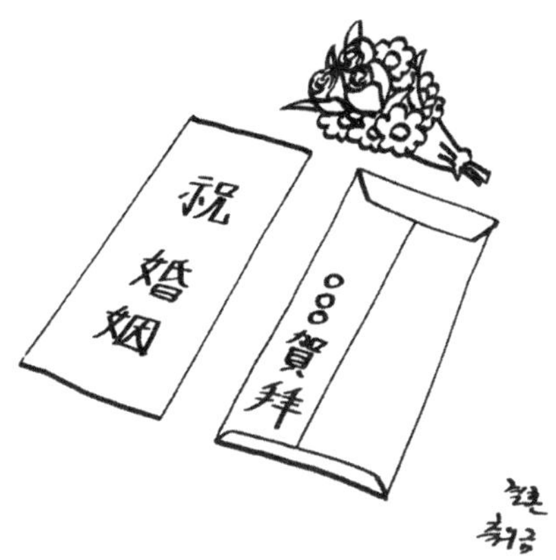

플러스 tip

호칭과 경어 사용 매너

비즈니스 상황에서의 가장 기본적인 언어적 매너가 바로 호칭과 경어 사용이다. 가장 일반적이지만
실수하기 쉬운 부분이므로 필수적으로 알아야 할 매너를 점검해야 한다.

① 계층별 호칭

상급자	• 상급자에게는 성과 직위 뒤에 '님' 존칭을 붙인다. 예 김 과장님 • 성명을 모르는 경우 직위에 '님' 존칭만 붙일 수 있다. 예 과장님 • 상급자에게 자신을 칭하는 경우에는 '저'라고 표현한다. 예 저는 인사팀 OOO입니다.
동급자	• 성과 직위 혹은 직명을 호칭할 수 있고 '님' 존칭을 붙일 수도 있다. 예 김 과장, 인사과장, 과장님 • 동급자이지만 선임자의 경우는 '님'을 붙이고 '선배'로 호칭하기도 한다. 예 과장님, 김 선배님.
하급자	• 직위가 있는 경우 직명을, 그렇지 않은 경우는 "씨"를 붙여 호칭한다. 예 김 주임, 김영숙씨 • 하급자에게 자신을 칭할 때는 '나'라고 표현한다.

② 기타 다양한 호칭

- 초면의 윗어른은 '어르신', '선생님' 혹은 '여사님', '아주머니'로 호칭한다.
- 윗사람이 아니라도 초면의 경우에는 선생님이나 여사님, 아주머니 등이 무난한 호칭이다.
- 상사에 대한 존칭은 호칭에서만 사용하고 물건 등을 표현하거나 문서 작성 시에는 존칭하지 않
  는다. 예 사장실 / 참석자 : 김영석 사장, 이명수 부장
- 상사의 지시를 전달할 경우는 '님'을 붙인다. 예 사장님의 지시사항입니다.

③ 경어 사용의 매너

- 자신을 낮춤으로써 상대를 높이는 겸양어와 상대를 직접적으로 높여주는 존칭어, 상대에게 정중한 느낌을 전달하여 대우해 주는 정중어(공손어)를 사용하는 것이 경어이다.
- 자신을 표현할 때는 '저' 혹은 '저희'로 겸양하며 상대방 혹은 상대 회사를 지칭할 때는 '귀하'(고객님, 선생님 등) 혹은 '귀사' 등으로 존칭한다.
- 자신의 회사 사람을 다른 회사나 고객에게 칭하는 경우에는 존칭을 생략하여 표현한다. 예 고객 지원 실장에게 알아보겠습니다.
- 대외적인 자리에서는 동급자나 하급자의 경우에도 직함을 붙여 존중하여 호칭한다.
- 상대방에게 특별한 요청을 하는 경우 "죄송하지만", "번거로우시겠지만", "~해주시겠습니까?" 등으로 명령하는 것이 아닌 정중한 부탁의 용어를 적절히 선택한다.
- 상급자의 이야기를 전할 경우에는 상급자를 높이고 이야기를 듣는 사람에 대해서는 경어를 사용하지 않는다. 예 부장님, 사장님께서 오시라고 하십니다.(×) → 부장님, 사장님께서 오라고 하십니다. (O)
- 사람이 아닌 사물이나 상황에 대해 경어를 사용하지 않는다. 예 고객님, 가방은 여기에 계십니다. (×) → 고객님, 가방은 여기에 있습니다. (O)
- 말씀'은 상대를 높이는 경우와 자신을 낮추는 경우 모두에 사용한다. 예 사장님께서 말씀하셨습니다, 제가 말씀드리겠습니다.

Chapter 03 전화응대 매너

전화는 현대인들에게 매우 유용한 커뮤니케이션 채널이다. 하지만 대면 커뮤니케이션에 비해 상대의 상황이나 세심한 표정 등을 알 수 없어 커뮤니케이션의 집중도가 높아진다. 서비스 현장에서의 전화 응대도 일반 매너와 구별되는 특징들이 존재하며 서비스 제공자는 전화의 특수성을 고려함과 동시에 실질적인 매너를 익혀야 한다.

1 유선전화 매너

1) 중요성 및 특징

① 중요성

㉠ 전화는 고객과 처음 만나는 순간, 즉 '제1접점'인 경우가 많아 고객과 기업의 첫인상이 형성되는 중요한 연결고리이다.

㉡ 고객의 입장에서는 '긍정'과 '부정'의 결정을 빠르게 내리게 된다.

㉢ '제1접점'에서 형성된 이미지는 그 기업의 전체 이미지로 확대 및 일반화 된다.

> **서비스현장 스케치**
>
> **첫인상의 영향력**
>
> 일반적인 고객들은 첫인상으로 그 기업, 대상을 평가하는 경향이 있습니다. '00백화점은 이러이러해!', '00아울렛은 친절해!' 라고 생각하는 것과 같습니다. 그러나 사실 이러한 평가가 생겨난 이유는 대개 딱 한 사람, 딱 한 순간에서 시작됩니다. 이러한 평가가 생겨나는 결정적인 순간이 항상 존재하기 마련입니다. 처음의 부정적 이미지로 고객과 만날 기회조차 없어지게 될 수 있습니다. 그러므로 고객과 대면하게 되는 '제1접점'인 전화 응대는 서비스 현장에서 매우 중요함을 기억해야 합니다.

② 특징

㉠ 전화는 인간 커뮤니케이션의 60% 이상을 차지하는 시각을 배제하고 소통해야 한다. 따라서 효과적인 커뮤니케이션을 위해서는 청각적인 요소의 다양한 부분(음색, 톤, 속도, 말투, 억양 등)을 잘 활용해야 하며, 고객의 의사를 명확히 이해하여 오해가 없도록 한다(고객의 용건을 복창하는 방법을 사용한다).

ⓛ 고객에게 비용이 발생한다(통화료 발생 및 시간을 투자하는 비용). 특히, 고객은 전화에 소요되는 시간에 대해서는 예민하므로 신속한 응대 및 정확한 서비스를 원한다(처리가 길어질 경우 상담원이 다시 걸도록 한다. 이때, 전화가 끊어지거나 지연되지 않도록 유의한다).

ⓒ 고객 응대를 준비하기 어렵고 예기치 않은 문제가 발생될 수 있다.

ⓔ 고객 응대를 준비하기 어렵다. 고객에 대한 대면 정보가 없고 빠른 속도로 고객의 용건에 응대해야 하므로 집중력과 민첩함이 필요하다. 또한 고객의 기본 데이터 정보를 신속하게 파악할 필요가 있다.

③ 전화응대의 3요소(음성)

음성	목소리, 톤, 속도, 발음에 신경써서 준비
경청	상대방에 대한 배려, 전화소통의 기본
언어	오해의 소지를 막도록 고객이 알아듣기 쉽고 명확하며 정중한 언어 표현

예 자사에서 사용하는 '약어' 사용 금지

2) 기본자세 및 상황별 매너

① 기본자세

신속하게 처리	신속히 받고 간단하고 명료하게 전달한다.
정확하게 처리	오해의 여지가 없도록 정확한 어조와 음성, 발음으로 전화하며 중요한 전달 사항에 대한 내용을 미리 확인하여 전달한다. 고객의 주요한 용건은 메모 등을 통해 확인한다.
친절은 기본	대면 응대보다 더 상냥하고 친절함이 전달되어야 한다.

플러스 tip

전화 응대의 기본

• 용건은 간단히 하고 메모와 함께 응대한다.

• 분명하고 정중하되, 일반적인 목소리보다 조금 톤을 높인다.

• 상대방을 확인하고 첫인사와 끝인사를 잊지 않고 응대한다.

• 통화 가능 여부를 확인하며, 특히 통화하기 어려운 시기에는 더 양해를 구한다.

• 전화 통화 시 주위 사람들에게 방해가 되지 않도록 한다.

• 업무 중 사적 통화는 삼간다.

② 상황별 매너

　㉠ 전화를 받을 때

- 가능하면 벨이 울리는 즉시 받으며 최소한 벨이 3회 이상 울리기 전에 받는다. 부득이하게 늦게 받았을 때는 정중하게 사과한다.

- 간단한 인사말과 함께 소속과 자신의 이름을 밝힌다. 상대를 확인하고 용건을 확인한다.

- 고객이 찾는 담당자가 부재중이면 부재중인 이유를 밝히고 메모를 받는다. 자신이 처리할 담당이 아닐 경우 전화를 돌리게 되는데, 이때 그 상대방의 내선번호 등을 밝힌다.

- 용건을 메모하고 상대가 용건 전달을 끝내면 통화 내용을 요약 반복하여 확인한다.

- 통화를 종료할 경우에도 인사말(더 도와드릴 것 없으십니까? 감사합니다, 즐거운 하루 되십시오 등)을 하고 상대가 먼저 끊은 뒤에 조용히 전화기를 내려놓도록 한다.

　㉡ 전화를 걸 때

- 전화를 걸기 전 상황에 대해 판단해 본다(T.P.O에 대한 고려 : 시간 Time, 장소 Place, 상황 Occasion).

- 정확한 전화번호, 소속, 직급, 이름 등을 미리 확인한다.

- 용건을 간단하게 전달할 수 있도록 전달할 내용을 사전에 간단히 정리하고 전화응대를 시작한다.

- 상대방이 전화를 받으면 첫인사와 함께 자신을 밝히고 상대를 확인한다.

- 찾고자 하는 상대가 아니면 정중하게 연결을 부탁하고 부재중이라면 간단한 메모를 부탁하는 등 후속 조치를 한다.

- 상대와 연결되면 먼저 인사를 하고 전화를 받을 수 있는 상황인지 파악한다. 통화가 가능하다면 목적을 이야기 하면 된다. 상대방의 상황에 맞게 급한 상황이면 전화를 끊거나, 용건만 정확하고 신속하게 통화한다.

- 가급적이면 이른 아침, 식사 시간(조식, 중식, 석식), 늦은 밤에는 전화를 하지 않는 것이 좋다. 부득이한 경우 먼저 양해를 구한 다음에 통화한다.

- 용건이 끝나면 마무리 인사를 하고 상대가 먼저 수화기를 내려놓으면 사이를 두고 조용히 끊는다.

- 자신보다 높은 사람이라면 나중에 끊는 것이 예의이다.

거울을 보며 전화응대를 하세요.

전화응대 전문가들의 책상에는 대부분 거울이 하나씩 놓여 있습니다. 목소리에 의존해 커뮤니케이션을 해야 하기에 나의 얼굴과 자세를 보며 응대하면 좀 더 적극적인 경청과 친절한 응대를 유지할 수 있습니다. 미소띤 얼굴에서 나오는 음성은 수화기 너머의 고객이 친절로 인지하게 됩니다.

전화 응대 사례를 통해 전화 응대 요령이 어떻게 사용되어지는지 확인할 수 있습니다.
(00건설 김영수 부장이 00호텔 김철수 과장에게 전화를 거는 표준 사례)

김철수 과장 : 안녕하십니까? 00호텔 예약과 김철수 과장입니다.

김영수 대리 : 안녕하십니까? 저는 00건설 김영수 부장입니다. 김철수 과장님이시죠?

김철수 과장 : 네. 김철수 과장입니다. 전화주셔서 감사합니다. 00건설 김영수 대리님이시군요. 제가 어떤 일을 도와드리면 되겠습니까?

김영수 대리 : 네 수고 많으십니다. 저희 회사에서 12월 20일 경에 송년행사를 진행하려 합니다. 약 80여 명이 행사를 할 수 있는지 예약 가능여부를 확인해 주시겠습니까? 장소는 00홀이 어떨까 합니다.

김철수 과장 : 네, 제가 다시 한 번 확인하겠습니다. 12월 20일 화요일에 80여분 송년행사를 진행하실 00홀의 예약 가능여부를 확인하시고자 하는 게 맞으신지요?

김영수 대리 : 네. 맞습니다.

김철수 과장 : 가능여부를 확인하겠습니다. 잠시만 기다려주시기 바랍니다.

김철수 과장 : 네. 현재 예약 가능하십니다.

김영수 대리 : 네. 그럼 제가 어떻게 해야 되죠? 예약을 진행하고 싶은데요.

김철수 과장 : 네. 제가 도와드리겠습니다. 우선 날짜가 결정되셨다면 예약을 해드리도록 하겠습니다. (중략)

김철수 과장 : 네. 알겠습니다. 그럼 정리해서 안내 드리겠습니다. 12월 20일 화요일 00홀 저녁 송년행사를 현재 예약해 드렸습니다. 이번 주 내로 구체적인 행사 일정이 결정되어 연락주시면 저희가 견적내용을 발송해 드리도록 하겠습니다. 제가 이 외에 더 도와드릴게 있으십니까?

> **김영수 대리 :** 아닙니다. 말씀하신대로 진행해 주십시오. 감사합니다.
> **김철수 과장 :** 감사합니다. 그럼 연락기다리겠습니다. 좋은 하루 되십시오.
> **김영수 대리 :** 네. 연락드리겠습니다. 감사합니다.

ⓒ 기타 상황별 전화응대

- 고객과의 전화 응대 중 서비스 진행상 다른 직원에게 전화를 연결해야 하는 경우 다른 직원에게 연결해야 하는 이유를 설명하며 양해를 구한다. 이때 연결 시 전화가 끊어질 것을 대비하여 담당직원의 성명 그리고 전화번호를 안내한 뒤 연결한다.
- 고객 대면 응대 중 전화가 왔을 때 대면 고객에게 양해를 구하고 전화를 받는다. 만일 통화가 길어질 경우에는 전화 고객에게 상황을 설명하고 양해를 구한 후 전화번호를 메모하고, 대면 고객 상담이 끝난 후 곧바로 전화를 한다.
- 전화가 잘못 걸려온 경우 친절하고 정중하게 응대한다.
- 전화로 위치 등을 물어오는 경우 상대방의 현재 위치와 어떤 교통편을 이용할 것인지를 묻고 상대방의 입장에서 전후좌우 방향을 안내한다. 간단히 중심이 되는 도로나 지하철, 건물 등을 이용하여 알려주며 상황에 따라 주소나 약도 등을 팩스, 메일, 문자 등으로 알려준다.
- 전화가 잘 들리지 않는 경우 전화 상태가 좋지 않음을 알리고 다시 통화를 할 수 있도록 한다. 전화를 먼저 건 쪽에서 다시 할 수도 있으나 서비스 현장에서는 고객에게 연락처를 받아서 전화를 걸 수 있도록 안내하는 것이 더욱 바람직하다.
- 전언 메모를 작성하는 경우 전화 응대 시 메모를 통해 내부 커뮤니케이션의 실수를 방지하고, 전언 메모가 필요한 경우 전화를 받은 날짜와 시간, 전달받을 사람의 부서와 이름을 표기하고 전화 건 사람의 회사, 부서, 이름, 직급과 함께 전달 내용을 육하원칙에 의해 작성하여 상대방의 연락처와 함께 추후 연락하기로 한 방법을 메모한다. 전화를 받아 전언하는 사람의 소속과 이름을 작성하여 전언을 받을 담당자의 책상 위에 올리고, 전언이 있음을 알린다.

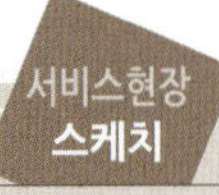

전화가 잘 안 들릴 때

고객은 전화상에서의 많은 부분에서 대면 상황보다 예민한 경우가 많습니다. 따라서 전화가 잘 안 들리는 경우에 "뭐라고요?", "잘 안 들리는 데요" 등의 표현을 하게 되면 의외로 고객은 이를 자신의 잘못을 책망하는 듯이 느낄 수 있어 오해가 발생합니다. 서비스 제공자는 대신 "소리가 작게 들립니다." 혹은 "고객님 전화의 상태가 좋지 않아 불편하실 것 같습니다." 등과 같은 완곡한 표현을 하는 것이 좋습니다.

플러스 tip

행정안전부 전화친절도 조사 배점표

구분	맞이 단계(30점)		응대 단계(55점)		마무리 단계(15점)	
조사 항목	수신의 신속성	15	경청태도	15	종료인사	10
	최초 인사	10	설명태도	20	종료시점	5
	발음의 정확성	5	응대태도	20		

---

3) 전화 응대 평가

① 많은 기업에서 전화 응대의 수준을 관리하기 위해 전화 응대 수준을 평가표에 따라 진단하여 전화 응대 능력을 높이고 동시에 중요성을 환기시킨다.

② 전화 응대 역량을 평가하기 위해 지속적으로 전화 모니터링을 실시하고 그 결과에 따른 교육과 훈련을 실시한다.

③ 전화 모니터링 시 평가 항목

대개 다음과 같은 사항으로 전화 응대 역량을 평가한다.

㉠ 수신 태도

- 신속성 : 발신음 3회 이내로 신속하게 수신하는가
- 첫인사 : 전화를 받은 후 첫인사말과 회사명, 소속, 직급, 성명을 말하는가
- 음성 : 고객이 쉽게 이해할 수 있는 속도와 발음으로 말하는가

㉡ 응대 태도

- 친절 : 고객 문의에 친절하고 기분 좋게 응대하는가

- 경청 : 고객의 말을 가로막지 않고 적절히 응대하며 고객의 이야기를 확인하면서 진심어린 경청의 태도를 보이는가
- 적극성 : 고객 문의에 관심을 보이며 적극적인 의지를 보이는가

ⓒ 표현
- 정중함 : 고객에게 정중한 표현을 사용하는가
- 쉬운 설명 : 고객이 이해할 수 있는 용어로 쉽게 설명하며 고객이 잘 이해하고 있는지를 확인하면서 설명하는가
- 적절한 문장 : 완성된 문장을 사용하며 명료한 표현력을 구사하는가

ⓔ 연결
- 연결 멘트 : 연결하는 이유를 설명하고 연결하겠다는 멘트를 명확히 한 후 연결하는가
- 정보 제공 : 연결 부서, 연결 담당자의 이름, 전화번호를 정확히 고지하고 연결하는가

ⓜ 종료
- 끝인사 : 도움이 되었는지, 더 필요한 사항은 없는지 등 최소한 한 가지 이상을 확인하며 적절한 끝인사로 종료하는가
- 전화 끊기 : 고객이 전화를 끊은 것을 확인하고 끊었는가

2 무선전화 매너

현대 사회에서는 무선전화의 사용이 유선전화에 비해 더 많다. 서비스 현장뿐 아니라 일상에서의 전화매너가 더욱 요구되는 시대이다.

1) 무선전화의 특징

① 전화건 사람이 누구인지 알 수 있다(익명성이 보장되지 않는다. 스팸인지도 알 수 있다).
② 받는 사람의 상황이 고려되지 않는다(거는 사람이 중요한 내용이 아니면 받는 사람이 난처한 경우가 있다. (**예** 운전 중, 교육 중)
③ 통화하는 사람들마다 예절이 다르게 적용되는 경향이 있다.

2) 상황별 매너 및 비매너

① 교육장소에서의 무선전화 매너 및 비매너

	매너	비매너
벨/진동/무음 비행기모드	무음/비행기모드	벨
통화	하지 않는다. (예외: 사전에 허가를 득하고 전화가 오면 나가서 받는 경우)	(작은 소리로라도)통화

② 공공장소 1 - 지하철, 버스, 레스토랑 등

	매너	비매너
벨/진동/비행기모드	진동모드	벨
통화	하지 않는 것이 최상의 예의이지만, 옆 사람에게 내용이 정확하게 들리지 않는 선에서는 용인될 수 있다. 그러나 옆사람이 제지를 하면 끊는 것이 매너이다.	옆사람에게 내용이 들리도록 통화

③ 공공장소 2 - 길에서, 복도에서

	매너	비매너
벨/진동/비행기모드	진동모드	-
통화	통행에 불편을 주지 않는 한편으로 가서 정지하고 통화 (걸으면서 통화하는 것은 기본적으로 비매너이지만, 통행에 불편을 주지 않는다는 상황, 또 옆 사람들이 듣지 않는다는 상황에서는 용인된다.)	타인의 길을 막거나 충돌하는 것

* 무선전화(휴대폰)는 들고 다니는 컴퓨터의 역할을 하고 있다. 업무뿐만 아니라 정보검색, 게임 등의 다양한 활동이 가능하다. 하지만 공공장소에서 게임과 정보검색은 타인에게 피해를 줄 수 있는 경우가 있음으로 주의해야 한다. 버스나 지하철처럼 옆사람이 볼 수 있는 곳에서 19금 검색을 한다거나, 소리가 이어폰 밖으로 나올 정도로 큰 소리의 게임이나 노래를 듣는 행위는 분명한 비예절, 비매너인 것이다.

Chapter 04 글로벌 매너

점차 강화되는 글로벌 시대의 서비스는 내국인, 외국인을 구별할 수 없는 시대이다. 과거에 비해 국가별, 지역별 특색이 많이 옅어지고 상호 존중 문화의 필요성을 보편적으로 인지하고 있으나 전문적인 서비스 제공자는 객관적 입장에서 글로벌 매너를 이해하고 이를 서비스 품질에 포함하는 자세가 필요하다.

1 글로벌 매너의 원칙 이해

1) 글로벌 매너의 원칙

① **상호존중의 원칙** : 우월하거나 열등한 매너는 없다. 서로 상대방의 문화와 매너를 존중해야 한다.

② **종교적 신념의 원칙** : ①을 어기지 않으면서 상호합의하에 개인의 종교적 신념은 지켜지는 것이 원칙이다.

③ **지역(local) 룰의 원칙** : ①,②를 어기지 않으면서 방문한 '지역(local)'의 매너를 따른다.

2) 각국의 매너

① 미국

   ㉠ 유럽의 가치관을 기반으로 하고 있지만, 조금 더 개방적이고 자유주의적인 문화이다.

   ㉡ 실용주의, 평등의식이 강하고, 약속과 프라이버시를 중요시하는 문화이다.

   ㉢ 여성존중이 매너로 통용된다.

   ㉣ eye contact이 커뮤니케이션의 중요한 요소이다.

   ㉤ 총기소유가 자유로운 나라이다. 그렇기 때문에 주머니에 손을 넣는 행동 자체가 위협적으로 보일 수 있다(특히 경찰을 만났을 때 양손을 보이고 있는 것은 중요하다).

   ㉥ 팁 문화가 발달해 있다. 서비스를 받고 난 후 사용료 외의 팁은 매너이다.

   ㉦ 식사 때 이야기를 하는 것은 좋은 매너이지만, 소리를 내며 먹는 것은 비매너로 분류된다.

② 영국

   ㉠ 청교도를 기반으로 형성된 문화를 가지고 있다.

   ㉡ 질서, 규범, 규칙 등을 중시하고 따른다.

   ㉢ 'lady first'로 정의되는 여성존중이 매너로 통용된다(버스, 엘리베이터를 탈 때 여성을 먼저 탑승하도록 하는 것이 매너이다).

ㄹ 복장 매너를 중시한다. 공연장에서는 정장을 입지 않고는 출입이 불가능한 경우가 많으며, 상당수 고급 레스토랑 역시 동일하다.

ㅁ 공공장소에서 한 줄로 서는 것이 매너이다.

ㅂ 공식만찬에서는 여왕에 대한 건배를 하는데, 그 전에 담배를 피워서는 안 된다.

ㅅ 코를 푸는 행위는 예의에 어긋나는 것이 아니나, 재채기는 입을 다물고 최대한 조용히 하려 노력하는 것이 매너이다.

ㅇ 실내에서 우산을 펴는 것과 사다리 밑을 지나가는 것을 불길하게 생각하는 경향이 있다.

③ 중국

ㄱ 넓은 영토와 오랜 역사 그리고 많은 인구를 가진 나라이다. 자부심이 강하고 대륙적인 기질을 가지고 있으나 그만큼 지역적인 매너의 편차가 있음을 인정해야 한다.

ㄴ 한 번 좋은 관계를 맺으면 끝까지 믿고 도와주지만, 한 번 관계가 어긋나면 좀처럼 관계가 개선되지 않는다.

ㄷ 선물 포장은 빨간색을 선호하고, 바로 받는 것은 예의가 아니라고 생각해서 거절함으로 여러 번 권해야 한다(3번 정도 가볍게 거절하는 것이 예의).

ㄹ 협정은 상호 이해에 기초해야 한다고 믿는 경향이 있으며, 서면에 의한 표현은 그렇게 중요한 것이 아니고 융통성이 있어야 한다고 생각한다(현재에는 많이 변화하고 있으나 이 융통성의 해석 때문에 중국과 비즈니스가 힘들다고 생각하는 경우가 상당하다).

ㅁ 준비한 음식을 모두 적어도 한 번씩은 먹되, 음식을 조금 남기는 것이 예의이다.

ㅂ 차 문화가 발달한 나라이며, 상대방 잔이 비었으면 계속 따라주는 것이 예의이다. 술 역시 동일하다(우리나라와 차이는 술잔을 돌리지 않는다는 것이다).

ㅅ 금기사항
  - 선물이나 포장 등에 청색이나 백색은 피한다(장례식과 관련된 색).
  - 벽시계, 탁상시계는 선물하지 않는다(시계를 뜻하는 종(鍾)의 발음이 끝을 뜻하는 종(終)과 발음이 비슷해서 피하는 경향이 있다).
  - 외국화폐나 기념주화는 선물하지 않는다.
  - 거북이/손수건도 선물하지 않는다.

④ 프랑스

ㄱ 프랑스인의 90%가 카톨릭 신자이며, 낙천적이고 다혈질이어서 쉽게 흥분하는 경향이 있다.

ㄴ 18세기까지 유럽의 중심으로 자리 잡고 있었으므로 영국과 독일에 대하여 우월의식과 열등의식이 복합화되어 있으므로 이를 자극하는 주제는 피하는 것이 좋다.

ㄷ 남녀평등 사상이 강하며, 여성의 사회참여가 활발하다.

ㄹ 친한 사이에는 뺨에 가볍게 키스를 하기도 한다.

　　ⓜ 외국인들이 영어를 사용하는 것보다 프랑스어를 사용해주는 것을 좋아한다.

　　ⓑ 약속 없이 방문하는 것을 대단한 결례로 생각한다.

　　ⓢ 허락없이 만지는 것을 결례로 생각한다. 상품을 고를 때에도 직원에게 물어보고 만지거나 입어보아야 한다.

　　ⓞ 테이블 매너가 중시된다.

　　ⓩ 프라이버시가 대단히 중시되므로 사적인 질문, 또한 종교 정치와 같은 무거운 주제는 피하는 것이 좋다.

　　ⓒ OK사인이 가치없다는 뜻으로 통용된다.

　　ⓚ 음식을 되도록 남기지 않는 것이 예의이다.

⑤ 이탈리아

　　㉠ 90% 이상이 로마 카톨릭으로 국민 대부분이 강한 보수성을 띠고 있다.

　　㉡ 지역적인 특색이 강하고 고향과 가족 간의 결속이 강하다.

　　㉢ 외면을 중시하는 경향이 크기 때문에 옷차림을 중요시 한다.

　　㉣ 낙천적인 기질을 가지고 있으며, 다혈질로 보이기도 하지만 보통은 순박하고 외향적이라고 한다.

　　㉤ 몸동작이 크고 다양하다.

　　㉥ 낮잠 자는 습관이 있음으로 4시 이후에는 방문을 삼가는 것이 좋다.

　　㉦ 프랑스와 관련된 화제는 좋아하지 않는다.

⑥ 일본

　　㉠ '남에게 폐를 끼치지 않는다'가 최대의 덕목이다.

　　㉡ 시간 약속을 어기는 것은 커다란 실례이다. 어기게 될 경우 사전에 연락하여 다시 시간을 정하도록 하는 것이 좋다.

　　㉢ 누구에게나 경어를 사용하는 것이 일반적이다.

　　㉣ 인사는 우리나라보다 더 많이 굽히고, 허리를 굽힐 때는 상대의 얼굴을 보아서는 안 된다.

　　㉤ 일반적으로 집으로 초대하는 것은 상당한 호의의 표현이다. 방문 시에는 선물을 준비하고 되도록 짝수로 준비하도록 한다(짝수는 행운을 가져온다고 믿는 경향이 있다).

　　㉥ 공공장소에서는 조용하게 행동하는 것이 예의이다.

　　㉦ 식당이나 술집에서 각자 비용을 내는 것이 일반적이다.

　　㉧ 술잔에 술이 조금 남아있을 때에 첨잔하는 것을 미덕으로 여긴다.

　　㉨ 각자 개인용 그릇인 '고자라'에 덜어서 먹는다.

　　㉩ 금기사항

　　　　– 등 뒤에서 손뼉을 치지 않는다.

- 'No'라는 대답을 피하는 편이다.
- 선물의 포장은 흰색으로 하지 않는다. 흰 꽃도 피한다.
- 칼은 단절을 뜻하므로 선물하지 않는다.
- 개인의 신상에 대하여 질문을 하지 않는다.

3) 국가별 다양한 매너의 종류

① 세계 각국의 인사

국가	인사법
미국	• 악수를 한다.
	• 하와이 : '알로하 알로하'하며 서로 끌어 안고 양쪽 볼을 대며 인사한다.
	• 알래스카 : '브덴니 음음'하며 두 주먹을 코에 붙여 서로 끝을 비빈다.
중국	'쎄쎄 니하우마'하며 자기의 두 팔을 들어서 팔목을 잡고 허리를 굽혀 정중히 인사한다.
일본	'하지메마시테'하며 허리를 여러 번 굽혀서 인사한다.
인도	'오! 살로모어'하며 양손을 입에다 붙였다 떼면서 나아가 '오! 살로모어'하면서 서로 끌어 안는다.
프랑스	서로 볼을 댄다.
아랍	서로 껴안고 뺨을 비빈다.
네팔	'나마스테(3회)'하며 양손을 머리에 얹고 허리를 90도 굽혀 인사한다.
인도네시아	서로 악수를 한 다음 가슴에 손을 얹는다.
이스라엘	'샬롬 샬롬'하며 서로 상대방의 어깨를 주물러 준다.
스페인	'브에노스 디아스'하며 서로 끌어안아 한바퀴 돈다.
태국	'와이'하며 기도하듯이 두 손을 가슴, 턱 또는 이마에 모은다.
터키	양손으로 가슴을 비비면서 머리를 숙여 절을 한다. 때로는 키스로 인사를 대신한다.
기타	• 에스키모 : 눈웃음을 치면서 '이히히히'하며 웃음소리를 낸다. • 티벳 : 혀를 내민다. • 뉴질랜드의 마오리족 : 코를 비벼댄다. • 아프리카의 마사이족 : 얼굴에 침을 뱉는다.

② 나라마다 뜻이 다른 제스처

행위	국가별 의미
손바닥을 아래로 하여 손짓하는 행위	• 중동, 극동지역 : 오라는 의미 • 서구지역 : 가라는 의미
손가락으로 링 모양을 만드는 사인	• 한국, 일본 : 돈 • 프랑스 남부 : 무가치하다. • 미국, 서유럽 : OK • 브라질, 남미 : 음란하고 외설적인 의미
손바닥을 바깥으로 한 V자 사인	• 유럽 : 승리 • 그리스 : 욕설의 한 종류
손등을 바깥으로 한 V자 사인	• 영국, 프랑스 : '꺼져버려'라는 의미 • 그리스 : 승리
손바닥을 펴서 흔드는 행위	• 한국, 유럽 : 안녕 • 그리스 : 당신의 일이 잘되지 않기를 바람
주먹을 쥐고 엄지손가락을 위로 올리는 행위	• 미국 : 매우 좋음 • 호주 : 무례한 행위 • 그리스 : '닥쳐'라는 의미 • 러시아 : '동성연애자'라는 의미
합장	• 태국, 기타 불교 국가 : 인사 • 핀란드 : 거만함의 표시
머리를 위아래로 끄덕이는 행위	• 대부분의 국가 : 긍정의 뜻(Yes) • 불가리아, 그리스 : 부정의 뜻(No)

테이블 매너 및 식사예절

점차 간단하고 실용적으로 변화하고 있으나 기본적인 테이블 매너를 익혀 두는 것이 좋다.

1. 테이블 매너
① 금지 사항 : 팔꿈치를 올리거나 다리를 꼬는 것, 음식을 먹으면서 소리를 내는 것(일부 문화권에서는 예외), 나이프나 포크로 누군가를 가리키는 것, 테이블에서 화장을 고치는 것
② 주위 사람들과 먹는 속도를 맞추고 여유를 가지고 대화하되 민감한 주제는 피한다.
③ 테이블 위에 아무 것도 놓지 않는 것이 예의이지만, 상대방의 동의를 얻고 급한 통화를 위해 무선전화기 등을 올려 놓을 수 있다.
④ 직원을 부를 때는 오른손을 가볍게 든다.
⑤ 여성의 경우 립스틱 자국이 물잔 및 와인 잔에 남지 않도록 유의한다.

2. 예약 및 주문 매너
① 즐거운 식사를 위해서는 모임의 성격에 맞는 레스토랑을 사전에 예약한다.
② 예약시간은 반드시 지키고 도착 시간이 늦어지거나 취소될 경우 반드시 사전에 연락한다.
③ 예약 후 입장하는 경우에는 예약자명을 확인하고 자리를 안내받으며, 매니저나 직원이 안내 후 처음 안내하는 자리가 상석이므로 그날의 주빈이 앉도록 한다.
④ 식사 시 모든 행동은 손님을 초대한 사람을 중심으로 이루어지고 초대한 사람은 손님들이 편안하게 식사할 수 있도록 배려한다.
⑤ 주문은 여성과 초대 손님이 먼저 하는 것이 일반적이다.

3. 정찬 메뉴의 기본 순서
전채요리(appetize, hors d' oeuvre) → 수프(soup, potage) → 생선(fish, poisson) → 고기(meat, entree) → 샐러드(salad) → 디저트(sweet, entrements) → 음료

4. 식기의 사용방법
① 나이프와 포크는 대개 3개 이하로 세팅되어 있다. 바깥쪽부터 안쪽으로 사용한다.
② 나이프는 오른손으로, 포크는 왼손으로 사용한다(단, 오른손만 사용할 때는 포크를 오른쪽에 사용할 수 있다).
③ 나이프의 날은 자기 쪽으로 놓고, 포크는 등이 위쪽으로 향하게 놓는다.

5. 냅킨 사용법
① 주빈이 먼저 펴면 함께 펴고 두겹으로 접어 무릎 위에 놓는다.
② 식사 중 자리를 뜰 때는 의자 위에 올려 두고, 식사를 마친 경우에는 테이블 위에 올린다.
③ 음식을 먹다가 입을 닦거나 손의 물기를 닦을 때 사용하며 냅킨의 가장자리를 이용한다.

핵심 Key Word로 이해하기

- **매너** : 매너는 사람이 수행하는 일을 위해 행동하는 구체적인 방식이며 배려의 행동 및 언어를 형식으로 만든 것. 매너는 '좋다', '나쁘다'로 표현되어 진다.

- **에티켓** : 생활에서 지켜야 하는 규범이며 대인관계 속에서의 합리적인 행동기준이다. 구성원들이 '지켜야한다'고 생각하는 규범적인 성격을 갖고 있으므로 '규범', '사회적 약속'이라고 불리는 것이다. 에티켓은 '있다', '없다'라고 이야기 한다.

- **네티켓** : 네트워크(network)와 에티켓(etiquette)의 합성어이다. 네트워크상에서 메일을 주고 받거나 글을 올릴 때, 그리고 채팅이나 게임을 할 때 등의 모든 활동에서 지켜야 할 상식적인 예절이다. 우리나라는 네티즌 윤리 강령을 두고 있다.

- **공수(拱手)** : 어른 앞에서나 의식 행사에 참석했을 때 또는 절을 할 때 취하는 공손한 자세로, 두 손을 모아 맞잡는 것을 말한다.

- **공수법** : 두 손을 앞으로 모아서 잡는다. 이때 엄지손가락은 엇갈려 깍지를 끼고 네 손가락을 포개는 것이 일반적이다. 남자는 왼손, 여자는 오른손이 위로 향하며 흉사에는 반대로 한다.

- **인사** : 가장 기본적인 예의이며 상대방에 대한 존경심과 친절을 나타내는 형식이다. 인격과 교양을 나타내는 척도이며 서로의 마음을 열게 만드는 첫 단계이다.

- **네 가지 인사법** : 목례, 약례, 보통례, 정중례

- **적절한 인사의 시기, 방법** : 인사할 대상과 마주치는 방향일 때는 6보 이내에서 하며 갑자기 만나게 될 경우 즉시 한다. 계단 아래에 윗사람이 있을 때에는 계단 아래로 내려가서 인사한다.

- **소개** : 사람과 사람의 만남은 소개에 의해서 시작되며 '관계'를 형성하는 중요한 행동. 비즈니스를 넓힐 수 있는 가장 좋은 방법

- **소개의 순서** : 연소자를 연장자에게, 손아랫사람을 손윗사람에게, 지위가 낮은 사람을 높은 사람에게, 남성을 여성에게, 회사 내부 사람을 외부 고객에게 소개한다.

- **명함** : 자신을 증명하는 자기소개서이며 직·간접적인 마케팅 및 홍보 효과를 가진다. 서로간의 연락처를 나누어 관계가 형성되었음을 증명하는 도구이다.

- **명함 예절** : 아랫사람이 윗사람에게 먼저 건내는 것이 일반적이다. 명함지갑에 보관하며 명함을 주고 받을 때는 선 자세에서 왼손을 받쳐서 오른손으로 주고 두 손으로 받는다. 명함을 받은 경우에는 반드시 자신의 명함도 주어야 한다. 자신의 이름을 상대방이 바르게 볼 수 있는

방향으로 명함을 주고 명함을 받은 후 대화가 이어질 때는 테이블 위에 올려놓고 대화를 진행한다.

- **악수 :** 비즈니스를 하는 사람과 사람 사이의 친근함을 표현하는 것으로, 관계형성의 중요한 단계이다. 손윗사람이 아랫사람에게, 상급자가 하급자에게 여성이 남성에게 건넨다.

- **악수 방법 :** 바른 자세로 서서 적당한 거리를 유지한다. 오른손으로 적당히 힘을 주어 잡고 2~3번 정도 가볍게 흔든다. 허리는 국가 원수나 왕족, 성직자 등을 제외하고 당당한 자세로 곧게 펴고 악수한다.

- **안내하기 :** 2~3보 가량 비스듬히 앞서서 안내한다. 손가락은 가지런히 모아 손바닥을 하늘로 향하고 가려는 방향을 안내한다. 갈림길이나 길이 바뀔 때는 특히 유의하며 먼저 방향을 유도하여야 한다. 계단과 에스컬레이터 등 경사가 진 위치에서는 위쪽이 상석이고 아래쪽이 하석이다. 승무원이 없을 때는 하급자가 먼저 타고 승무원이 있을 때는 상급자가 타고 난 후 뒤에 탑승한다.

- **상석의 위치 이해하기 :** 북쪽, 입구에서 안쪽, 최상석의 오른쪽, 좋은 전망이 보이는 쪽

- **호칭과 경어 사용법 :** '님' 자를 붙여 사용하는 호칭법과 실수하기 쉬운 경어 사용법 확인(사물이나 상황에 경어 사용 주의, 상급자에게 하급자를 호칭하는 경우 등)

- **전화 응대의 특성 및 중요성 :** 고객의 기업에 대한 이미지가 가장 먼저 형성되는 제 1접점. 시각 커뮤니케이션이 없어 청각의 정확성이 중요하며 특별히 오해가 생기는 상황이 많이 발생할 수 있다.

- **전화 응대 방법 :** 신속하게 처리한다. 정확하게 처리한다. 친절은 기본이다.

- **전화를 받을 때 :** 즉시, 벨이 3번 울리기 전에 받는다. 간단한 인사말과 함께 소속과 자신의 이름을 밝힌 후 상대를 확인하고 용건을 메모하면서 확인한다. 상대가 용건 전달을 끝내면 통화 내용을 요약·반복하여 확인한다.

- **전화를 걸 때 :** 정확한 전화번호, 소속, 직급, 이름 등을 미리 확인하고 용건을 간단히 정리하여 전화 응대를 시작한다. 첫인사와 함께 자신을 밝히고 상대를 확인한 후 전화를 받을 수 있는 상황인지 파악한다. 가급적이면 이른 아침, 식사 시간(조식, 중식, 석식), 늦은 밤에는 전화를 하지 않는 것이 좋다.

- **글로벌 매너의 개념과 우선순위 :** 상호존중의 원칙 → 종교적 신념의 원칙 → 지역(local) 룰의 원칙

사례형, 통합형 문제 대비하기

■ 비즈니스 혹은 직장 내에서의 다양한 응대 상황을 설정하여 기본적인 매너와 에티켓의 실행에 대한 이해도를 측정할 수 있다.

 – 인사, 악수, 명함, 소개에서의 구체적인 방법

 – 인사, 악수, 명함, 소개에서 잘못된 사례를 중심으로 발견하도록 한다.

 – 특히 인사, 악수, 명함, 소개에서 각각 다른 바른 '순서'를 구체적인 사례나 응대 방법을 통해 질문하게 된다.

■ 비즈니스 혹은 직장 내에서의 전화 응대 상황을 설정하여 기본적인 응대 요령 등을 이해하고 있는가를 확인할 수 있다.

 – 전화를 걸거나 받은 경우의 기본 응대 및 준비 상황

 – 전화 통화 중의 기본적인 응대 방법

 – 전화 연결 및 부재 중 안내 등의 다양한 상황

■ 다양한 장소, 상황을 설정하여 상석, 차상석 등을 이해하고 있는가를 확인할 수 있다.

■ 서비스 상황을 다양하고 복합적으로 제시하면서 다양한 각 응대 요령을 복합적으로 판단할 수 있고 서비스 현장에서 적용할 수 있을 것인가를 측정하게 된다.

≫ 실력 평가 문제

01~15　선다형

01　다음은 예절과 매너 에티켓의 설명이다. 옳지 않은 것은 무엇인가?

①　매너(manner)는 'manurius'라는 라틴어에서 유래되었다.

②　매너란 사람의 행동방식이나 습관이 외적으로 표현된 것을 말한다. 그러므로 매너가 '좋다', '나쁘다'라고 표현한다.

③　매너는 사회생활 속에서 지켜야 하다고 생각하는 '사회적 불문율'이다.

④　에티켓은 '나무 말뚝에 붙인 표지', '상대방의 신분에 따라 달라지는 편지 형식'이라는 뜻으로 점차 궁중의 각종 '예법'을 가리키는 말이 되었다.

⑤　국제간의 외교 의례를 프랑스어로 '프로토콜(protocole)'이라고 지칭한다.

해설　③은 에티켓에 대한 설명이다.

02　다음은 개인매너 중 공수–손모으기에 관한 설명이다. 옳지 않은 것은?

①　공수는 모든 행동의 시작이라고 할 수 있다.

②　평상시에는 남자는 왼손이, 여자는 오른손이 위로 가도록 한다.

③　손은 가슴에 닿도록 하고, 소매가 긴 예복을 입었을 경우 팔뚝이 수평이 되도록 한다.

④　한복을 입었을 경우 앉을 때는 남자는 두 다리의 중앙이나 아랫배에 공수한 손을 위치시키며, 여자는 앉으며 세운 오른쪽 다리 또는 무릎 위에 놓는다.

⑤　성별과 행사의 성격에 맞게 하는 것이 중요하다.

해설　손은 배꼽에 닿도록 하고, 소매가 긴 예복을 입었을 경우 팔뚝이 수평이 되도록 한다.

03　다음은 예절 중 무엇에 관한 설명인가?

> ㉠ 가장 기본적인 예의이다.
> 　(사람과 사람의 첫 만남의 표현 방법이며 인간관계의 출발점)
> ㉡ 상대방에 대한 존경심과 친절을 나타내는 형식이다.
> ㉢ 자신의 인격과 교양을 외적으로 나타내는 방법이다.
> ㉣ 서로의 마음을 열게 만드는 첫 번째 단계이다.

① 매너   ② 에티켓   ③ 공수

④ 인사   ⑤ 악수

해설   악수보다 우선하는 것이 인사이다.

04 다음 중 올바른 명함 수수법으로 가장 적절한 것은? [기출문제]

① 명함은 고객의 입장에서 바로 볼 수 있도록 건네도록 한다.

② 명함은 상황에 따라 한 손으로 건네도 예의에 어긋나지 않는다.

③ 명함을 동시에 주고받을 때에는 왼손으로 주고 오른손으로 받는다.

④ 앉아서 대화를 나누다가 명함을 교환할 때는 그대로 건네는 것이 원칙이다.

⑤ 앉아서 대화를 나누는 동안 받은 명함을 테이블 위에 놓고 대화하는 것은 실례이다.

해설   명함은 두 손으로 건넨다. 앉아서 대화를 나누는 동안 받은 명함을 테이블 위에 놓고 이야기하는
것은 상대방을 정확히 인지하는데 도움이 된다. 명함을 동시에 주고받을 때에는 오른손으로 주고
왼손으로 받는다. 앉아서 대화를 나두다가 명함을 교환할 때도 일어서서 건네는 것이 원칙이다.

05 다음 중 소개의 방법으로 옳지 않은 것은?

① 연소자를 연장자에게 소개한다.

② 손아랫사람을 손윗사람에게 소개한다.

③ 지위가 낮은 사람을 높은 사람에게 소개한다.

④ 남성과 여성이 있을 때는 여성을 남성에게 소개한다.

⑤ 자신의 회사 사람을 외부 고객에게 소개한다.

해설   남성과 여성이 있을 때는 남성을 여성에게 소개해야 하는데, 이는 여성을 높여주는 것이다.

06 다음은 명함 예절이다. 옳은 예절은 무엇인가?

① 뒷주머니 지갑에서 명함을 꺼낸다.

② 누구인지 확인하기 위하여 명함에 바로 특징 등을 적는다.

③ 상대방이 내 이름을 바르게 볼 수 있는 방향으로 전달했다.

④ 명함에 한자로 이름이 되어 있지만 나중에 검색해보려고 이름을 묻지 않는다.

⑤ 윗사람이 아랫사람에게 먼저 전달하는 것이 예의이다.

해설   상대가 읽기 편한 방향으로 건네는 것이 예의이다.

Answer   1. ③   2. ③   3. ④   4. ①   5. ④   6. ③

07 다음은 소개의 원칙에 관한 설명이다. 옳지 않은 것은?

① 환자나 노령인 사람은 일어나지 않아도 된다.

② 여성의 경우도 남성에게 소개받을 경우 반드시 일어날 필요는 없다.

③ 소개를 하면 악수를 하는 것이 일반적이지만 연장자, 즉 소개를 받는 사람이 악수 대신에 간단한 목례 등을 하는 경우 소개하는 사람도 그에 따르는 것이 예의이다.

④ 부부를 소개받았을 경우 동성에게는 악수를, 이성에게는 목례를 하는 것이 일반적이다.

⑤ 한 사람을 여러 사람에게 소개해야 할 경우에는 양쪽을 한꺼번에 소개한다.

(해)(설) 한 사람을 여러 사람에게 소개해야 할 경우에는 한 사람을 여러 사람에게 먼저 소개한 후 여러 사람을 한 사람에게 소개한다.

08 다음은 악수에 관한 설명이다. 옳지 않은 것은?

① 손윗사람이 손아랫사람에게 청한다.

② 상급자가 하급자에게 청한다.

③ 기혼자가 미혼자에게 청한다.

④ 남성이 여성에게 청하는 것이 일반적이다.

⑤ 악수를 사양하는 것은 결례에 속한다.

(해)(설) 여성이 남성에게 청하는 것이 일반적이다.

09 안내하기에 대한 설명 중 옳지 않은 것은?

① 복도에서는 고객 또는 안내하려는 사람보다 2~3보 가량 비스듬이 앞서서 안내한다.

② 손가락은 가지런히 모아 손바닥을 땅으로 향하고 가려는 방향을 안내한다.

③ 계단과 에스컬레이터에서 올라갈 때는 뒤쪽에서 안내하고, 내려올 때는 앞쪽에서 안내한다.

④ 엘리베이터에서 승무원이 없을 때는 하급자가 먼저 타서 엘리베이터를 조작한다.

⑤ 안내할 때는 몸을 조금 비켜선 자세로 사선 걸음으로 걸으며, 고객 또는 안내하려는 사람이 잘 따라오는 지를 확인한다.

(해)(설) 손가락은 가지런히 모아 손바닥을 하늘로 향하고 가려는 방향을 안내한다.

10 다음은 상석에 관한 설명이다. 옳지 않은 것은?

① 자동차 뒷자석의 가운데 자리
② 입구에서 먼 곳
③ 비좁지 않고 넉넉한 곳
④ 상사의 자리가 정해져 있을 경우, 상사와 가까운 자리나 오른쪽
⑤ 경치가 좋은 곳이나 그림이 보이는 곳

(해)(설) 자동차 뒷자석의 가운데 자리는 대표적인 말석이다.

11 조문할 때 올바른 조문 매너는? [기출문제]

① 향에 불을 붙이고, 왼손으로 가볍게 흔들어 끈다.
② 향을 꽂은 후 영정 앞에 일어서서 잠깐 묵념 후 한 번 절한다.
③ 조의금은 문상을 마친 후 직접 상주에게 전하는 것이 예의이다.
④ 정신적으로 힘든 유족에게는 말을 많이 시키고 위로하는 것이 좋다.
⑤ 영정 앞에 절할 때 남자는 왼손이 위로, 여자는 오른손이 위로 가게 한다.

(해)(설) ② 향을 꽂은 후 영정 앞에 일어서서 잠깐 묵념 후 두 번 절한다.
③ 조의금은 문상을 마친 후 호상소에 접수하거나 부의함에 직접 넣는 것이 예의이다.
④ 정신적으로 힘든 유족에게 너무 말을 많이 시키지 않는다.
⑤ 영정 앞에서 절을 할 때 남자는 오른 손이 위로, 여자는 왼손이 위로 가야 한다.

12 다음은 전화 매너에 관한 설명이다. 옳지 않은 것은?

① 고객의 입장에서는 '긍정'과 '부정'의 결정을 신중하게 내리게 된다.
② 전화는 고객과 처음 만나는 순간, 즉 '제1접점'으로 고객과 기업의 첫인상이 형성되는 순간이다.
③ 전화는 인간 커뮤니케이션의 60% 이상을 차지하는 시각을 배제하고 소통해야 하므로 청각적인 요소를 잘 활용해야 한다.
④ 고객의 통화료가 발생한다. 그러므로 신속한 응대 및 정확한 서비스를 원한다.
⑤ 전화를 다른 사람에게 연결할 때는 정확하게 처리한다.

(해)(설) 고객의 입장에서는 '긍정'과 '부정'의 결정을 빠르게 내리게 된다.

Answer 7. ⑤ 8. ④ 9. ② 10. ① 11. ① 12. ①

13 행정안전부 전화친절도 조사 배점표 항목에 대한 설명이다. 다음 중 가장 배점이 높은 항목은 무엇인가?

① 수신의 신속성 ② 종료시점
③ 종료인사 ④ 발음의 정확성
⑤ 응대태도

해설 ① 수신의 신속성 – 15점
② 종료시점 – 5점
③ 종료인사 – 10점
④ 발음의 정확성 – 5점
⑤ 응대태도 – 20점

14 글로벌 매너의 원칙에 관한 설명이다. 가장 거리가 먼 것은?

① 문화권별로 우월하거나 열등한 매너는 없다.
② 상호합의하에 개인의 종교적 신념은 지켜지는 것이 원칙이다.
③ 서로 상대방의 문화와 매너를 존중해야 한다.
④ 무조건 방문한 '지역(local)'의 매너를 따른다.
⑤ 상대방을 불편하게 하면 이미 글로벌 매너에서 멀어진 것이다.

해설 상황에 따라 다르게 적용해야 하며, 무조건적인 매너는 거의 없다.

15 다음은 어느 나라 매너의 특징인가?

> ㉠ 유럽의 가치관을 기반으로 하고 있지만, 조금 더 개방적이고 자유주의적인 문화이다.
> ㉡ 실용주의, 평등의식이 강하고, 약속과 프라이버시를 중요시하는 문화이다.
> ㉢ 여성존중이 매너로 통용된다.
> ㉣ eye contact이 커뮤니케이션의 중요한 요소이다.
> ㉤ 총기소유가 자유로운 나라이다. 그렇게 때문에 주머니에 손을 넣는 행동 자체가 위협적으로 보일 수 있다.
> ㉥ 팁 문화가 발달해 있다. 서비스를 받고 난 후 사용료 외의 팁은 매너이다.

① 미국 ② 영국
③ 일본 ④ 중국
⑤ 프랑스

16~19　O/X형

16 에티켓은 사람이 수행하는 일을 위해 행동하는 구체적인 방식으로 타인을 향한 배려의 행동 및 언어를 '형식'으로 만든 것이다. 따라서 보통 '있다', '없다'로 표현한다.

(① O, ② X)

해설 매너에 대한 설명이며 매너는 '좋다', '나쁘다'로, 에티켓은 '있다', '없다'로 표현한다.

17 인사는 시간과 장소를 고려해서 하며, 되도록 먼저하는 것이 좋다. (① O, ② X)

해설 인사는 상황에 따라 고려해야 하지만 기본적으로는 가능하면 먼저 하는 것이 좋고, 아랫사람이 윗사람에게 하는 것이 예의이다.

18 악수는 아랫사람이 윗사람에게, 명함은 윗사람이 아랫사람에게 먼저 건네는 것이 일반적이다.

(① O, ② X)

해설 악수는 윗사람이 아랫사람에게, 명함은 아랫사람이 윗사람에게 건네는 것이다.

19 고객을 대면 응대 중에 전화가 왔을 때, 대면 응대 고객이 우선이므로 전화는 다른 사람이 받도록 하고 대면 고객과의 응대에 충실해야 한다. (① O, ② X)

해설 전화 응대는 신속하게 해야 하므로 대면 고객에게 양해를 구하고 일단 받아야 한다. 통화가 길어지게 되면 이후 후속 조치한다.

20~24　연결형

※ 다음은 비즈니스 응대이다. 무엇을 설명하고 있는지를 골라 연결하라.

① 인사　　② 악수　　③ 명함　　④ 소개　　⑤ 안내

20 모든 비즈니스 응대의 가장 기본적인 예의이며, 서로의 마음을 여는 첫 번째 단계이다.

(　　　　)

해설 인사가 모든 예의범절의 행동양식 중 가장 기본이다.

Answer　　13. ⑤　　14. ④　　15. ①　　16. ②　　17. ①　　18. ②　　19. ②　　20. ①

21 '관계'를 형성하는 중요한 행동이며, 비즈니스를 넓힐 수 있는 가장 좋은 방법이다.

(   )

해설 소개는 특히 비즈니스의 관계를 넓히는 응대로 효과적이다.

22 나의 소속과 성명을 알림과 동시에 증명하는 자기소개서로서 직·간접적인 마케팅 및 홍보 효과를 가진다.

(   )

해설 명함의 기능을 이야기하고 있다.

23 서비스 현장에서 고객의 편의를 도모하는 적극적인 응대이다. 장소에 따라 그 방법이 다르지만 고객에 대한 예의와 편의의 목적을 모두 달성해야 한다.

(   )

해설 안내하기는 서비스 제공자의 적극적인 서비스 활동이다. 고객을 안내해야 하는 목적과 고객 존중의 예의, 표현 모두를 달성해야 한다.

24 경계를 풀고 호감을 전달하는 것에서 그 유래가 있으며, 비즈니스를 하는 사람과 사람 사이의 친근함을 표현하는 것으로, 관계형성의 중요한 단계이다.

(   )

해설 악수는 좀 더 친근한 개념의 비즈니스 응대이다.

25~29 사례형

25 다음은 00리조트를 방문한 고객이 방문기간 중 리조트 내 직원들에게 받은 인사이다. 고객이 받은 인사 중 가장 적절한 인사는 무엇인가?

(①)체크인을 위해 로비라운지의 프론트에 도착했다. 마침 전화통화 중이던 여직원이 목례를 해왔다. (②)곧이어 또다른 여직원이 프론트 내로 들어와 급히 객실명부를 쳐다보느라 눈을 마주치지 못하고 보통례를 했다. (③)예약 내용을 확인하고 객실로 들어가는 길에 컨시어지 직원을 만났다. '안녕하세요'라고 인사하였지만 업무 중이어서인지 동작이나 미소는 없었다. (④)저녁에 식사를 위해 지하 한식당을 찾았는데 입구에서 매니저가 허리를 90도가 넘게 숙이며 큰 소리로 인사하였다. (⑤)식사를 마치고 프론트에 내일 아침 식사에 대해 물어보러 갔다가 다시 객실로 올라가려 하자 뭔가 인사를 받았는데 아마 좋은 저녁시간이 되라고 하는 것 같았다.

 ① 전화통화 중에는 목례만으로 충분하다.
② 눈을 마주치는 것이 인사의 기본이다.
③ 아무 동작이나 표정없이 언어로만 하는 인사는 부적절한 인사법이다.
④ 90 이상의 인사는 적절치 않으며, 정중례의 경우도 90도까지가 최고 예의로 본다.
⑤ 분명하게 전달되지 않는 인사 역시 부적절하다.

26 김철수씨는 출근 시간이 십여분 정도 지난 시각에 아직 출근하지 않은 옆자리의 동료 전화를 대신 받게 되었다. 두 사람의 전화 응대를 비즈니스 매너로 해석한 것이다. 틀린 것은?

> **김철수** : "여보세요" (A)
>
> **전 화** : "수고하십니다. 00건설이죠? 김영식씨 계십니까?" (B)
>
> **김철수** : 네. 00건설은 맞습니다만 김영식씨는 아직 출근 전입니다. 아마 곧 출근할 것 같습니다만… (C)
>
> **전 화** : 네. 그렇군요.
>
> **김철수** : 어떤 용건이신지 제가 메모를 남기거나 자리에 도착하는 대로 전화 드리라고 전하겠습니다. 괜찮으시겠습니까? (D)
>
> **전 화** : 네. 며칠 전에 메일을 보내주신 건이 있어서 그 건으로 연락드렸습니다. 저는 00상사에 근무하는 000대리입니다. 말씀을 전해주시면 감사하겠습니다. (E)

① A – 비즈니스 전화를 받을 때 가장 무난한 인사법으로 응대하였다.

② B – 통화 상대를 확인하고자 하였으나 본인의 소속을 밝히지 않아서 적절한 응대가 되지 못했다.

③ C – 동료가 지각을 한 듯한 인상을 주는 방식으로 전달하는 것은 비즈니스 관계에서는 적절치 않다. 자리를 비웠다고 이야기 하는 것이 좋다.

④ D – 상대에게 정중히 메모나 연락처 등을 물음으로써 적절히 응대하였다.

⑤ E – 전화를 건 용건과 소속을 밝히고 메모를 전해주는 것에 대한 감사를 전하여 예의를 갖추었다.

 비즈니스 전화 응대에서는 가벼운 인사와 본인의 소속과 이름을 이야기 하는 것이 기본이다.

27 다음은 상황에 따른 고객과의 전화통화 내용이다. 대화에 관한 내용 중 옳지 못한 것은? [기출문제]

〈 ① 전화를 바꾸어 줄 때 〉

잠시만 기다려 주시겠습니까?
고객님! 죄송하지만 통화가 길어지는 것 같은데요!
제가 메모해서 전화가 끝나는 대로 연락드리도록 하겠습니다.

〈 ② 전화가 들리지 않을 때 〉

죄송하지만 잘 들리지 않습니다.
고객님! 죄송하지만 목소리가 작아서 잘 들리지 않는데 좀 크게 말씀해 주시겠습니까?

〈 ③ 전화가 잘 못 걸려왔을 때 〉

실례하지만 몇 번 전화하셨습니까?
어쩌지요? 이곳은 구매부가 아니라 자재부입니다. 제가 구매부로 돌려드리겠습니다.

〈 ④ 항의전화인 경우 〉

고객님! 정말 죄송합니다. 착오가 있었던 것 같습니다.
불편을 드려 죄송합니다. 당장 조사하고 신속히 답변을 드리겠습니다.
감사합니다.

〈 ⑤ 잠시 통화를 중단할 때 〉

네! 확인해 드리겠습니다. 죄송하지만 잠시만 기다려 주시겠습니까?
기다리게 해서 죄송합니다. 네! 오랫동안 기다리셨습니다.

① 전화를 바꾸어 줄 때
② 전화가 들리지 않을 때
③ 전화가 잘 못 걸려 왔을 때
④ 항의전화인 경우
⑤ 잠시 통화를 중단할 때

해설 전화가 들리지 않을 때는 아래처럼 응답해야 한다.
죄송합니다. 잘 들리지 않습니다. 번거롭지만 제 옆 번호(0000)로 다시 한번 전화해 주시겠습니까?
지금 제가 먼저 전화를 끊겠습니다.

28 다음 고객과의 명함교환 사례를 보고 옳지 못한 명함교환 방법을 고르시오. [기출문제]

> **세일즈맨 :** 안녕하세요, 반갑습니다.
> 저는 갑을상사에 홍길동이라고 합니다.
> (미리 준비한 명함을 상대방이 볼 수 있도록 두 손으로 공손히 건넨다.)
> **잠재고객 :** (잠시 후) 저는 동아물산에 박영호 대리라고 합니다.
> 제 명함입니다.
> **세일즈맨 :** 아! 박영호 대리님! 시간을 내어 주셔서 감사합니다.
> (일어서서 두 손으로 공손이 받고 상대방 직함과 이름을 불러준다.)
> **잠재고객 :** 그럼 편하게 앉으셔서 용건을 말씀해 보세요!
> **세일즈맨 :** (편하게 앉은 후에 바로 받은 명함에 면담일시를 기록하고 테이블 앞에
> 가지런히 놓은 후에)
> 박영호 대리님! 이름을 보니 저의 아버님 이름과 같아 매우 반갑네요!
> 오래 기억할 것 같습니다.

① 명함을 받을 때는 반드시 일어서서 두 손으로 받는다.
② 명함을 받자마자 바로 자신의 명함 집에 집어넣은 것은 실례이다.
③ 명함을 건 낼 때에는 자신의 이름과 회사를 소개하며 건네야한다.
④ 명함을 받으면 반드시 상대방 이름과 직책을 반가운 모습으로 불러준다.
⑤ 명함을 받으면 받은 즉시 상대방 명함 오른쪽 위에 면담일시를 기록해 놓는 것이 예의이다.

해설 받은 명함을 상대가 보는 앞에서 명함에 낙서하거나 훼손하는 행위는 절대로 하지 말아야 한다.

29 세일즈맨이 고객과의 상담약속에서부터 상담까지의 과정 중 예의와 매너에 어긋나는 것은? [기출문제]

> 나는 오늘 아침 새로운 고객발굴을 위해 선정한 잠재고객을 만나기 위해 자신감을 가
> 지고 잠재 고객사에 전화를 걸었다.
>
> 먼저 오늘 언제 시간이 나는지 잠재고객에게 먼저 물어보지 않고 나의 하루 방문 일
> 정대로 고객의 업무시간이 비교적 한가한 오후 2시40분에 만나면 어떻겠냐고 정중
> 히 물었다.
>
> 잠재고객은 흔쾌히 약속을 잡아 주었고 나는 약속시간 20분 전에 가방에 상담에 필
> 요한 자료들을 준비하고 잠재고객사의 상담실에 미리 도착하여 상담실 입구에서 가
> 장 먼 테이블보다 가까운 테이블을 확보하였다. 그리고 상담실 입구가 바라보는 쪽
> 을 나의 좌석으로 정하고 고객은 전망이 보이는 나의 앞좌석을 정했다. 상담에 앞서
> 필요한 명함과 제안서, 샘플 등을 준비하고 고객응대를 준비하였다.

① 고객이 앉을 좌석은 전망이 보이고 비교적 조용한 곳이 좋다.

② 상담 테이블은 입구에서 가장 가까운 쪽으로 정하는 것이 예의이다.

③ 상담 시간 20분 전에 도착하여 상담준비를 철저히 하는 것이 예의이다.

④ 고객방문 시에는 반드시 가방에 제안서, 샘플, 카탈로그, 명함 등을 지참하고 방문하여야한다.

⑤ 상담시간은 고객에게 맡기기 보다는 내가 분단위로 약속시간을 정하고 정중히 물어보는 것이 효과적이다.

해설 상석은 상담실 입구에서 대각선으로 가장 먼 곳이 상석이다. 이는 소음이 적고 심리적으로 안정을 줄 수 있어서 상담이 효과적으로 이루어지기 때문이다.

30~31 통합형

※ 00호텔의 오래된 고정 고객인 00건설 박사장님이 같은 회사의 김철수 대리의 결혼식 장소를 위해 직접 김철수 대리를 데리고 호텔에 방문하였다. 예식홀 안내를 맡은 김은숙 지배인의 고객 서비스 응대이다.

> 사장님과 김철수 대리가 예약실을 방문하자 안내를 맡은 직원이 박사장님을 입구 (㉠)의 자리로 안내해 드리고 김철수 대리도 (㉡)으로 앉을 수 있게 안내하였다. 김은숙 지배인은 곧 사장님께 먼저 정중례로 인사드렸다. 박사장님은 김철수 대리를 김은숙 지배인에게 소개하였고 김은숙 지배인은 첫 대면인 김철수 대리에게 먼저 명함을 건네며 인사하였다. 자리에 착석하여 김은숙 지배인은 김철수 대리의 명함을 테이블에 올려두고 간단한 인사말을 건네었다. 상담이 끝나자 박사장님께서는 식사 약속이 있어 먼저 자리를 떠나게 되어 김은숙 지배인은 엘리베이터까지 안내해 드렸다. 이후 김은숙 지배인은 김철수 대리에게 예식홀을 안내하기 위해 함께 이동하면서 호텔의 부대시설과 연회장을 소개하였다. 예식홀에서 예식을 직접 맡게 될 김영희 지배인을 김철수 대리에게 소개하였다.

30 다음은 김은숙 지배인의 서비스 응대의 내용을 설명한 것이다. 틀린 설명은 무엇인가?

① 호텔의 단골 고객이자 연장자인 주요 고객이므로 사장님께 정중례로 인사한 것이다.

② 김은숙 지배인이 호텔의 고객인 김철수 대리에게 먼저 명함을 건네며 인사한 것은 적절한 순서였다.

③ 자리에 착석하여 김철수 대리의 정확한 이름과 소속, 직함 등을 확인하기 위해 명함을 테이블 위에 올려두었다.

④ 김은숙 지배인이 김철수 대리와 예식홀로 이동하면서 갈림길 등에서 먼저 방향을 유도하기 위해 두 세 걸음 앞서 안내하였다면 올바른 서비스 응대였다.

⑤ 김은숙 지배인이 회사 내부 직원인 김영희 지배인에게 김철수 대리를 소개하는 것은 소개의 순서에 맞게 소개한 것이다.

 김은숙 지배인이 김철수 대리에게 김영희 지배인을 소개하는 것이 더 옳은 비즈니스 소개 순서였다. 같은 회사사람을 외부인에게 소개하는 것이 순서이다.

31 괄호 안에는 비즈니스 응대의 상석이 표시되어야 한다. 박사장과 김철수 대리의 자리는 어떻게 안내되어야 했는가? 바르게 연결된 것은?

① ㉠ 입구 가까이   ㉡ 박사장님 자리의 오른쪽
② ㉠ 가장 넓은 자리   ㉡ 입구 가까이
③ ㉠ 입구에서 먼 쪽   ㉡ 박사장님 자리의 오른쪽
④ ㉠ 가장 넓은 자리   ㉡ 박사장님 자리의 왼쪽
⑤ ㉠ 전망이 좋은 자리   ㉡ 가장 넓은 자리

 가장 상석은 입구에서 멀고 가장 편안하고 넓은 자리 혹은 전망이 좋은 자리이다. 그 다음 상석은 최상석의 오른쪽으로 설정하는 것이 가장 무난하다.

PART 02

이미지 메이킹

Chapter 01_ 이미지 메이킹의 개념

Chapter 02_ 표정 이미지

Chapter 03_ 상황별 제스처

Chapter 04_ Voice 이미지 연출

Chapter 05_ 패션 이미지 연출

개인의 경쟁력을 단순한 경력이나 특기로 가늠하기 어려운
시대이다. 개인이 가지고 있는 특정한 이미지가 객관화되어
있는 경력과 특기를 강화하고 약점을 보완함으로써 다른
사람들에게 기억되고 인식되는 시대이다. 변화의 속도가
빠르고 경쟁이 치열하기 때문이다.

또한 고객은 상품, 서비스의 품질을 서비스 접점의
현장에서 서비스 제공자를 통해 이해하고 인식하게
된다. 기업과 고객의 만남이며, 이 만남을 통해 고객은
기업이 제공하는 가치에 대한 이미지가 형성되거나 강화,
수정된다. 이미지 메이킹은 서비스 제공자 개인과 조직
모두에게 새로운 경쟁력이 되고 있다.

이번 Part에서	서비스 현장접점에서 첫인상의 중요성을 이해하고, 서비스과정상에서 커뮤니케이션의 효과를 배가시키는 이미지메이킹을 이해한다.
학습목표	1. 이미지의 개념과 이미지 형성의 과정을 학습하고 이를 적극적으로 구성해 내는 이미지 메이킹 주요 개념을 이해한다. 2. 개인의 이미지에 영향을 미치는 다양한 요소와 심리적 배경 등을 이해한다. 3. 표정 이미지와 상황별 제스처를 연출하는 방법을 익힌다. 3. Voice(목소리) 이미지를 연출하고 가다듬는 방법을 익힌다. 4. 패션 이미지의 중요성과 기본적인 연출 방법을 익힌다.
이번 Part를 학습하고 나면...	• 비즈니스 커뮤니케이션의 시작인 이미지 메이킹의 중요성을 이해하고 서비스 현장에서 자신만의 이미지 메이킹을 실천할 준비를 할 수 있다. • 효과적인 이미지 메이킹을 위해 어떤 것들을 준비하고 염두에 두어야 하는지를 기억하여 이를 서비스 현장에서 실천할 수 있다. • 비즈니스 상황에 맞는 적절한 표정과 효과적인 제스처를 구사할 수 있게 된다. • 이미지 메이킹에 있어 Voice(목소리)의 중요성을 이해하고 효과적으로 트레이닝할 수 있게 된다. • 비즈니스 상황에 걸맞는 패션을 이해하고 구사할 수 있게 된다.

Chapter 01 이미지 메이킹의 개념

기업이 고객에게 브랜드를 어떻게 인식시키는가가 매우 중요한 시대이며, 이는 개인에게도 마찬가지이다. 자신의 강점과 차별화를 다른 사람들에게 어떻게 인식되는가가 중요한 시대이다. 자신의 고유한 이미지가 자신의 서비스의 부가가치를 높이고 효과적으로 성과를 창출하는 도구임을 이해하는 것에서 이미지 메이킹은 시작된다.

1 이미지(Image)란?

1) 이미지의 개념

① 어원

㉠ 'imago(라틴어)'의 동사형 'imitari'에서 유래되었다고 한다.

㉡ 뜻은 모방하다(imitate)라는 의미이다.

② 이미지에 대한 정의

'마음 속에 언어로 그린 그림'(mental picture, word picture)이라는 뜻으로 어떠한 대상에 대해 가지는 일련의 신념, 아이디어 및 인상의 총체

③ 용어의 사용

㉠ 이미지라는 용어는 심리학에서 1950년도부터 다루어졌다.

㉡ 정신분석학에서 이미지는 '어느 대상', 특히 사람의 외적 형태의 인조적 모방 또는 재현이라고 정의한다.

㉢ 현대에는 서비스, 마케팅, 고객관리 등에서 널리 쓰이고 있으며, 특히 기업의 이미지나 제품의 이미지 등은 해당 기업이나 제품의 느낌뿐 아니라 가치평가의 자료가 되고 있다.

④ 이미지의 특성

㉠ 이미지는 현실적으로 그 대상을 경험할 때 혹은 일련의 자극 내용을 차별적으로 인식함으로써 형성되는 것이기에 개인의 지각과 감정에 의해 결합되므로 주관적인 측면이 강하다.

㉡ 이미지는 무형적인 것으로 추상성을 지니고 대상에 대한 어떠한 태도를 가지게 되는 것이므로 직접적인 경험이 없이도 형성될 수 있다.

ⓒ 이미지는 여러 외부의 자극이 개인의 지각과정을 거쳐 형성된 의미로 감정적 요소를 지니므로 주관적인 측면이 강하다.

ⓔ 이미지는 인식 체계와 행동의 동기 유인 측면에서 중요한 역할을 하며, 형성된 이미지는 행동의 경향을 규정하기도 하며 정보를 받아들이는 데 있어 '여과 기능'을 발휘하기도 한다.

ⓜ 학습, 정보, 경험, 커뮤니케이션 행위에 의해 형성, 수정, 변화될 수 있다.

2) 이미지의 형성

① 이미지의 요소

I(Intelligence)	지적 이미지
M(Mask)	표정 이미지
A(Attitude)	태도 이미지
G(Grooming)	복장 이미지
E(Emotion)	감성 이미지
V(Voice)	음성 이미지

② 이미지 형성의 과정

㉠ **지각 과정** : 인간이 환경에 대해 의미를 부여하는 과정으로, 주관적이며 선택적으로 이루어지기 때문에 동일한 대상에 대해서도 각기 다른 이미지를 부여할 수 있다.

㉡ **사고 과정** : 각 개인이 보유한 과거의 기억과 현재의 지각이 혼합되어 개인의 이미지가 형성된다.

㉢ **감정 과정** : 지각과 사고 이전의 감정에 의해 반응하며 감정적 반응은 이미지의 확장 효과를 가져오기도 한다.

③ 이미지 관리 과정 : 이미지 점검하기 → 이미지 콘셉트 정하기 → 좋은 이미지 만들기 → 이미지 내면화하기

3) 이미지의 분류

이미지는 내적 이미지와 외적 이미지, 그리고 사회적 이미지로 분류할 수 있다. 이는 사람들의 주관적인 관점에서 형성된다.

① 내적 이미지

인간의 심리적, 정신적, 정서적 특성 등이 고유하고 독특하게 형성되어 있는 상태로 심성, 생각, 습관, 욕구, 감정 등의 유기적인 결합체를 말한다.

② 외적 이미지

인간의 외부로 나타나는 종합적인 모습이다. 외모, 언행, 자세, 표정 등 꾸밈행동을 통하여 외부로 표현되는 현상이다.

③ 사회적 이미지

특정한 사회 속에서만 성립되고 그 구성원들 간에 의심 없이 수용되는 이미지를 말한다.

예 '사람들은 반찬 중 김치를 선호한다'는 것은 '대한민국'이라는 사회 속에서 수용될 수 있는 '사회적 이미지'이다. 대한민국이외의 사회에서는 통용되기 힘들다.

2 이미지 메이킹이란?

1) 의미와 해석

① 의미

> 사전적 의미 : 자신의 이미지를 상대방 또는 일반인에게 각인시키는 일

- ㉠ 자신에게 가장 바람직하게 구상된 개념 혹은 설정된 목표에 다가가기 위해 자신의 이미지를 통합적으로 관리하는 것이다.
- ㉡ 자신을 다른 사람들에게 상황에 맞는 필요한 사람으로 보여지게 하는 것으로, 추상적인 개념의 이미지를 구체화시켜 실현시키는 메커니즘이자 일련의 적극적인 과정이다.
- ㉢ 자신에게 잠재되어 있는 내면의 능력을 효과적으로 보여줌으로써 능력 있고 호감 있는 사람으로 인식되도록 하는 것이다.
- ㉣ 자신에 대한 인상을 만들어 가는 과정이다.
- ㉤ 자신의 사회적 역할, 지위에 맞게 내적·외적 이미지를 최상의 모습으로 만들어 가는 과정
- ㉥ 자기 향상을 위한 개인의 노력을 통칭하기도 한다.

② 이미지 메이킹의 세 가지 관점

- ㉠ **참자아의 인식 :** 왜곡된 자아는 불필요한 열등감의 기초가 된다. 인간의 참자아는 나름의 개성과 가치가 있어 우월, 열등으로 평가할 수 없음을 이해하여 가장 나다운 나를 찾는 정체성의 확립이 중요하다.
- ㉡ **주관적 자아와 객관적 자아의 인식 차이를 축소, 제거하는 것 :** '자신이 보는 나'와 '타인이 보는 나'의 차이를 인식하지 못하면 자아의 인식을 타인도 당연히 동감할 것이라고 여기거나 타인의 잘못된 인식을 방치하는 결과로 이어지게 된다. 이러한 차이를 줄이는 것이 나에 대한 안정감 있는 이미지를 형성하고 스스로 만족할 수 있다.

ⓒ **현실적 자아 상태를 이상적 자아 상태로 끌어 올리는 것 :** 현실의 치열한 경쟁 사회에서의 경쟁력을 확보하고 목표를 성취하기 위해 자신의 특성과 진가를 어떻게 형상화시켜 인식시킬 것인가에 대한 부분이다. 이는 개인을 하나의 브랜드로 인식시키는 퍼스널 브랜딩의 과정과 같다.

③ 개인 이미지 형성의 영향 요인

경험	개인 경험은 인상을 '좋다', '나쁘다'라고 판단하는 가치관을 형성한다.
배경	타인의 평가, 즉 평판, 매스컴 등의 정보 등
욕구	대상에 대한 개인의 욕구는 '만족'과 '불만족'이라는 이미지 형성에 영향을 준다.

2) 이미지 메이킹의 방법

① 기본 원칙

자신의 있는 그대로의 모습을 잘 표현하는 것이 최선이다. 솔직함과 진실함은 이미지 메이킹의 기본적인 방법이다.

② 모델링 전략

자신이 본받고자 하는 인물을 정하고, 그 인물의 특성 및 장점을 따라하는 전략이다. 단순한 모방의 차원을 넘어 여기에 자신의 개성을 더해 이를 자신만의 새로운 이미지로 구현하는 것이 궁극적인 목표이다.

③ 내적 이미지 메이킹

외적 이미지의 표출도 결국 내적 이미지에서 출발하므로 긍정적 내적 이미지를 가꾸어가는 것이 중요하다.

④ 외적 이미지 메이킹

- 자신을 외부적으로 나타내는 것으로 내적 이미지가 외모, 표정, 자세, 말, 행동 등을 통해 외부로 긍정적으로 전달되는 것을 의미한다.
- 보편적인 이미지 메이킹의 표면적인 의미에 해당하며, 일반적으로 사람을 평가, 판단하는 데 있어 가장 중요한 역할을 하게 된다.
- 신체 이미지(인상, 표정, 체형), 컬러 이미지(색채, 배색), 뷰티 이미지(피부, 메이크업, 헤어, 복장)가 입체적으로 표현되어 진다.

3) 이미지 메이킹 5단계

㉠ **1단계 자신을 알라. (Know Yourself) :** 이미지 메이킹의 첫 단계는 자신에 대한 정확한 진단과 성찰이다. 장점과 단점을 아는 것에서 시작한다.

㉡ **2단계 자신을 계발한다. (Develop Yourself) :** 1단계에서 파악한 자신의 특성을 가지고 전략을 수립하고 발전시키는 단계이다.

장점 강화 전략	자신의 장점을 더욱 강화하여 이를 이미지로 굳히는 전략
단점 보완 전략	자신의 단점을 보완하는 전략
벤치마킹 전략	자신의 모델을 선정하여 이를 모방하는 과정을 통해 이미지 형성의 목표를 세우고 추구할 방안을 구체화하는 전략

ⓒ **3단계 자신을 포장한다. (Package Yourself)** : 1,2단계 이후 결과를 외적으로 돋보이도록 만드는 '포장'의 단계이다. 자신의 개성을 '표현'하면서 실력에 걸맞는 외적인 모습으로 브랜딩하는 과정이다.

ⓔ **4단계 자신을 판다. (Market Yourself)** : 3단계까지는 에너지의 방향이 자신에게 향했었다면, 4단계에서는 에너지를 외부, 즉 세상으로 향한다. 사람들을 만나 상대방에게 높은 평가를 받도록 노력하는 과정이다.

ⓜ **5단계 자신에게 진실하라. (Be Yourself)** : 이미지 메이킹은 기본적으로 진실함을 기반으로 하여야 한다. 상대에게 잘 보이기 위하여 자신을 속이는 경우, 궁극적인 신뢰감은 형성될 수 없다.

플러스 tip

퍼스널 브랜딩

퍼스널 브랜딩은 자신만이 가지고 있는 장점, 능력, 가치, 열정 등을 이해하고 그것들을 활용하여 자신을 차별화시키고, 이를 경력이나 자기계발 등에 지침이 되도록 하는 과정이다.

■ **퍼스널 브랜딩의 8가지 법칙**

전문성의 법칙	분야의 지식에 대한 전문성
지도성의 법칙	전문 분야에서 가장 실력 있는 사람으로 인정받을 수 있을 만큼 지속적인 자기 발전, 개발
개인적 특성의 법칙	장점화 할 수 있는 나의 특성을 발견. 다른 사람들을 통해 객관적으로 인정 받을 수 있는 특성
독창성의 법칙	독창적, 창의적 방법으로 브랜드를 표현, 노출할 수 있어야 한다.
가시성의 법칙	전문성, 특성 등을 보여 줄 수 있도록 노출의 빈도를 높이고 기회를 대비하여 준비한다.
통일성의 법칙	비공개적 상황에서도 행동을 공적 브랜드 이미지와 일치시키는 노력을 한다.
일관성의 법칙	꾸준히 브랜딩을 유지한다. 참을성을 가지고 브랜드가 성장할 수 있도록 목적을 유지 · 실천한다.
선의의 법칙	나를 성장시키면서 타인에게 도움이 될 수 있도록 한다. 신의를 인정받으며 브랜드의 영향력을 가진다.

1) 첫인상의 이해

첫인상은 첫 번째 만남 후에 남는 상대방에 대한 느낌이다.

① 첫인상은 신속하게 결정된다.

첫 인상이 전달되는 시간은 2~3초로 순간적으로 각인된다.

② 첫인상은 일회적이다.

첫인상은 단 한번에 전달되어 각인된다.

③ 첫인상은 일방적이다.

첫인상은 개인의 내면을 확인하지 않고 보이는 모습을 통해 형성되며, 평가하는 사람의 일방적인 판단과 가치관에 따라 인식된다.

④ 첫인상은 영향력이 강하다.

첫인상의 이미지는 머릿속에 오래 남으며 좋지 않은 첫인상을 바꾸는 데에는 많은 시간과 노력이 필요하다.

⑤ 첫인상은 상상과 연상을 가능케한다.

실제와 다른 사람을 떠올리거나 이미 익숙하게 기억하고 있던 사물과 연상하거나 혼동하여 오류를 인식하는 경우가 발생한다.

> **플러스 tip**
>
> **메라비안(Mehrabian)의 법칙**
>
> 한 사람이 상대방으로부터 받는 이미지는 시각이 55%, 청각이 38%, 언어가 7%에 이른다는 법칙이다. 캘리포니아대학교 로스앤젤레스캠퍼스(UCLA) 심리학과 명예교수인 앨버트 메라비언(Albert Mehrabian)이 1971년에 출간한 저서 《Silent Messages》에 발표한 것으로, 커뮤니케이션 이론에서 중요시된다.

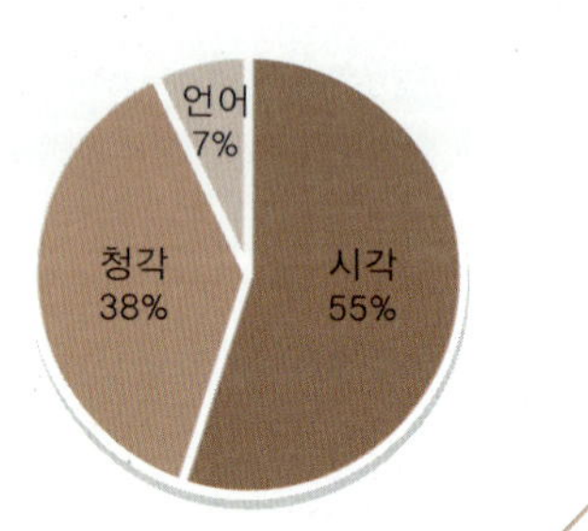

2) 첫인상 구축의 주요 요인

① 첫인상은 전체 이미지 구성에 매우 강력한 영향을 미친다.

② 메라비안의 연구결과 첫인상은 시각적 정보로 인해 많은 부분이 결정된다는 것을 알 수 있으므로 호감 가는 첫인상 구축을 위해 시각적인 요소인 표정, 자세 등을 유의해야 한다.

③ 인사, 대화 등에서 첫인상의 판단을 강화하는 맥락 효과가 발생한다.

④ 첫인상이 좋을 경우 후광 효과가 발생하여 다른 분야에도 후한 점수를 얻는다.

⑤ 첫인상의 부정성 효과를 뒤집고 호감을 얻으려면 최소 40시간이 필요하다(첫인상에서의 호감은 무엇보다 중요하다).

4　이미지 형성과 관련된 효과

① 초두 효과(初頭 效果, primacy effect)

처음 제시된 정보가 나중에 제시된 정보보다 더 잘 기억되며 이후 판단에 훨씬 더 많은 영향을 주는 효과를 말한다. 또한 이렇게 형성된 처음의 정보와 이미지는 이후에 이와 반대되는 정보를 차단하는 역할을 하게 된다.

> 첫인상은 한 사람에 대한 처음 제시되는 정보이므로 이후 그 사람에 대한 평가나 인상에 강력한 영향을 미친다. 특히 부정적인 첫인상의 경우, 나중에 들어오는 긍정적인 정보까지 차단해버려 부정적 평가를 바꾸기 힘들다는 것을 설명하는 효과이다.

② 맥락 효과(脈絡 效果, context effect, contextual effect) : 처음에 내린 판단이 이후에 들어오는 정보에도 영향을 끼쳐 동일한 기준으로 해석하게 된다는 효과이다.

> 한 사람에 대해 특별히 각인된 이미지, 이해도, 상황 등은 이후 그 사람의 행동, 태도를 해석하는 기준이 된다. 예를 들어 착하다는 이미지를 가진 사람이 공부를 잘하면 지혜롭고 성실하다고 생각하게 되는 반면, 반대의 경우에는 독하다고 생각하게 될 수 있는 경우이다.

③ 후광 효과(後光 效果, halo effect) : 어떤 대상이나 사람에 대한 일반적인 견해가 그 대상이나 사람의 구체적인 특성을 평가하거나 예측하는 데 영향을 미치는 현상을 말한다.

> 첫인상에서 '깔끔하고 매력적이다'라는 인상을 받은 사람에 대해 '성적도 좋을 것이다', '예의가 바를 것이다', '인간관계가 폭넓을 것이다', '일처리가 신속, 정확할 것이다' 등의 평판 혹은 예측을 하게 한다. 이는 사람뿐 아니라 기업이나 어떤 대상에 대해서도 그렇다. 세련된 인테리어의 레스토랑에서의 식사는 품격과 맛을 더 많이 느끼게 하는 후광 효과의 힘을 얻게 된다. 보편적으로 매력적인 서비스 제공자의 서비스가 그렇지 않은 경우에 비해 많은 영역에서 유리한 평가를 받게 된다.

④ 부정성 효과(不正性 效果, negativity effect) : 긍정적 판단과 부정적 판단이 뒤섞여 있을 경우 부정적인 판단이 기억에 남고 우세하게 느껴진다는 효과이다.

타인의 인상을 평가할 때 긍정적인 요소보다는 부정적인 요소에 더 큰 비중을 두는 경향이 있다. 즉 늘 좋은 일을 하고도 한 번 나쁜 행동을 했을 때 사람들은 이를 두고 서운해 하거나 실망하는 것이 바로 이러한 효과이다. 서비스 품질에서 100-1=0의 공식(한가지의 서비스 실수는 곧 서비스의 실패를 의미함)을 이해할 수 있게 하는 효과이다.

⑤ **최근 효과(最近 效果, recent effect)** : 초두 효과와는 반대로 시간적으로 가장 마지막에 제공된 정보가 판단에 많은 영향을 끼친다는 효과이다. 정보가 차례대로 제시되는 경우에는 앞의 내용들 보다 가장 나중에 제시된 내용을 보다 많이 기억하는 경향이다.

정보나 기억 모두 단편적이거나 중요도가 낮은 경우에는 초두 효과의 영향이 크지만 관계가 지속되고 의미가 클수록 초두 효과보다 최근 효과의 영향력이 더욱 크다. 첫인상이 좋은 레스토랑에서의 식사가 그 이후 반복된 방문으로 이어지지만 오랜 단골이라 하더라도 가장 최근의 기억이 좋지 않으면 이제까지의 오랜 경험보다 훨씬 더 영향력을 미치게 된다.

⑥ **중심특성 효과(中心特性 效果, central property effect)** : 다른 조건이 동일하다고 볼 때 '따뜻하다-차갑다'는 중심특성이 매우 크게 작용한다는 원리이다.

사람을 판단하는 많은 요소가 있고 각각의 요소에 대해 호감을 가지는 정도는 다를 수 있으나 보편적으로 다른 변수를 배제한다면 사람들은 '따뜻한' 사람에 대해 호감을 가진다. 이는 보편적인 인간의 심리로 동양적 관점에서는 그 영향력이 더욱 크다고 볼 수 있다.

사람에 대한 이미지는 주로 그 사람의 대표적인 얼굴 표정으로 시각화된다. 표정은 감정과 심리를 대변하기 때문이다. 이미지 메이킹의 실행 전략으로서의 표정 이미지는 매우 중요한 역할을 하게 된다.

1 표정의 중요성

1) 표정의 의미

① 내면의 의미가 외적으로 표현되는 것으로, 인간의 감정이 반영되는 부분이다. 일반적으로 의사소통에서는 '말'이 중요하지만 '말의 내용' 이외의 부분으로 소통되는 정보의 종류는 수를 셀 수 없이 많다. 특히 표정으로 전달되는 즐거움, 화남, 슬픔, 고통 등의 감정은 소통의 대부분을 차지한다.

② 표정은 단순히 나만의 감정 표현이라는 역할에서 끝나지 않는다. 표정으로 나타난 감정은 다른 이들에게 전파되어 심리적 영향을 미치게 된다. 특히 부정적인 감정일 경우 그 전파 속도가 더 빠르므로, 긍정적인 표정과 표현을 하려는 노력을 해야 한다.

③ 표정은 그 사람의 감정에 영향을 미치기도 한다. 의도적으로 짓는 표정이라도 실제 그 표정이 나타내는 심리상태를 유지하게 되는 경향을 의미하며, 이는 많은 실험과 연구를 통해 입증된 바 있다. (예 억지 웃음이라도 실제 마음을 밝게 만듦)

2) 밝고 건강한 표정의 효과

① 내 자신의 삶을 풍요롭게 해주며 실제 자신의 마인드를 콘트롤 할 수 있다.

② 타인의 마음을 얻어 나에 대한 좋은 이미지를 형성하게 한다.

③ 밝은 표정으로 일상과 업무를 수행하면 능률이 오르고 행복감이 고취되는 선순환이 가능해진다.

④ 인간관계의 폭을 넓히고 다른 사람에게 나의 밝은 표정의 감정이 전이되는 긍정적인 영향력을 끼치게 된다.

옛말에 '웃는 얼굴에 침 못뱉는다'라는 속담이 있습니다. 밝은 미소와 표정을 짓는 사람에게 화를 내거나 짜증을 낼 수 없는 것은 사람들의 보편적인 심리입니다. 실제 최근 스웨덴의 한 대학에서 실험한 결과 실제 미소를 짓는 사람의 사진을 보고는 얼굴을 찌푸리기 힘들다고 합니다. 서비스 현장에서의 밝은 표정은 단순한 친절이나 응대의 개념을 넘어 서비스 현장의 분위기와 고객들의 반응을 '디자인' 하는 중요한 과정이라고 할 수 있습니다.

2 아름다운 표정 만들기

1) 표정 훈련

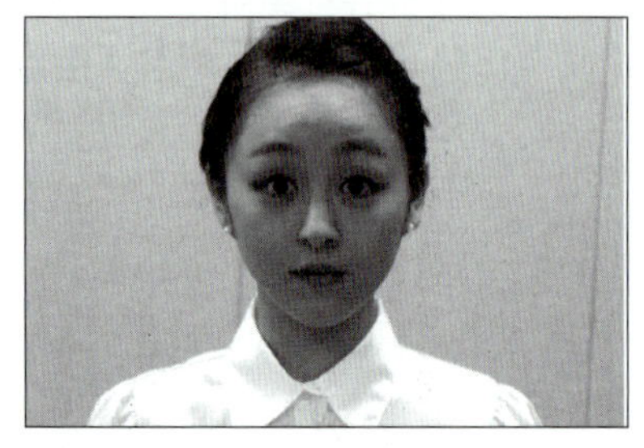

① 아름다운 표정은 단순히 내적 의지 뿐 아니라 실제 자연스럽게 표현되기 위해서는 연습과 훈련이 필요하다.

② 다양한 상황에서의 좋은 표정을 위해서는 밝고 긍정적인 마음가짐 및 마인드 컨트롤과 함께 익숙해지도록 지속적이고 반복적으로 꾸준한 연습이 필요하다.

③ 평소 거울을 자주 보는 습관을 가지고 표정 관리를 습관화 한다.

2) 미소 만들기

미소는 첫인상 형성에 가장 중요한 요소이며 상대방에게 호감을 주어 부정적 감정을 완화시키고 거부감을 줄여 마음을 움직이는 역할을 한다. 또한, 미소를 짓는 자신이 스스로 자신감을 얻는 효과가 있다.

① 눈썹운동

　㉠ 크게 웃을 때의 눈썹 모양을 만든다.

　㉡ 찡그린 표정의 눈썹 모양을 만든다.

　㉢ 양쪽 검지 손가락을 눈썹 바로 앞에 두고, 눈썹만 아래위로 움직인다.

② 눈운동

　㉠ 눈주위를 손가락으로 꼭꼭 눌러 지압한다.

   ⓒ 눈을 크게 뜨고, 손가락을 천천히 좌우로 또 앞뒤로 크게 움직인다. 고개를 움직이지 않고 눈으로만 따라간다.

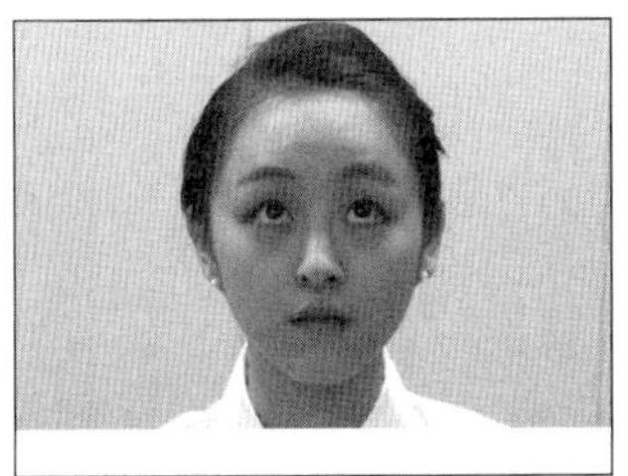 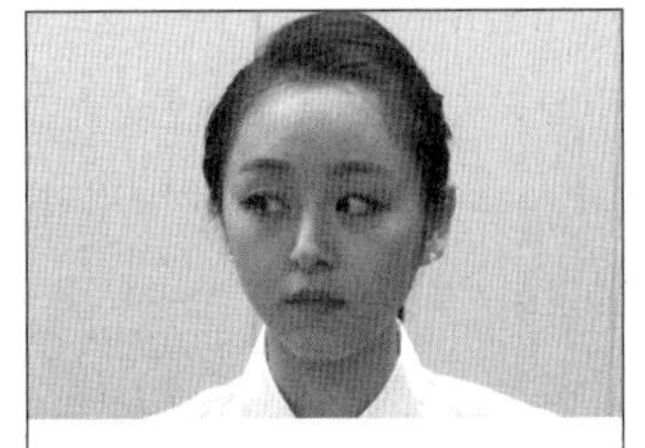
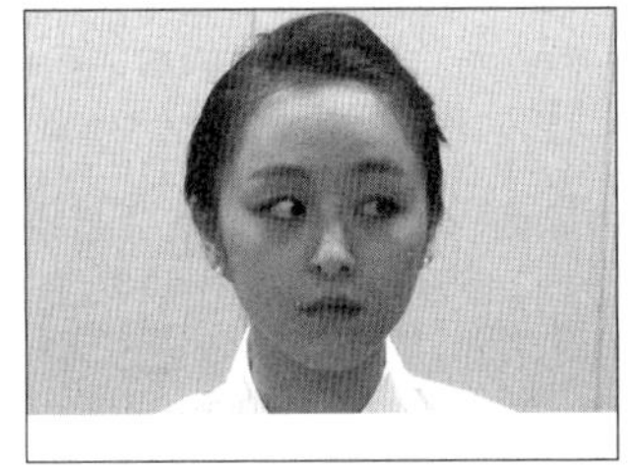 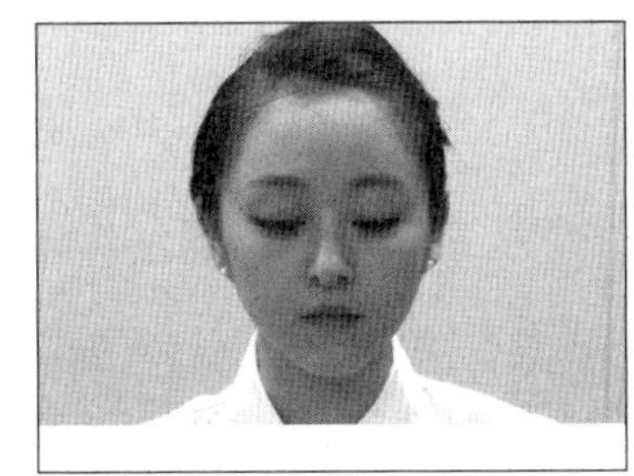

③ 입운동

   ㉠ 입안에 공기를 가득 넣어 볼풍선을 만든다. 공기를 입안 상하좌우로 움직인다.
   ⓒ 연필 볼펜 등을 입에 물고 '아,에,이,오,우'를 크게 말한다.

④ 턱과 코운동

   ㉠ 입을 크게 벌린 상태에서 아래턱을 좌우로 풀어준다.
   ⓒ 코 주위의 근육을 손가락으로 풀어준다.

2) 눈의 표정

① 눈은 '마음의 창'이라고 말한다. 일반적으로 눈은 사람의 심리 상태를 표현한다고 사람들은 믿고 있다. 특히 언어의 내용과 진위에 대하여 표정 중 '눈'으로 판단되는 경우가 많다.

② 일반적으로 눈빛과 눈동자의 움직임, 눈길의 방향, 눈맞춤 시간 등은 상대방을 판단하는 중요한 표준이 되기도 한다.

③ 호감을 주는 시선처리

   ㉠ 자연스럽게 눈맞춤을 한다.
   ⓒ 상대가 눈을 피하는 시간을 체크하여 그 시간 이전에 시선을 돌린다(5~6초 눈맞춤에 상대가 시선을 바꾼다면 다음 눈맞춤은 5~6초 내에 당신이 먼저 시선을 바꾸어야 한다).
   ⓒ 눈을 자연스럽게 크게 뜨는 것은 호감의 표시이다.

④ 비호감을 주는 시선처리

   ㉠ 상대방을 보지 않는다. : 숨기려는 느낌, 집중하지 않는 느낌을 주게 된다.
   ⓒ 곁눈질 한다. : 불만이나 의문을 품고 있는 듯한 느낌을 주게 된다.

ⓒ 위아래로 훑어본다. : 경멸이나, 적개심을 갖고 있다는 느낌을 주게 된다.

ⓔ 치켜뜨고 쳐다본다. : 거부나 항의의 느낌을 주게 된다.

ⓜ 내리뜨고 쳐다본다. : 거만하고 깔보는 느낌을 주게 된다.

3) 입의 표정

① 표정의 절반 이상은 입이 표현한다.

② 쉽게 감정을 이해할 수 있는 얼굴 부분이다. 특히 웃는 표정은 바로 입에서 결정된다.

③ 호감을 주는 입의 표정

    ㉠ 자연스럽게 다물고 미소 짓는 입

    ㉡ 입꼬리가 위로 올라가는 모습

④ 비호감을 주는 입의 표정

    ㉠ 입을 쑥 내밀고 있는 모습 : 불만이 있다는 느낌을 주게 된다.

    ㉡ 입을 벌리고 있는 모습 : 놀랐다는 표현일 수도 있으나, 대개 입안을 보여주는 것은 예의가
       아닌 것으로 받아들여진다.

Chapter 03 상황별 제스처

서비스 현장에서 서비스 제공자는 상황을 주도적으로 이끌어가는 역할을 수행한다. 따라서 적절한 제스처를 이해하여 실행할 때 서비스 현장의 전체적인 분위기를 효과적으로 만들어 갈 수 있다. 전달하고자 하는 서비스의 내용을 형상화하면서 전문가다움을 느낄 수 있게 하는 제스처를 어떻게 표현할 것인가는 중요한 요소이다.

1 자세

자세란 몸을 움직이거나 가누는 모양, 사물을 대할 때 가지는 마음가짐을 말한다. 모든 동작은 상대에게 좋은 느낌을 전달하는 방법 또는 기회가 될 수 있다.

1) 서 있는 자세

① 한쪽으로 치우치지 않도록 하는 것이 중요하다.

② 시선은 상대의 얼굴로, 턱은 약간 당겨준다.

③ 공수할 때 여성은 오른손이, 남성은 왼손이 위쪽이다(남성의 경우 바지 재봉선 옆에 손을 내리는 것이 올바른 자세이다).

④ 등과 가슴은 곧게 펴고, 허리와 가슴은 일직선이 되도록 한다.

⑤ 발은 뒤꿈치를 붙이고 앞쪽은 살짝 벌린 V자를 만든다.

2) 걷는 자세

① 좌우나 상하로 요동치는 자세는 좋지 않다.

② 보조는 상대방에게 맞추는 것이 예의이다.

③ 가슴을 펴고, 어깨에 힘을 빼는 것이 좋다.

④ 일직선으로 걷는 것이 좋다.

⑤ 손은 가볍게 주먹을 쥐고, 양팔은 자연스럽게 흔든다.

⑥ 발뒤꿈치, 발바닥, 발끝의 순서로 지면에 닿게 하면 바른 자세가 나온다.

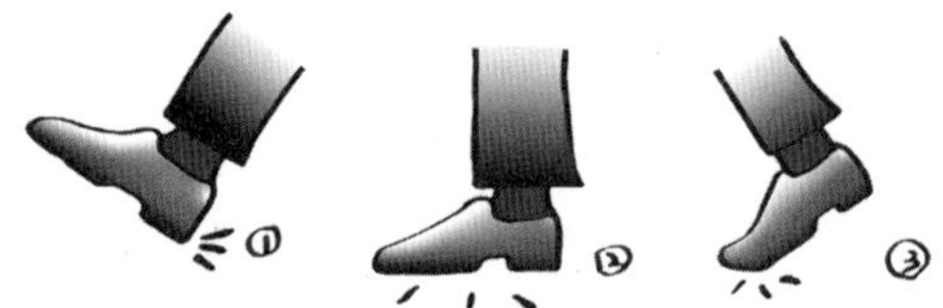

3) 앉은 자세

① 남성은 두 손을 무릎 위에 나란히 놓고, 다리를 약간 벌리고 앉는다.

② 여성은 두 손을 무릎 위에 나란히 놓고, 무릎을 붙여서 한쪽 방향으로 모은다.

③ 여성의 경우 치마 뒷폭을 정리하며 앉는다.

④ 등받이 깊숙하게 앉는 것이 좋으며, 등과 등받이 사이에는 주먹 하나 정도의 공간이 있는 것이 바른 자세를 만드는데 좋다.

⑤ 고개는 반듯하게 들고 턱은 당긴다.

⑥ 발을 떨거나, 손을 주머니에 넣지 않는 것이 좋다.

4) 방향안내 자세

① 시선의 흐름에 유의한다(삼점법 : 상대방 얼굴을 먼저 보고, 가리키는 방향을 보고, 다시 상대방 얼굴을 본다. 이것이 삼점법이다).

② 손가락은 모으고 손목이 꺾이지 않도록 가리키는 방향을 유지한다.

③ 손바닥이나 손등이 정면에 보이지 않도록 45도 각도로 방향을 유지한다.

④ 오른쪽을 안내할 때는 오른손을, 왼쪽을 안내할 때는 왼손을 사용하는 것이 일반적이다.

⑤ 상대방의 입장에서 구체적이고 정확하게 위치를 안내한다.

5) 물건 수수 자세

① 양손으로 주고받는 것이 예의이나, 물건이 작은 경우 한 손으로 받고 다른 한 손은 받는 손을 받쳐 공손함을 전하는 것도 가능하다.

② 물건을 주고 받을 때는 몸의 중심을 유지하고 높낮이는 가슴과 허리 사이로 한다.

③ 예의의 기준은 상대방이다. 글씨, 모양 등이 상대방의 입장에서 읽거나 보기 좋도록 전달한다.

Chapter 04 Voice 이미지 연출

이미지 형성에 있어 시각적인 요소는 의식적인 부분에서 주요한 요소이지만 Voice는 무의식적인 측면에서 그 영향력이 더욱 강하다. 시각적 요소는 상황에 따라 변하기도 하지만 Voice 이미지는 그렇지 않다. Voice 이미지가 왜 중요하고 어떤 요소에 의해 다르게 인식되는지를 이해하여 Voice 이미지 형성을 위한 훈련과 연습이 중요하다.

1 소리

1) 목소리의 특성 및 중요성

① 목소리는 외모와 함께 사람의 이미지를 만드는 요소이다. 또한 목소리는 신뢰감을 결정하는 중요한 요소이다.

② 사람의 타고난 음색, 음성의 질은 바꾸기 힘들지만, 음성의 분위기는 훈련을 통해 변화시킬 수 있다. 음성에서 그 사람의 감정이 드러나므로 상황에 맞도록 음성을 통해 감정을 표현할 수 있도록 노력하면 음성의 전체적인 분위기를 변화시킬 수 있다.

③ 목소리는 외모에 비해 무의식적인 이미지를 형성한다. 따라서 목소리의 영향력은 사람의 전체적인 이미지 형성에 외모보다 더 중요한 역할을 할 수도 있다.

2) 좋은 목소리란?

① 건강함이 느껴지는 목소리

② 떨림이 없거나 적고, 또렷하게 들리는 목소리

③ 맑고, 밝은 음색의 목소리

④ 자신감과 여유, 당당함이 느껴지는 목소리

⑤ 다양한 감정을 담아내는 인간적인 목소리

2 목소리의 연출

1) 호흡훈련 – 복식호흡

① 가슴보다 아래, 즉 배에 중심을 두고 숨쉬는 호흡이다.
복식호흡으로 숨을 깊이 들이마시면 흉식호흡에 비해 횡경막이 더욱 아래로 내려가, 가슴 속 공간이 더 넓어지고 폐는 산소를 더 많이 채우게 된다.

② 깊이 숨을 들이마시면서 아랫배를 최대한 내민다.

③ 들숨은 코로 들이쉬고, 날숨은 입으로 내쉬며, 몸의 긴장을 푼다.

④ 날숨일 때 배를 완전히 수축시킨다.

플러스 tip

복식 발성

복식 발성은 호흡이 길기 때문에 목소리에 탄력성, 윤기, 힘이 있다. 목소리가 낮으면서도 힘이 있고 높은 음을 내도 거칠어지지 않는다. 말의 속도를 조절할 수 있으며, 긴 시간 말을 해도 힘이 들지 않고 큰 소리를 내도 목이 안 쉰다.

[연습방법]

① 1단계 : 4초 동안 천천히 숨을 들이마시고 또 4초 동안 숨을 내쉰다. 숨을 들이마실 때는 양쪽 코로 균등하게 들이마셔야 한다. 숨을 내쉴 때는 입을 살짝 벌린 상태에서 숨을 내쉰다.

② 2단계 : 4초 동안 숨을 들이마시고 4초간 숨을 정지한다. 그리고 4초 동안 숨을 내쉰다. 반복훈련을 한다.

③ 3단계 : 8초 동안 천천히 숨을 들이마시고, 이번엔 12초 동안 숨을 내쉰다. 이를 반복훈련 한다.

④ 4단계 : 2초 동안 빠르게 숨을 들이마시고 12초 동안 숨을 내쉰다. 반복훈련을 한다.

---

2) 발음훈련

① 훈련 전 입술을 충분히 풀어준다.

② 아, 에, 이, 오, 우 발음을 입을 크고 정확하게 벌리고 발음한다.

③ 입에 연필, 볼펜 등을 물고 단어 발음 연습을 한다(본인의 비즈니스에서 많이 쓰는 단어를 활용하면 업무에 도움이 된다).

3) 목소리 결점의 극복

① 작은 목소리

원인	호흡이 성대를 진동하지 못하고 그냥 빠져나가기 때문
극복방법	• 호흡량을 크게 하여 목소리를 크게 한다(복식호흡). • 발성연습으로 성대진동을 교정한다. • 분명한 발음으로 소리의 질을 교정한다(끊어 읽기 연습).

② 딱딱한 목소리

원인	• 감정 표현이 서투른 경우 • 너무 정확하게 끊어 말하는 버릇
극복방법	• 턱을 조금만 움직이고 말하는 훈련을 실시한다(턱에 손가락을 대고 말하기 연습). • 여유를 갖고 말할 수 있도록 반복해서 말하는 연습을 한다.

③ 콧소리가 섞여서 나는 목소리

원인	목 안쪽의 공간이 좁아 호흡이 입 밖으로 빠져나가지 않고 코로 빠져나간다
극복방법	• 목에 힘을 빼고 말하는 훈련을 실시한다. • 탁구공을 입에 물고 탁구공이 진동할 때까지 먼저 힘을 빼고, 입술 주변을 진동시킨다는 생각으로 호흡을 자연스럽게 내쉰다.

3　효과적인 Voice 이미지 연출의 6가지 요소

Voice 이미지는 말의 내용이 아닌 언어가 주는 '느낌'으로 형성되므로 비언어커뮤니케이션의 영역을 통해 훈련할 수 있다.

① 속도

말의 속도는 이미지 연출에 매우 큰 영향을 미친다. 속도가 빠르면 논리적이고 스마트한 이미지를 줄 수 있으며 속도가 느리면 이해에 여유가 생겨 상대의 마음을 편안하게 한다. 하지만 빠른 속도는 이해가 어렵거나 설득이 강하다는 느낌을 주고 느린 속도는 집중력이 떨어지고 지루할 수 있으므로 상황에 맞는 적절한 속도가 필요하다. 보통 1분에 약 350 음절 정도를 말하는 것을 가장 이상적인 말의 속도라고 한다.

② 리듬

말의 속도에 변화를 주어 전달능력을 향상시키는 것이다. 리듬이 없는 일정한 속도는 전달력이 떨어지고 감정이나 느낌을 전달하기 어렵다. 리듬은 말의 속도, 고저를 조절하여 마치 노래를 듣는 듯한 느낌을 전달할 수 있다. 특히, 강조할 부분은 천천히, 흥미롭게 표현할 부분 혹은 중요하지 않은 어미 처리 등은 빠르게 진행하면 자연스러운 강약과 리듬을 만들 수 있다.

③ 쉼(pause)

말을 하다가 잠시 공백을 두는 것, 중요한 단어 앞에서 잠시 쉬는 것을 의미하기도 한다. 이렇게 의도된 호흡인 쉼은 대화의 속도, 리듬, 강세 등을 조절하여 상대의 집중도를 높이고 핵심을 강조할 수 있으며 말하는 사람에게 여유를 갖게 해 주는 효과가 있다. 쉼을 활용하면 전문적이면서도 상대를 배려하는 느낌을 전달할 수 있다. 다만, 자주 끊어서 읽는 듯한 형태는 오히려 전달력을 떨어뜨리므로 적절히 사용해야 한다.

④ 강세

말은 핵심 메시지와 이를 보완하는 부분으로 구성되며 핵심적인 부분에 힘을 주는 것을 강세라 한다. 강세는 리듬과 함께 의사전달의 효과를 높이며 어디에 강세를 두는가에 따라 말의 주요한 의미가 변화하기도 한다.

⑤ 끊어 읽기

쉼(pause)이 호흡과 흐름에 관련한 것이라면 끊어 읽기는 명확한 의미의 전달에 목적이 있는 것이다. 어디서 어떻게 끊어서 전달하는가에 따라 명확성, 논리성 등의 이미지에 영향을 미칠 수 있다.

⑥ 발음, 발성

발음과 발성은 기본적인 Voice 이미지의 재료이다. 따라서 꾸준한 연습과 좋은 자세 등을 통해 개선해야 한다. 특히 우리나라에는 같은 글자가 의미가 다른 경우가 있으므로 장음과 단음을 구분하여 명확히 발음해야 한다. 보통 장음은 단음에 비해 1~1.5배 길게 발음해야 의미가 잘 전달 된다. 예 단음 발음 – 부자(아버지와 아들)/ 장음 발음 – 부자(돈이 많은 사람)

플러스 tip

좋은 목소리 만들기를 위한 올바른 습관

자세	등을 곧게 펴고 배에 힘을 주어 말한다.
태도, 마음가짐	밝고 긍정적인 생각으로 말을 하고 유쾌한 분위기를 조성하도록 배려한다.
발음, 성량, 고저, 빠르기	정확한 발음과 적절한 말의 속도를 유지하며, 장소와 상황에 맞는 목소리의 크기와 고저를 감안한다.
음성 관리 습관	• 잦은 흡연, 음주, 카페인 음료는 목소리에 좋지 않다. • 복식 호흡을 하며 물을 자주 마신다.

Chapter 05 패션 이미지 연출

개성을 존중하고 다양성을 인정하는 시대이므로 패션이 우리의 일상에서 차지하는 역할이 과거에 비해 더 중요해지고 있다. 비즈니스 현장에서의 패션도 단순한 예의 차원에서 나를 드러내고 표현하는 이미지 메이킹의 도구로 이해할 수 있다. 다만 개인적인 자리가 아닌 비즈니스 현장에서는 상대에게 전달하고자하는 나만의 이미지를 표현하는 도구인 만큼 기본적인 매너와 보편적인 연출법을 알아두는 것이 중요하다.

1 패션 이미지의 중요성

① 용모와 복장은 인격의 표현이며, 비즈니스 마인드의 발로이다.

② 사람들은 상대방의 용모와 복장을 보고, 품격을 측정하기도 한다.

③ 패션은 그 사람의 가치관을 드러내기도 하므로 성실하고 상대를 배려하며 상황을 이해하는 감각적인 측면 등 많은 부분의 이미지를 대변하게 된다.

④ 패션 이미지는 자기 스스로의 자신감, 태도 등의 내면에도 영향을 미치게 된다.

2 복장 관리의 개념

① 옷차림은 자기 관리의 또 다른 표현으로 비즈니스 세계에서 중요성이 더해지고 있다.

② 자신의 기준이 아닌 비즈니스 매너에 맞는 옷차림이 중요하며, 자신의 전문성이나 인품을 표현해 주는 것이다.

③ 옷을 선택할 때는 내가 속한 조직의 문화를 염두에 두며 새로운 상황이나 만남에서는 가급적 보수적인 옷차림을 선택하는 것이 무난하다.

④ T.P.O.(Time, Place, Occasion)에 맞게 효과적으로 옷차림을 선택할 수 있어야 한다.

3 남성의 패션

1) 남성의 용모와 복장

① 얼굴

    ㉠ 깨끗하고 청결해야 한다.

    ㉡ 면도는 매일 한다.

    ㉢ 뒷머리카락이 와이셔츠 깃을 덮지 않도록 한다.

ⓔ 코털은 밖에서 보이지 않도록 관리한다.

ⓜ 이마와 귀는 잘 보이도록 한다.

② 양복(정장)

ⓖ 너무 크거나 작지 않은 체형에 맞는 사이즈를 선택한다.

ⓛ 지나치게 유행에 집착하는 것은 좋지 않다. 정장의 색상은 검정, 회색, 감색 등이 무난하다.

ⓒ 투버튼 정장은 윗단추를, 쓰리버튼 정장은 위쪽 2개의 단추나 가운데 단추를 잠그는 것이 일반적이다.

③ 드레스 셔츠

ⓖ 셔츠는 흰색이 기본이다.

ⓛ 셔츠의 깃과 소매는 슈트보다 1~1.5cm 정도 보이도록 입는다.

ⓒ 셔츠는 긴팔이 예의이다(상황에 따라 반팔도 용인되지만, 공식적인 행사에서는 긴팔 와이셔츠가 예의에 맞는 것이다).

④ 넥타이

ⓖ 넥타이는 슈트와 같은 색상이 무난하고 성실한 이미지를 준다.

ⓛ 넥타이 길이는 버클을 가리는 정도가 무난하다.

ⓒ 일반적으로 자신에게 맞는 디자인은 좋지만 너무 화려한 패턴 등은 공식행사에서 예의가 아니라고 판단된다.

⑤ 양말

ⓖ 바지단에 가려 보이지 않을 것이라고 방심하면 안 되는 중요한 아이템이다.

ⓛ 색상은 검정색이 일반적이지만, 바지 색상과 같은 계열의 짙은 색상이면 용인된다.

ⓒ 목이 짧은 양말은 앉은 자세일 때 맨살이 드러나게 됨으로 예절에 어긋난다.

2) 남성 용모 복장 점검표

다음의 항목별 점검을 통해 자신의 용모를 개선할 수 있도록 한다.

(평가기준 A: 우수, B: 보통, C: 개선요망)

구분		점검사항	등급		
			A	B	C
머리		앞머리가 눈을 가리지 않는가?			
		잠을 잔 흔적이 보이지 않는가?			
		비듬은 없는가? 냄새가 나지는 않는가?			
얼굴		면도, 코털의 정리는?			
		이는 깨끗한가? 입 냄새는 어떤가?			
		눈이 충혈되지 않았는지? 안경은 더럽지 않은가?			
정장	와이셔츠	색상, 무늬는 적당한가?			
		소매부분이나 칼라부분이 더럽지 않은가?			
		다림질이 잘 되어 있는가?			
	넥타이	삐뚤어져 있거나 풀어져 있지 않은가?			
		때, 얼룩, 구겨짐은 없는가?			
		양복, 벨트, 구두와 어울리는가?			
		길이는 적당하고, 타이핀의 위치는 적당한가?			
	상의	너무 화려하지 않은가?			
		일어설 때 단추는 잠그는가?			
		주머니가 불룩할 정도로 소지품을 많이 넣지 않았는가?			
	바지	다림질이 잘 되어 있는가?			
		벨트가 너무 꽉 조여 있지 않은가?			
손		화장실을 다녀온 후 씻는가?			
		손톱이 길지는 않은가?			
양말		양말을 신었는가?			
		매일 갈아 신는가?			
		양복이나 구두 색상과 맞는가?			
구두		잘 닦여 있는가?			
		굽이 닳아져 있지 않은가?			
		색상이나 형태는 비즈니스에 적당한가?			
가방/지갑		형태가 망가져 있지 않은가?			
		깨끗이 손질되어 있는가?			
		명함은 명함지갑에 넣어져 있고, 매수는 적당한가?			

4 여성의 패션

1) 여성의 용모와 복장

① 유니폼과 양장

    ㉠ 청결과 단정함이 기준이다.

    ㉡ 바느질이 터진 곳은 없는지, 구겨지지 않았는지 살펴보아야 한다.

    ㉢ 여성의 옷은 개성을 표현하는 도구이지만, 비즈니스 상황에서는 지나치게 화려한 색상과 노출이 심한 패션은 예의가 아니다.

    ㉣ 특히 속옷이 노출되거나 들여다 보이는 시스루 패션은 예의에 어긋나기 때문에 피하는 것이 좋다.

② 스타킹

    ㉠ 색상은 피부색과 가까운 것이 기본이다.

    ㉡ 올이 빠지거나 늘어지는 것에 주의한다.

    ㉢ 원색이나 망사 또는 심한 무늬가 있는 것은 비즈니스 상황에서는 피하는 것이 좋다.

③ 구두

    ㉠ 지나치게 높은 하이힐은 발 건강에도 좋지 않으며 사고의 위험도 있다.

    ㉡ 사무실 등에서 슬리퍼를 신는 경우도 있으나, 낮은 굽의 구두가 예의에 맞다.

    ㉢ 남성에 비해 색상이나 디자인면에서 자유로울 수 있으나, 정장과 어울리는 튀지 않는 구두가 적당하다.

④ 머리와 화장

    ㉠ 요란한 파마나 원색의 염색 등은 비즈니스 상황에서는 예의가 아니다.

    ㉡ 화장이 너무 진하거나 원색은 피하는 것이 좋다(검정색 립스틱, 황금색 눈화장 등은 예의에 어긋난다).

    ㉢ 향수도 너무 향이 진한 제품은 피하는 것이 좋다.

⑤ 액세서리

    ㉠ 옷차림에 어울리는 액세서리를 선택한다(블랙 색상에는 은제품의 액세서리, 화이트 색상에는 골드가 어울린다).

    ㉡ 포인트를 한 곳에 두고 나머지는 조금 수수한 것으로 하는 것이 돋보이는 액세서리 전략이다.

    ㉢ 액세서리가 본인보다 돋보이는 것은 문제가 있는 것이다.

2) 여성 용모 복장 점검표

다음의 항목별 점검을 통해 자신의 용모를 개선할 수 있도록 한다.

(평가기준 A: 우수 B: 보통 C: 개선요망)

구분	점검사항	등급		
		A	B	C
머리	청결하고 손질이 되어 있는가?			
	비즈니스에 맞는 머리형인가?			
	앞머리가 눈을 가리지 않는가?			
	유니폼은 머리에 어울리는가?			
	머리에 한 액세서리가 너무 눈에 띄지 않는가?			
화장	청결하고 건강한 느낌이 드는가?			
	피부처리 및 부분화장이 흐트러지지 않았는가?			
	립스틱 색상은 적당한가?			
복장	구겨지지는 않았는가?			
	옷에 얼룩은 없는가?			
	다림질은 잘 되어 있는가?			
	스커트 단처리가 깔끔한가?			
	어깨에 비듬이나 머리카락이 붙어 있지 않은가?			
	출·퇴근 복장은 단정한가?			
손	손톱의 길이는 적당한가?			
	손은 깨끗이 잘 관리하는가?			
스타킹	색상은 적당한가?			
	올이 나가거나 늘어지지 않았는가?			
	예비 스타킹은 있는가?			
구두	깨끗하게 닦여져 있는가?			
	모양이 찌그러지지는 않았는가?			
	뒤축이 벗겨지거나 닳아 있지 않은가?			
액세서리	목걸이는 적당하게 옷과 어울리는가?			
	반지는 눈에 거슬리지 않는가?			
	비즈니스에 방해가 될만한 액세서리는 없는가?			

- **이미지** : '마음 속에 그린 그림'이라는 뜻으로 무형의 것으로 추상적이며 주관적인 측면이 강하다.

- **이미지 형성 과정** : 환경에 대해 의미를 부여하는 과정인 지각과정과 이를 각 개인이 보유한 과거의 기억과 혼합하여 형성되는 사고의 과정, 그리고 여기에 감정이 더해져 이미지는 강화, 확대되어 형성된다.

- **이미지 분류** : 내적, 외적, 사회적 이미지로 분류되며 이는 주관적 관점에서 형성된다.

- **이미지 메이킹의 개념** : 자신의 이미지를 상대에게 각인시키는 일. 자신에게 가장 바람직하게 구상된 개념 혹은 목표에 다가가기 위해 자신의 이미지를 통합적으로 관리하는 것이다.

- **이미지 메이킹의 세 가지 관점** : 참자아의 인식, 주관적 자아와 객관적 자아의 인식 차이를 축소·제거하는 것, 현실적 자아 상태를 이상적 자아 상태로 끌어 올리는 것

- **이미지 메이킹의 5단계** : 자신을 알라, 자신을 계발하라, 자신을 포장하라, 자신을 팔라, 자신에게 진실하라.

- **퍼스널 브랜딩** : 자신만이 가지고 있는 장점, 능력, 가치, 열정 등을 이해하고 그것들을 활용하여 자신을 차별화시켜 이를 경력이나 자기계발 등에 지침이 되도록 하는 과정. 이미지 메이킹의 보다 적극적이고 목표지향적인 개념의 활동

- **첫인상** : 신속성, 일회성, 일방적, 강한 영향력

- **메라비안의 법칙** : 한 사람이 상대방으로부터 받는 이미지는 시각이 55%, 청각이 38%, 언어의 내용이 7%라는 법칙으로 시각적, 청각적 이미지의 중요성을 강조한 법칙

- **이미지 형성과 관련된 효과** : 초두 효과, 맥락 효과, 후광 효과, 부정성 효과, 최근 효과, 중심특성 효과

- **표정의 중요성** : 내면의 감정이 외적으로 표현되는 것. 타인에게 감정이 전달되는 매개이며 더불어 표정을 짓는 사람의 감정에도 영향을 미친다.

- 자연스러운 눈과 입의 표정 및 비호감을 주는 시선과 입의 표정에 대한 이해

- 서있는 자세, 걷는 자세, 앉는 자세, 방향안내 자세, 물건 수수 자세 등의 특징 이해

- **Voice 이미지** : 사람의 무의식적인 이미지 형성에 중요한 역할을 수행한다. 복식호흡과 발음 연습 등으로 개선할 수 있다.

- **효과적인 Voice 이미지 연출의 6가지 요소** : 속도, 리듬, 쉼, 강세, 끊어읽기, 발음과 발성

- **패션 이미지** : 남성의 패션과 여성의 패션에 따른 기본적인 특징 이해하기

사례형, 통합형 문제
대비하기

■ 이미지 메이킹 5단계를 이해하고 이를 어떻게 활용할 수 있을 것인가에 대한 판단력 측정을 위해 구체적인 이미지 메이킹의 사례를 제시할 수 있다.

- 각 사례들이 이미지 메이킹의 어떠한 단계에 해당하는 가를 질문

- 단계별 이미지 메이킹을 효과적으로 실천하기 위해 무엇을 하는 것이 적절한 것인지 질문

■ 첫인상과 관련한 6가지의 효과(초두, 맥락, 후광, 부정성, 최근, 중심특성)에 대한 사례 및 예시 중심으로 이해도를 측정한다.

- 초두 효과 : 첫인상의 지속성

- 맥락 효과 : 동일한 상황, 조건에서도 기존의 판단이나 인상에 따라 다르게 해석된다.

- 후광 효과 : 대상에 대한 하나의 이미지가 그와 연관된 다른 부분에도 영향을 미치게 된다.

- 부정성 효과 : 긍정적인 내용보다 부정적 내용의 영향력이 더 크다.

- 최근 효과 : 가장 최근의 정보, 인상이 가장 중요하게 영향을 미친다.

- 중심특성 효과 : 모든 조건이 같다면 따뜻하고 인간적인 느낌을 선호한다.

(특히 맥락 효과와 후광 효과를 구분하여 이해해야 한다. 맥락은 해석이 달라지게 되는 효과. 똑같은 상황도 어떤 맥락으로 바라보느냐에 따라 다르게 해석된다. 후광 효과는 예측 및 평가에 미치는 영향을 의미한다. "아마도 ~ 일 것이다." 등으로 표현되는 것이 일반적)

■ 서비스 현장에서 효과적인 이미지 형성에 영향을 미치는 표정, 제스처, 걸음걸이, 방향안내 및 물건 수수 자세 등에서의 올바른 방법을 알고 있는가 확인한다.

■ Voice 이미지 훈련법, 이미지 연출의 6가지 요소를 특정한 상황을 통해 유추해 낼 수 있도록 하여 이해도를 측정한다.

■ 특정한 상황에서의 올바른 패션의 방법을 질문할 수 있다.

■ 복합적인 서비스 현장 사례를 제시하여 서비스 제공자의 이미지 형성에 대한 긍정적, 부정적 요소 등을 확인할 수 있도록 입체적인 질문이 제시될 수 있다.

≫ 실력 평가 문제

1~17 선다형

01 다음은 이미지에 대한 설명이다. 옳지 않은 것은 무엇인가?

① '모방하다'라는 뜻의 라틴어 imago에서 유래되었다.

② 여러 외부의 자극이 인간의 지각과정을 거쳐 의미가 형성되고, 이를 통해 이미지가 만들어 진다.

③ 인간의 지각과정은 단편적인 것이 아니라 총체적인 것이다. 그렇기 때문에 구체적이고, 객관적일 수밖에 없다.

④ 내적 이미지 : 인간의 심리적, 정신적, 정서적 특성 등이 고유하고 독특하게 형성되어 있는 상태로 심성, 생각, 습관, 욕구, 감정 등의 유기적인 결합체를 말한다.

⑤ 외적 이미지 : 인간의 외부로 나타나는 종합적인 모습이다. 외모, 언행, 자세, 표정 등 꾸밈행동을 통하여 외부로 표현되는 현상이다.

해설 인간의 지각과정은 단편적인 것이 아니라 총체적인 것이다. 그렇기 때문에 추상적이고, 연속적일 수밖에 없다.

02 이미지의 개념 및 속성에 대한 설명으로 옳지 않은 것은? [기출문제]

① 이미지는 실체의 한 부분이지만 대표성을 갖는다.

② 이미지는 마음속에 그려지는 사물의 감각적 영상, 또는 심상이다.

③ 이미지는 객관적인 것이라기보다는 주관적인 것이라고 할 수 있다.

④ 이미지에는 시각적인 요소 이외의 수많은 감각에 의한 이미지도 포함된다.

⑤ 이미지는 인식 체계와 행동의 동기 유인 측면에 있어 매우 중요한 역할을 한다.

해설 이미지는 그 대상이 지닌 다양한 속성의 부분적인 것으로 전체를 표현하기에는 한계를 갖는다.

Answer   1. ③   2. ①

03 다음은 무엇에 관한 설명인가? 가장 가까운 것은?

① 이미지
② 내적 이미지
③ 외적 이미지
④ 사회적 이미지
⑤ 이미지 메이킹

04 다음은 이미지 메이킹에 대한 설명이다. 가장 적절치 않은 설명은 무엇인가?

① 이미지 메이킹이란 자신에게 가장 바람직하게 구상된 개념 혹은 목표에 다가가기 위해 자신의 이미지를 통합적으로 관리하는 것이다.
② 이미지 메이킹을 통해 자신에게 잠재되어 있는 내면의 능력을 효과적으로 보여줌으로써 능력있고 호감있는 사람으로 인식되도록 한다.
③ 자기 향상을 위한 개인의 노력을 통칭하기도 한다.
④ 자신이 생각하는 주관적 자아를 타인이 바라보는 객관적 자아로 변화시켜 타인이 생각하는 나의 이미지를 중심으로 자아를 형성하는 것이 중요하다.
⑤ 현재의 현실적인 자아 상태를 이상적인 자아의 상태로 끌어올리는 것이 이미지 메이킹의 중요한 관점이다.

해설 이미지 메이킹은 참자아를 찾고 인식하면서 시작한다. 자신이 스스로 바라보는 주관적 자아와 객관적 자아의 차이를 인식하고 이 차이를 줄임으로써 나에 대한 안정적인 이미지를 형성할 수 있다.

05 다음은 첫인상에서 나타나는 현상에 대한 설명이다. 다음 중 어느 효과에 가장 가까운가?

① 초두 효과(primacy effect)
② 맥락 효과(context effect)
③ 후광 효과(halo effect)
④ 부정성 효과(negativity effect)
⑤ 최근 효과(recent effect)

해설 후광 효과(後光 效果, halo effect) : 어떤 대상이나 사람에 대한 일반적인 견해가 그 대상이나 사람의 구체적인 특성을 평가하는 데 영향을 미치는 현상을 말하는 효과이다. 즉 첫인상에서 '매력적이다'라는 인상을 받고난 후 그 사람이 '성적도 좋을 것이다'라는 평가를 받는다면 이는 후광 효과에 의한 것이다.

06 다음은 인상형성의 영향요인 중 무엇에 대한 설명인가?

> 타인의 평가, 즉 평판, 매스컴 등의 정보 등

① 배경 ② 경험
③ 욕구 ④ 판단
⑤ 이미지

07 다음은 표정에 관한 설명이다. 가장 거리가 먼 것은?

① 내면의 의미가 외적으로 표현되는 것으로, 인간의 감정이 반영되는 부분이다.
② 특히 표정으로 전달되는 즐거움, 화남, 슬픔, 고통 등 감정은 소통의 대부분을 차지한다.
③ 한 사람의 감정이 표정으로 나타나면 이는 다른 이들에게 전파되고, 동조된다.
④ 상대에게 에너지를 전달하게 되는 것이다. 이 에너지가 긍정적일 때 오히려 전파 속도가 더 빠르다.
⑤ 말로 전달되는 정보보다 이미지, 표정 등 시각적으로 전달되는 정보량이 더 많다.

해설 상대에게 에너지를 전달하게 되는 것이다. 이 에너지가 부정적일 때 오히려 전파 속도가 더 빠르므로, 긍정적인 표정과 표현을 하려는 노력을 해야 한다.

08 다음은 메라비안의 법칙(Law of Mehrabian)에 관한 설명이다. ( ) 안에 들어갈 내용으로 맞는 것은?

> 미국의 심리학자 앨버트 메라비안은 인간이 소통에서 얻는 정보량을 구분해 보면 (㉠) 요소가 7%, (㉡) 요소가 38%, (㉢) 요소가 55%를 차지한다고 발표하였다.

	㉠	㉡	㉢
①	시각적	언어적	청각적
②	시각적	청각적	언어적
③	언어적	청각적	시각적
④	언어적	시각적	청각적
⑤	청각적	언어적	시각적

09 다음은 시선처리에 관한 설명이다. 가장 옳지 않은 것은?

① 언어의 내용과 진위에 대하여 표정 중 '눈'으로 판단되는 경우가 많다.

② 눈빛과 눈동자의 움직임, 눈길의 방향, 눈맞춤 시간 등은 상대방을 판단하는 중요한 표준이 되기도 한다.

③ 자연스럽게 눈맞춤은 호감을 줄 수 있다.

④ 상대가 눈을 피하는 시간을 체크하여 그 시간 이후에 시선을 돌린다.

⑤ 눈을 자연스럽게 크게 뜨는 것은 호감의 표시이다.

해설 상대가 눈을 피하는 시간을 체크하여 그 시간 이전에 시선을 돌린다. 눈싸움에 이겨서 무엇을 얻겠는가?

10 다음은 비호감을 주는 시선처리와 설명이다 가장 거리가 먼 것은?

① 상대방을 보지 않는다. : 순종적인 느낌, 작은 긍정의 표시

② 곁눈질 한다. : 불만이나 의문을 품고 있는 듯한 느낌

③ 위아래로 훑어 본다. : 경멸이나 적개심을 갖고 있다는 느낌

④ 치켜뜨고 쳐다본다. : 거부나 항의의 느낌

⑤ 내리뜨고 쳐다본다. : 거만하고 깔보는 느낌

해설 상대방을 보지 않는다. : 숨기려는 느낌, 집중하지 않는 느낌을 주게 된다. 긍정보다는 부정적인 느낌을 준다.

11 다음은 서 있는 바른 자세에 관한 설명이다. 가장 거리가 먼 것은?

① 한쪽으로 치우치지 않도록 하는 것이 중요하다.

② 시선은 상대의 얼굴로, 턱은 약간 당겨준다.

③ 공수할 때는 여성은 왼손이, 남성은 오른손이 위쪽이다.

④ 등과 가슴은 곧게 펴고, 허리와 가슴은 일직선이 되도록 한다.

⑤ 발은 뒤꿈치를 붙이고 앞쪽은 살짝 벌린 V자를 만든다.

해설 공수할 때 여성은 오른손이, 남성은 왼손이 위쪽이다(남성의 경우 바지 재봉선 옆에 손을 내리는 것이 올바른 자세이다).

12 방향안내 자세 중 삼점법은 다음 중 어느 설명에 관한 것인가?

① 상대방 얼굴을 먼저 보고, 가리키는 방향을 보고, 다시 상대방 얼굴을 본다.
② 손가락은 모으고 손목이 꺾이지 않도록 가리키는 방향을 유지한다.
③ 손바닥이나 손등이 정면에 보이지 않도록 45도 각도로 방향을 유지한다.
④ 오른쪽을 안내할 때는 오른손을, 왼쪽을 안내할 때는 왼손을 사용하는 것이 일반적이다.
⑤ 상대방의 입장에서 구체적이고 정확하게 위치를 안내한다.

(해설) 시선의 흐름에 유의한다. 상대방 얼굴을 먼저 보고, 가리키는 방향을 보고, 다시 상대방 얼굴을 본다. 이것이 삼점법이다.

13 다음은 물건을 주고 받을 때의 자세이다. 설명이 가장 옳지 않은 것은?

① 양손으로 주고 받는 것이 예의이다.
② 물건을 주고 받을 때는 몸의 중심에 위치시킨다.
③ 포장의 회사 로고 모양을 정방향으로 보면서 전달했다.
④ 높낮이는 가슴과 허리 사이로 한다.
⑤ 작은 물건의 경우 한 손을 다른 한 손으로 받쳐서 건네는 것도 가능하다.

(해설) 예의의 기준은 상대방이다. 글씨, 모양 등이 상대방의 입장에서 읽거나 보기 좋도록 전달한다. 즉 역방향으로 보며 전달해야 한다.

14 목소리에 대한 설명이다. 가장 거리가 먼 것은?

① 목소리는 외모와 함께 사람의 이미지를 만드는 요소이다.
② 목소리는 신뢰감을 결정하는 중요한 요소이다.
③ 사람의 타고난 음색, 음성의 질은 노력에 따라 완벽하게 바꿀 수 있다.
④ 떨림이 없거나 적고, 또렷하게 들리는 목소리가 좋은 목소리이다.
⑤ 맑고, 밝은 음색의 목소리가 좋은 목소리이다.

(해설) 사람의 타고난 음색, 음성의 질은 바꾸기 힘들지만, 분위기는 훈련을 통해 변화시킬 수 있다. 즉 노력에 의해서 더 나은 음성을 만들 수 있다.

Answer　9. ④　10. ①　11. ③　12. ①　13. ③　14. ③

15 서비스 전문가로서 자신을 연출할 때 피해야 하는 상황을 고르시오. [기출문제]

① 서비스 전문가는 가능하면 앞머리로 이마나 눈을 가리지 않는 헤어스타일이 좋다.

② 머리는 빗질을 하거나 헤어 제품을 사용하여 흘러내리는 머리가 없도록 고정하고 단정한 모양을 유지하는 것이 좋다.

③ 옷과 구두의 색상과 조화를 이루는 것이 좋으며, 스타킹도 무난한 것으로 고르되 무늬나 화려한 색상의 것은 피하는 것이 좋다.

④ 유니폼이나 개인 슈트를 입더라도 흰색 양말보다 양복 색과 같은 양말을 착용하여 구두 끝까지 전체 흐름을 같이하는 것이 좋다.

⑤ 트렌드에 민감해야 하는 것이 서비스 전문가이므로 제복이나 유니폼을 입더라도 트렌드에 맞게 액세서리 등으로 개인의 개성 연출을 하는 것이 좋다.

해설 유니폼이나 제복을 입을 경우 지정된 색상에서 벗어나지 않는 것이 전체 이미지에 좋은 영향을 주며, 같은 유니폼을 입은 직원들과의 통일성을 고객에게 제공하는 것이 무엇보다 중요하므로 개인의 개성을 드러내는 화장, 액세서리, 다른 도구의 연출은 자제하도록 한다.

16 남성의 올바른 패션에 관한 설명이다. 가장 거리가 먼 것은?

① 셔츠의 깃과 소매는 슈트보다 1~1.5cm 정도 보이도록 입는다.

② 셔츠는 긴팔이 예의이다.

③ 투버튼 정장은 윗단추를, 쓰리버튼 정장은 3개를 다 잠그는 것이 일반적이다.

④ 넥타이 길이는 버클을 가리는 정도가 무난하다.

⑤ 색상은 검정색이 일반적이지만, 바지 색상과 같은 계열의 짙은 색상이면 용인된다.

해설 투버튼 정장은 윗단추를, 쓰리버튼 정장은 위쪽 2개의 단추나 가운데 단추를 잠그는 것이 일반적이다.

17 여성의 올바른 복장과 용모에 관한 설명이다. 가장 거리가 먼 것은?

① 청결과 단정함이 기준이다.

② 바느질이 터진 곳은 없는지, 구겨지지 않았는지 살펴보아야 한다.

③ 여성의 옷은 개성을 표현하는 도구이지만, 비즈니스 상황에서는 지나치게 화려한 색상과 노출이 심한 패션은 예의가 아니다.

④ 속옷이 노출되거나 들여다 보이는 시스루 패션은 예의에 어긋나기 때문에 피하는 것이 좋다.

⑤ 스타킹의 색상은 검정색이 기본이다.

해설 색상은 피부색과 가까운 것이 기본이다.

18~21   O/X형

18 내적 이미지란 인간의 심리적, 정신적, 정서적 특성 등이 고유하고 독특하게 형성되어 있는 상태로 심성, 생각, 습관, 욕구, 감정 등의 유기적인 결합체를 말한다. (① O, ② X)

(해설) ① 내적 이미지에 대한 설명이다.

19 첫인상은 단 한 번에 전달되고 각인되며 평가자의 일방적인 판단과 가치관에 따라서 신속하게 결정된다. 따라서 새로운 정보나 경험에 의해 쉽게 바뀔 수 있는 경향을 함께 가지고 있다. (① O, ② X)

(해설) ②첫인상의 영향력은 매우 강하여 그 이미지가 오래 각인되어 첫인상을 바꾸는 데에는 많은 시간과 노력이 필요하다.

20 좋은 목소리 연출을 위한 호흡법은 가슴에 중심을 두어 짧고 신속하게 호흡하는 흉식 호흡이 효과적이다. (① O, ② X)

(해설) ②배에 중심을 두는 복식 호흡을 통한 복식 발성이 효과적이다.

21 표정이미지 메이킹에 있어 시선의 처리는 눈을 빤히 오래 집중해서 상대방을 보게 되면 불편함을 느끼므로 눈과 미간, 코 사이를 번갈아 보며 대화를 자연스럽게 이어가는 것이 좋다.
(① O, ② X) [기출문제]

(해설) 현장접점에서 고객 응대 시 올바른 시선 처리는 매우 중요하다. 고객의 눈을 오래 집중해서 보게 되면 어색함을 느끼게 되므로 눈과 미간, 코 사이를 번갈아 보며 대화를 유지하는 것이 좋다.

22~26   연결형

※ 다음은 이미지 메이킹의 단계이다. 각 단계를 가장 잘 설명한 것을 골라 연결하라

① 자신을 알라.(Know Yourself)   ② 자신을 계발한다.(Develop Yourself)
③ 자신을 포장한다.(Package Yourself)   ④ 자신을 판다.(Market Yourself)
⑤ 자신에게 진실하라.(Be Yourself)

22 자신의 장점과 단점을 파악한다.

(해설) ① 자신에 대한 정확한 진단과 성찰의 단계

Answer   15. ⑤   16. ③   17. ⑤   18. ①   19. ②   20. ②   21. ①   22. ①

23 자신의 특성을 통해 전략을 수립하고 발전시키는 단계로 장점 강화 전략, 단점 보완 전략, 벤치마킹 전략이 있다.

해설 ②정확한 자기 진단을 통해 자신의 이미지를 어떻게 계발할 것인가를 결정하는 단계

24 이미지 메이킹의 가장 기본적인 기반으로 궁극적인 신뢰감 형성을 위해 필요하다.

해설 ⑤상대에게 잘 보이기 위해 자신을 속이는 경우에는 신뢰감에 문제가 생겨 이미지 메이킹은 실패할 수 있다. 진실함을 기반으로 해야 한다.

25 에너지의 방향이 외부, 즉 세상을 향하는 단계로 적극성이 필요한 단계

해설 ④사람들을 만나 그들에게 높은 평가를 받도록 노력하는 과정

26 자신을 돋보이게 하기 위한 표현을 준비하는 단계로 브랜딩의 과정이다.

해설 ③자신의 개성을 표현하면서 외적인 모습으로 자신의 능력과 개발 전략이 드러날 수 있도록 하는 단계

27~29　사례형

27 다음은 A병원과 B병원에 대한 어느 고객의 평가이다. 이 고객의 평가를 통해 두 병원에 대한 고객의 이미지를 엿볼 수 있다. 고객의 이미지에 영향을 미치고 있는 심리적 효과로 가장 적절한 것은 무엇인가?

> 내가 다니는 A병원에서 이번에 최신식 의료장비를 대거 도입했다고 한다. 정말 환자를 위해 투자를 아끼지 않는 병원이라는 생각이 든다. 그런데 불친절하기로 유명한 B병원에서도 최신 장비를 도입했다고 광고를 한다. 역시 서비스나 직원 교육에 투자하지 않고 의료 장비로 해결할 수 있다고 믿는 것 같다. 그런 투자를 의료진과 직원들의 실력 향상에 투자하는게 낫지 않을까 생각된다. 아마 큰 효과를 못얻을 것 같다.

① 초두 효과(primacy effect)
② 맥락 효과(context effect)
③ 후광 효과(halo effect)
④ 부정성 효과(negativity effect)
⑤ 최근 효과(recent effect)

해설 맥락 효과(context effect) : 처음에 내린 판단이 이후에 들어오는 정보에도 영향을 끼친다는 효과를 말한다.

- 단골 병원에 대한 선호 : 환자를 위해 투자를 했다고 판단
- B병원에 대한 좋지 않은 선입견 : 서비스에 대한 깊이 있는 생각없이 투자했을 것이라고 판단
- 최신식 의료장비 : A,B 병원 모두 동일한 조건임에도 불구하고 현재의 이미지를 맥락으로 다른 평가를 내리는 현상

28 다음은 00항공사의 신입사원 채용 면접관들의 채점표 중 일부이다. 아래의 면접 채점표를 통해 00항공사가 후보자들의 어떤 점을 평가하고자 하였는지에 대해 알 수 있다. 적절하지 않은 설명은 무엇인가?

- 회사가 추구하는 밝고 편안한 이미지에 부합하는가?
- 면접관의 질문에 대한 답변에 자신 있게 대답하는가?
- 정확한 발음과 듣기 좋은 목소리를 지니고 있는가?
- 말의 빠르기와 리듬 등을 통해 전달력을 배가시킬 수 있는가?
- 밝고 자신 있는 표정으로 상대에게 호감을 주고 있는가?
- 바른 자세와 적절한 제스처를 사용할 수 있는가?
- 복장, 화장 등은 회사의 대외적 이미지에 부합할 수 있는가?

① 외모, 표정, 상황별 제스처, Voice 이미지 등의 전체적인 후보자의 이미지를 평가하고자 하였다.
② 자사가 추구하는 기업 이미지를 직원들의 이미지를 통해서도 일관되게 유지하고 싶어 한다.
③ 00항공사는 조직 구성원의 대외적인 이미지가 고객에게 직·간접적으로 중요한 영향을 미친다고 판단하고 있으므로 이를 면접에서도 평가하고 있다.
④ 설득력 있는 논리 정연한 대화의 흐름을 통해 후보자의 스피치 능력을 검증하고자 한다.
⑤ 단순한 외모뿐 아니라 목소리나 표정 등에서 보여지는 이미지도 매우 중요한 요소로 판단하고 있다.

해설 위의 내용은 말의 내용이 아닌 Voice 이미지를 판단하고자 하는 채점표이다.

29 가전제품 매장에 새로 발령받은 신입사원에게 제공된 상품 설명 지침서의 일부이다. 아래 지침서의 밑줄 친 부분은 효과적인 Voice 이미지로 설명할 수 있다. 다음 중 설명의 내용이 적절치 않은 것은 무엇인가?

> 고객 응대 시간은 길지 않다. 따라서 주어진 시간 내에 주요한 상품의 특성과 장점을 신속하게 전달하여야 한다. 하지만 ①자칫 고객이 이해하기 어려울 수 있으니 주요한 부분들에서는 속도를 조절하여야 한다. 가장 중요한 고객이점을 설명하기에 앞서 ②적절한 호흡을 통해 고객의 집중도를 높이면서 내용을 강조할 수 있도록 한다. ③고객이 이해하기 어려운 용어 등은 전달력을 높이기 위해 끊어서 이야기 한다. 설명의 주요 시점과 마무리 시에는 ④핵심적인 부분에 힘을 주어 이야기 함으로써 중요한 부분이 잘 전달될 수 있도록 한다. 전체적인 설명의 ⑤흐름 속에서 속도와 호흡 등에 변화를 줌으로써 고객이 한편의 이야기를 듣는 느낌으로 전달될 수 있도록 한다.

① 빠른 속도에 비해 느린 속도는 고객을 배려하고 마음을 편안하게 하는 효과가 있다.
② 말을 하다 잠시 공백을 두는 쉼의 효과를 통해 전문적이면서도 대화의 집중력을 높일 수 있고 고객과 교감하는 대화를 연출할 수 있다.
③ 고객에게 어려운 전문 용어를 강조함으로써 전문적인 이미지를 전달한다.
④ 강세는 의사 전달의 효과를 높이며 말의 내용과 의미가 변할 수 있는 요소이다.
⑤ 말의 흐름에 리듬을 주면 상대방에게 호소력과 집중력을 전달할 수 있으며, 이는 말하는 사람의 자신감과도 관계가 있다.

해설 끊어 읽기의 요소를 통해 고객을 배려하고 명확성, 논리성 등의 이미지를 전달하는 것으로 볼 수 있다.

30~31 통합형

※ 다음은 OO리조트를 방문했던 고객이 개인 블로그에 올린 후기 중 일부 내용이다.

> 지난 주말 OO리조트를 다녀 왔습니다. 여행을 결정하면서 이미 많이 조사를 했지만 입구에 들어서자마자 다른 분들이 많이 칭찬하셨던 것처럼 깔끔하고 세련된 이미지가 돋보여 오랜만의 가족 나들이를 좋은 곳으로 잘 결정했다는 생각에 안심이 되더군요. 체크인을 하면서도 안내를 친절하고 꼼꼼하게 해 주었고 객실도 깔끔하게 청소가 되어 있었습니다. 전체적으로 밝은 분위기에 최근 리모델링을 해서 그런지 리조트 내 레스토랑들도 다양한 메뉴가 있어 먹음직스러워 보였습니다. 가격이 조금 부담스러웠지만 저녁 식사를 리조트 내에 있는 뷔페 레스토랑에서 하기로 하였죠. 여기에서 문제가 발생되었습니다. 깔끔하고 정갈한 느낌의 식당이라 화기애애하게 식사를 시작하였는데, 접시를 들고 음식을 담으려는 찰나, 접시에 고춧가루 같은 것이 묻어 있는 것을 발견했습니다. 호텔급 리조트에서 이런 실수가 있다니요. 지나가는 직원에게 요청하자 죄송하다며 얼른 바꿔주었지만 그 이상의 응대는 없더군요. 음식은 대체적으로 무난했지만 음식들은 위생적으로 만들었을지 염려되면서 기분이 상했습니다. 근처 식당에서 푸짐하고 저렴하게 식사할 수 있었는데 괜히 돈만 쓴 것 같더라구요. 리조트의 전체적인 분위기는 좋았지만 레스토랑은 추천하고 싶지 않네요.

30 상기 고객이 OO리조트에 대해 가지게 된 이미지를 설명한 것이다. 적절치 못한 설명은?

① 이 고객은 타인의 평가 및 정보를 통해 OO리조트에 대한 이미지 형성에 영향을 받은 상태로 방문하였다.

② OO리조트의 첫인상이 이후 객실, 직원 서비스 및 레스토랑에 대한 기대감 전체에 영향을 미쳤다.

③ OO리조트에 대한 만족감으로 인해 레스토랑에서의 만족도도 높을 것이라는 후광 효과가 발생하였다.

④ 레스토랑의 기타 긍정적인 요소가 있었을 것이지만 가격과 위생이라는 부정적 요소가 고객의 인식에 훨씬 더 큰 영향을 미치고 있다.

⑤ 이 블로그의 글을 읽은 사람들은 OO리조트의 뷔페 레스토랑에 대해 '좋다' '나쁘다'라고 판단을 하게 되는 경험적 요인의 이미지 형성에 영향을 받게 된다.

(해설) ⑤ 이 블로그의 글을 읽음으로써 타인의 평가, 평판 등의 정보로서 받아들여 뷔페 레스토랑에 대한 배경적 요인으로 이미지 형성에 영향을 받게 된다.

31 이 글을 읽게 된 OO리조트의 홍보실에서는 서비스 및 이미지 개선을 위해 다음과 같은 판단을 하게 되었다. 적절치 않은 것은 무엇인가?

① 블로그에 사과의 댓글과 함께 OO리조트의 운영방침과 이후 조치 사항에 대해 알려드린다. 이로써 이 글을 읽는 사람들에게 형성될 수 있는 부정적 이미지를 최소화하도록 한다.

② 뷔페 레스토랑의 가격에 대한 부담이 고객 만족을 방해하고 있으므로 가격 부분을 재검토해야 할 필요가 있다.

③ 고객의 작은 불편 요소라 하더라도 이는 서비스 실패로 이어질 수 있다. 100−1=0이라는 공식에 대해 다시 한번 전직원에게 강조하는 계기가 되어야 한다.

④ 고객들이 OO리조트에 대해 가지는 첫인상이 인터넷이나 기존 고객들의 구전에 의해 많이 좌우되는 것이 현실이므로 블로그 마케팅이나 여행 후기 등을 잘 살피고 적절한 홍보 마케팅 채널로서 활용할 필요가 있다.

⑤ 리조트의 좋은 첫인상은 강력한 초두 효과, 후광 효과를 발휘하는 만큼 이를 부대시설의 이용 등으로 이어질 수 있도록 활용해야 한다.

(해설) ② 상기 블로그의 글에서는 가격만으로 부정적 효과가 발생했다기 보다는 위생의 문제와 함께 결합되어 나타났으므로 가격 부분을 검토하는 것으로 연결하는 것에는 무리가 있다.

PART 03

고객심리의 이해

Chapter 01_ 고객에 대한 이해

Chapter 02_ 고객의 구매 행동 이해

Chapter 03_ 고객 성격유형에 대한 이해

Chapter 04_ 고객의 의사결정 과정

기업의 경쟁이 심하고 고객들의 요구가 다양해진다. 이에 따라 고객에 대한 이해도가 더욱 중요해지고 있다.

기업의 상품, 서비스를 구매하는 고객으로서의 특성과 함께 고객에 대한 심리 및 구조와 과정을 통해 고객을 이해하는 것은 서비스의 품질, 서비스 커뮤니케이션의 향상에 큰 의미가 있다.

다음의 내용들을 통해 서비스 현장에서의 고객 이해도를 높이고 고객과의 커뮤니케이션을 효과적으로 수행하는 데에 기초를 다지도록 한다.

이번 Part에서	서비스의 직접적 대상자인 고객을 다양한 각도에서 이해함으로써 서비스 제공의 품질을 높일 수 있고 고객과의 커뮤니케이션 기초를 다질 수 있다.
학습목표	1. 기업이 서비스를 제공하는 고객의 기본적인 특성을 통해 서비스 제공자가 알아야 할 기본적인 고객 심리의 이해를 사전 학습할 수 있다. 2. 다양한 고객 분류 방식을 앎으로써 서비스 제공시 고객의 다양한 반응을 이해하고 그에 따른 서비스 커뮤니케이션의 효과를 높인다. 3. 고객의 성격은 다양하며 고객에 따라 고객이 중요하게 인식, 판단하는 내용이 달라질 수 있는 구조의 학습을 통해 고객에 대한 관심과 심리적 이해의 기초를 다진다. 4. 서비스 현장에서의 다양한 고객의 의사결정 구조를 단계별로 정리하여 기억한다.
이번 Part를 학습하고 나면...	• 서비스 현장에서의 복잡한 고객의 반응과 유형을 이해할 수 있는 사전 학습을 통해 논리적 바탕의 고객 관점을 수립할 수 있다. • 고객 관점의 서비스 제공이 단순한 친절이나 이해, 공감의 차원을 넘어 각자의 역할과 위치에 의해 변화됨을 알게 됨으로써 서비스 제공자의 직업적 역할을 더욱 공고히 정의할 수 있게 된다. • 고객의 심리적 욕구, 고객 니즈 등을 이해함으로써 고객과의 관계 속에서 서비스 제공자의 역할 범위를 측정하고 대비할 수 있다. • 고객의 의사결정 단계별로 서비스 제공자의 구체적인 역할을 생각해 볼 수 있다.

Chapter 01 고객에 대한 이해

고객은 누구이며, 서비스 현장에서 고객의 보편적 특성이 무엇인지 살펴보자. 이러한 특성이 기인한 배경을 통해 고객 심리를 이해하면 서비스 현장에서의 고객 반응, 태도 등을 예측하고 적절하게 응대할 수 있는 기반이 된다.

1 고객의 의미와 중요성

① 고객의 정의

㉠ 범위에 따라

협의의 해석	상품과 서비스를 구매하거나 이용하는 사람(고객) 예 00백화점에서 상품을 구입한 고객. 00스포츠센터를 이용하는 고객
광의의 해석	상품과 서비스를 생산, 제공하고 이를 이용하는 일련의 과정에 관계된 자기 자신을 제외한 모든 사람 예 00백화점에 방문할 계획이 있는 미래의 고객. 00백화점에 상품을 진열하여 구입 고객을 유도하는 납품업체

㉡ 고객의 어원

반복적으로 이루어지는 어떤 행동을 수행하는 주체, 즉 기업의 입장에서는 '반복적인 구매를 하는 사람들'을 의미한다.

– custom : '늘 반복적으로 이루어지는 습관'이라는 단어에서 기인한다.

– 고객(顧客) : '돌아볼 고(顧)'와 '손님 객(客)'

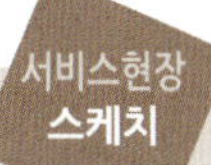

고객은 주인이 아닌 손님(客). 돌아다니는 나그네의 의미입니다. 주인이 아니므로 자연스럽게 본인의 뜻과 의지에 따라 움직일 수 있습니다.

또한 돌아봄(顧)의 의미를 가지고 있습니다. 이는 두 가지의 의미로 해석할 수 있습니다. 주인 입장(기업)에서는 늘 돌아보고 보살펴야 하는 사람이라는 의미로 이해할 수 있으며, 한편으로는 고객 스스로도 돌이켜 생각해보는 사람이라는 의미도 있습니다.

고객은 한 곳에 머무는 것이 아니며 기업의 상품이나 서비스를 이용한 후 이를 평가하고 돌아보는 존재입니다. 따라서 서비스 제공자는 손님을 늘 돌아보고 보살펴야 합니다.

② 고객 중요성의 의미와 배경

수요와 공급의 불균형	대량 생산, 다품종 생산이 가능해지면서 수요에 비해 공급이 과다하게 되어 상품, 서비스를 고객이 선택적으로 구매하게 되는 상황을 의미한다.
공급자(기업)간 치열한 경쟁	고객 우위의 시장에서 공급자(기업)는 가격, 품질의 세부적인 경쟁력 향상에 초점을 맞추게 된다. 이에 따라 가격을 낮추고 품질을 높이는 고객 관점이 중요해지게 된다.
적극적 고객 지향	상품, 서비스 자체의 치열한 경쟁으로 인해 고객의 선택을 기다리는 수동적 태도에서 고객을 적극적으로 찾아 나서는 적극적 고객만족 지향의 서비스 개념으로 발전하게 된다.

> **플러스 tip**
>
> **고객 지향(customer orientation, 顧客志向)의 의미**
>
> 공급의 초과로 인한 과당경쟁은 상품, 서비스의 품질만으로 고객에게 선택받기에는 부족한 상황으로 전개되었으며, 이는 곧 판매자(기업) 중심의 시장이 구매자(고객) 중심의 시장으로 이동되었음을 의미한다. 기업은 고객에게 상품, 서비스를 적극적으로 알리고 인식시키는 마케팅에 집중하게 되었고, 기업에서 고객은 절대적인 존재로 자리매김하게 되었다. 고객지향이란 이러한 상황에서 나타난 경영이념으로서, 기업의 노골적인 이윤 추구의 태도를 감추고 고객의 필요와 욕구에 부응하는 개념이다.
>
> 고객을 잃으면 기업의 존재도 불확실하기 때문에 '고객은 왕'이라는 개념하에 고객관점으로 상품과 서비스를 제공하게 되었으며, 이제는 기업이 보다 주도적으로 고객가치를 제안하는 등 적극적인 마케팅 경영 기법으로 전환되고 있다.

2 고객의 특성

다음은 기본적으로 이해해야 하는 보편적 고객 특성이다.

① 고객은 가변적이고 유동적이다.

고객은 언제든지 구매의사를 변경할 수 있다. 고객은 의사결정의 주체이며 여러 가지 대안을 통해 합리적인 결정을 하고자 추구하기 때문이다.

② 고객은 자신의 권리주장이 강하고 요구사항이 많다.

비용 지불에 대한 댓가가 자신의 권리이자 가치이므로 이에 대해 요구할 것이 있다.

③ 고객의 수만큼 고객의 유형도 다양하고 각양각색이다.

④ 고객의 불평을 어떻게 처리하느냐에 따라 적대적인 고객도 충성도 높은 고객이 될 수 있다.
고객의 불평도 일종의 커뮤니케이션의 의지이다.

⑤ 판매 수익의 안정성은 고정고객의 여부에 달려 있다.
고객 발굴에 드는 에너지도 일종의 비용이며 안정적 수익은 일정한 단골 고객 중심에서 나온다.

⑥ 고객은 자신이 지불한 금액 이상의 서비스를 제공받길 기대한다.

⑦ 고객은 판매원의 첫인상과 호감도에 민감하다.
동일한 상품, 서비스를 다른 곳에서 구매할 수 있는 경우가 많으므로 판매원을 통한 서비스도 비용 지불에 따른 댓가로 인식한다.

⑧ 고객은 친절, 신속, 정확한 서비스를 기대한다.

⑨ 고객은 기업의 주인이자 안내자이다.
매출을 발생시키는 핵심이며 기업의 향후 상품, 서비스의 개발 및 마케팅의 방향을 제시하기 때문이다.

3 고객 심리에 대한 이해

고객의 보편적 특성의 바탕이 되는 고객 심리를 이해하여 서비스 현장의 응대 역량을 높인다.

1) 고객의 보편적 기대심리

① 고객은 환영과 존중에 대한 기대심리가 있다.
고객은 언제나 환영받고 중요한 사람으로 인식되고 존중받길 바라는 기대를 가지고 있다.

② 고객은 자기중심적이며 자기본위적 심리를 가지고 있다.
대부분의 고객은 자기중심적이며 자신의 기준과 잣대를 가지고 모든 상황을 판단하려는 경향을 가지고 있다.

③ 고객은 서비스에 대한 보상심리가 있다.
고객은 자신이 구매한 수준에서 적절하다고 생각하는 수준의 서비스를 기대하며, 특히 무의식적이고 습관적인 충동구매가 아니라 신중하고 계획적인 구매를 한 경우는 더 구체적이고 확실한 서비스를 기대하게 된다.

④ 고객은 가격에 민감하다.
상품, 서비스의 구매시 가격 요소는 항상 중요하다. 기본적으로 고객은 자신이 가진 자원의 효용을 극대화하기 위해 최적의 가격을 기대하게 된다.

⑤ 고객은 품질에 대한 기대를 가지고 있다.

고객은 고품질 제품의 이미지와 평판을 유지하는 기업의 제품에 대해서는 기꺼이 값을 지불하려는 경향이 있으므로 기업은 최소한 고객이 기대하는 정도의 내구성을 충족시킬 수 있는 제품을 만들어야 하는 것이다.

⑥ 고객은 특별한 대우를 받고 싶어 하는 독점 심리가 있다.

고객은 늘 특별한 대우와 서비스를 독점하고 싶어하는 경향을 가지고 있다. 고객에 대한 감사의 표시와 특별한 대우에 대한 표현을 상황에 맞게 하는 것이 좋다. 예컨대, 고객에게 정보제공을 위한 뉴스레터나 특별한 할인혜택, 고객의 이름이나 기념일을 기억하여 특별한 서비스를 제공하는 것도 좋은 방법 중 하나이다.

다양한 서비스 현장 상황에서의 고객 분류를 통해 이해함으로써 서비스 접점의 효과적 활동을 극대화 한다.

1) 고객 속성별 분류

고객속성(customer attribute)이란 인구학적 정보나 심리적 정보 또는 직업관련 정보 등 고객을 몇 개의 범주로 유형화 할 수 있게 하는 특성을 의미한다. 다음의 기준으로 고객층을 속성별로 구분하여 유사한 고객 특성군을 이해하면 고객 서비스의 효과를 높일 수 있다.

① **인구학적 정보(demographic information)**

나이나 소득, 결혼 여부, 교육수준, 가족 생활 주기, 자가 소유 여부, 성별, 거주지, 직업, 가계규모, 이사패턴, 인종, 종교 등

② **사회심리적 정보(psychographic information)**

라이프 스타일, 욕구, 동기, 태도, 준거집단, 문화, 사회계층, 가족배경, 취미, 정치적 성향 등 고객에 대한 보다 심층적인 이해를 가능하게 하는 분류 기준

③ **기업정보(firmographic information)**

종업원 수나 소속업종 도·소매업 또는 서비스업 여부, 업무시간 등 회사 관련 정보. 많은 고객 서비스 담당자들이 기업 간 거래를 위해 일하기 때문에 개별적인 최종 소비자 보다 하나의 전체적인 기업 고객의 이해가 더욱 중요해 진다.

2) 형태에 따른 분류

① **외부고객(external customer)** : 기업 외부에서 대면하는 고객. 일반적으로 서비스를 제공해야 한다고 생각하는 대상이며, 상품에 대한 정보와 서비스를 제공하고 상호작용하며 기업 활동을 해야 할 대상이다.

② **내부고객(internal customer)** : 기업 내부 동료이자 직원. 외부 고객이 원하는 것을 효과적으로 제공하기 위해 중요한 일을 담당하며, 내부 직원들의 역할과 위치를 제대로 인식하고 존중하지 못한다면 외부고객에게도 최고의 서비스를 제공하기 어렵다.

플러스 tip

내부고객의 중요성

내부고객의 만족은 외부 고객만족의 출발점이 되므로 기업입장에서 사내고객은 가장 먼저 고려해야 할 고객이라 할 수 있다. 내부고객을 만족시키는 것은 외부고객의 필요와 욕구를 충족시키기 위한 기본 전제이자 과정이라 할 수 있기 때문이다. 자신에게 주어진 역할에 만족하는 사원만이 고객에게 최선의 서비스를 제공할 수 있다. 직원들이 먼저 긍지와 자부심을 가지고 일하는 기업 환경에서 비로소 고객에게 최상의 서비스를 제공할 수 있다.

따라서 외부고객이든 내부고객이든 기업의 고객서비스 실행과 만족스런 결과를 위해 모두 중요한 대상으로 인식해야 한다.

---

3) 기업과 고객 관계에 따른 고객 분류

고객과 기업 관계 형성의 정도 및 진화과정에 따라 다음과 같이 분류할 수 있다.

① **잠재고객**

현재는 해당 기업의 제품이나 서비스를 구매한 적은 없지만 상품이나 서비스를 구매할 가능성이 있는 집단, 즉 신규확보 대상이 되는 고객층을 의미한다.

예 여행사의 잠재고객군 : 20대 결혼 적령기의 남녀 커플(신혼여행 상품의 잠재고객군)

② **가망고객**

아직 기업의 상품, 서비스를 구매하진 않았으나 서비스 문의나 상담을 통해 접촉이 있는 고객으로 잠재고객에서 신규고객이 될 가능성이 높은 고객군

예 여행사의 가망고객군 : 여행상품을 문의하였거나 상담을 진행하고 있는 고객

③ **신규고객**

기업의 상품, 서비스를 처음으로 구입, 이용하는 고객군

예 여행사의 신규고객 : 처음으로 여행상품을 구입한 고객

④ 기존고객

신규고객이 재구매로 이어져 2회 이상의 구매 경험이 있는 고객

 여행사의 기존고객 : 신규고객이 또다시 여행상품을 의뢰하여 구입한다.

⑤ 충성고객

기업의 상품, 서비스를 반복적이고 안정적으로 구매하는 고객으로 높은 선호도를 나타내는 고객군. 기업의 상품, 서비스를 주변에 알리고 홍보하는 역할을 수행하기도 한다.

예 여행사의 충성고객 : 여행에 대한 문의 및 구매를 반복적으로 하는 단골고객. 주변 사람에게도 추천하는 고객

기업간의 치열한 경쟁 속에서 신규고객을 찾는 것이 점점 더 어려워지고 있습니다. 기업이 상품, 서비스를 알리고 고객의 구매로 이어지게 하기 위해서는 잠재고객군을 어떻게 설정하고 이를 가망고객으로 적극 발굴할 것인가라는 시장 확대의 관점이 마케팅, 세일즈의 중요한 화두로 떠오르고 있습니다. 잠재고객군을 적극적인 고객군으로 해석하여 새로운 상품, 서비스를 개발하는 추세입니다. 또 하나는 기존 고객을 충성고객으로 발전시키는 일입니다. 신규고객을 유치하기 위해 사용되는 비용 투자보다 기존 고객을 충성고객으로 발전시키고 이를 유지하는 것이 안정적이기 때문입니다. 최근의 서비스 현장에서는 이렇듯 잠재고객군에 대한 적극적 시장확대와 기존 고객의 선호도와 충성도를 높이는 단골고객 전략을 동시에 사용하고 있습니다.

4) 마케팅 대상자 관점에서의 고객 분류

모든 고객은 다음의 분류에 최소 한 가지 이상의 분류에 해당되며, 경우에 따라 각 분류에 모두 해당될 수도 있다.

소비자	상품, 서비스를 직접적으로 사용하는 최종적인 고객 예 패밀리 레스토랑의 소비자 : 레스토랑에서 식사하는 모든 고객(가족 전체)
구매자	상품, 서비스를 구매하고 지불하는 고객 예 패밀리 레스토랑의 구매자 : 식사값을 지불하는 고객(아버지)
구매 승인자	상품, 서비스의 구매를 허락, 승인하는 고객 예 패밀리 레스토랑의 구매 승인자 : 레스토랑에서의 식사를 결정하고 동의한 고객(어머니)
구매 영향자	상품, 서비스의 구매 결정에 직·간접적으로 영향을 미치는 사람 예 패밀리 레스토랑의 구매 영향자 : 레스토랑에서의 식사 결정에 직·간접적으로 영향을 미치는 사람(함께 식사한 자녀, 레스토랑 식사를 경험하고 추천한 친구 등)

5) 그레고리 스톤(Gregory Stone, 1945)의 고객 유형 분류

그레고리 스톤은 고객이 상품, 서비스를 통해 얻고자 하는 주요 가치에 따라 다음과 같이 4가지의 고객 분류를 제시하였다.

고객의 유형	정의	특징
경제적 고객 (절약형 고객)	고객가치를 극대화하려는 고객	• 분석적이고 까다롭다. • 경쟁사에 대한 정보도 밝아 이익을 극대화하기 위해 노력한다.
윤리적 고객 (도덕적 고객)	기업의 윤리적인 행동에 더욱 큰 비중을 두는 고객	• 윤리적인 이미지의 기업을 선호한다. • 비윤리적 기업이라고 판단되면 개인의 이익과 상반되더라도 절대 선택하지 않는다.
개인적 고객 (개별화 추구 고객)	개인적 교류와 자신에 대한 인정을 추구하는 고객	• 맞춤형 서비스를 선호한다. • 개인화된 고객 관리를 활용하여 서비스를 진행할 때 효과를 발휘한다.
편의적 고객	자신이 서비스를 받는 데 있어서의 편의성을 중시하는 고객	비용보다는 편익을 중시하여 추가 비용을 지불할 의향이 있다.

6) 참여 관점의 고객 분류

구매 및 소비의 과정에서 어떤 형태로 참여 혹은 영향을 미치는 가에 따른 고객 분류이다.

직접고객	상품, 서비스를 직접 구입하는 고객
간접고객	최종 소비자 또는 2차 소비자
공급자 집단	최종 소비자에게 상품, 서비스를 제공하고 반대 급부로 돈을 받는 자
의사결정 고객	직접고객의 선택에 영향을 미치지만 직접 비용을 지불하지 않는 고객
의견선도 고객	상품, 서비스의 평판, 심사, 모니터링 등에 영향을 미치는 집단
법률규제자	소비자 보호 및 관련 조직의 운영에 적용되는 법률을 만드는 의회, 정부
경쟁자	전략이나 고객 관리 등에 중요한 인식을 심어주는 대상 집단
단골고객	상품, 서비스를 반복·지속적으로 구매. 옹호고객의 로열티는 없는 상태
옹호고객	단골고객이면서 다른 고객을 추천할 정도의 로열티를 보유한 고객
한계고객	구매량, 지리적 위치 등 실제 기업의 생산성이나 수익성에서 의미가 없거나 손실이 생기게 되는 고객군. 디마케팅 및 해약, 거래 단절 유도
체리피커 (cherry picker)	신포도 대신 체리만 골라 먹는다는 의미로 붙여진 명칭. 실제 구매 실적은 저조하면서 특별 이벤트 등 기업의 서비스 체계 등을 이용해 자신의 실속을 챙기는 소비자. 기업이 차별적으로 관리하여 디마케팅 하는 계층

상품과 서비스를 구매하고 소비하는 일련의 과정에서 고객의 심리적 특성을 이해하는 것은 매우 중요하다. 고객이 기업의 상품, 서비스를 왜 구매하며, 구매 행동은 어떤 다양한 요소에 의해 영향을 받는가를 알아봄으로써 고객 구매 행동의 구조를 이해할 수 있다. 이를 통해 서비스 제공자는 고객 구매 행동을 적극적으로 지원하고 구매 이후의 고객 만족도를 높일 수 있게 된다.

1 고객의 니즈(Needs)에 대한 이해

고객은 왜 기업의 상품, 서비스를 구매할까에 대한 질문은 고객 구매 행동을 이해하는 가장 기본적인 시작이다. 고객 구매 행동의 개인적인 동기를 파악하기 위해서는 고객 니즈의 개념과 분류를 이해하는 것이 매우 중요하다.

1) 고객 구매 이유의 관점

상품, 서비스의 구매는 고객 니즈에 대한 다음의 두 가지 관점에 의해 나눠지고 달라질 수 있다.

기능적 필요 (needs)	• 1차적인 결핍의 상태를 의미한다. • 필수적(기능적) : 생존을 위해 반드시 필요한 것. 결핍의 상태에서는 위협을 느낄 수 있다. • 상품, 서비스가 단순하고 획일적, 공통적으로 표현된다. • 상품, 서비스의 가격과 고객 수요에 한계가 있다.
비기능적 욕구 (wants)	• 2차적인 희망, 추가적인 요구 • 선택적(비기능적) : 더 나은 삶, 풍요에 대한 추구에서 비롯된 니즈 • 상품, 서비스가 개별 고객별로 다양하며 복잡한 구성으로 표현된다. • 상품, 서비스의 가격과 수요에 한계가 없다.

고객의 비기능적 욕구 바라보기

같은 상품, 서비스라도 고객의 기능적 필요에 의해 개발된 것과 비기능적 욕구를 통해 개발, 마케팅 되는 것이 다를 수 있습니다. 음식점을 한끼 식사를 해결하는 기능적 필요의 관점으로 바라보면 어떨까요? 보편적인 식당의 관점에서는 한끼에 적절한 가격과 음식의 양이 정해집니다.

하지만 이를 비기능적 욕구의 관점으로 보면 폭이 넓어집니다. 향수에 젖은 토속적인 음식점으로 혹은 수백가지 음식이 차려진 화려한 뷔페로 혹은 세련된 분위기에서 귀한 손님을 대접할 수 있는 정찬을 제공하는 자리로 변화될 수 있습니다. 비기능적 요구의 관점에서는 기능적 필요 관점의 일반 식당과는 다른 기회가 생겨납니다. 고객의 수많은 개별적 욕구를 개발하여 이를 서비스 상품으로 변화시켜 고부가가치 외식사업이 탄생될 수 있습니다.

예 잡채 한 그릇 – 기능적 필요 : 반찬(반찬 그릇에 담겨 나옴)
　　　　　　　　비기능적 욕구 : 요리(한지에 쌓여 품격있는 접시에 담겨 나옴)

비기능적 욕구에서는 다양한 서비스의 부가가치가 창출되기 때문이며, 서비스 제공자는 이러한 관점으로 고객을 이해하여 서비스 제공의 의미와 역할을 향상시킬 수 있습니다.

2) 고객의 니즈를 발전 단계로 이해하는 5가지 니즈 분류법

고객의 니즈를 고객의 인식 정도와 서비스 제공자의 역할의 관점으로 분류한다.

① 니즈 분류의 의의

 ㉠ 고객 관점에서의 만족도와 심리적 상황을 이해

 ㉡ 고객 상황에 따른 서비스 제공자의 역할을 인지할 수 있도록 한다.

 ㉢ 서비스 제공자가 고객 니즈를 개발시킬 수 있도록 하는 기준과 목표를 제시

② 니즈의 분류와 서비스 제공자의 역할

분류	니즈의 내용	서비스 제공자의 역할
잠재 니즈	• 무의식적으로는 있었으면 좋겠다는 느낌이 있지만 정보가 없거나 필요성을 인식하지 못한다. • 어떤 장애 요소로 인해 욕구가 발전하지 못한 상태	• 고객의 니즈 개발 • 필요를 인식할 수 있는 정보 제공
보유 니즈	어떤 자극이나 정보에 의해 잠재 니즈가 조금 구체화되어 표현된 상태 • 구체적으로 니즈가 강화되지는 않았으며 약간의 구매의욕과 필요성을 보유 • 니즈 개발의 유무에 따라 현재 니즈로 성장 혹은 잠재 니즈로 후퇴할 수 있다.	• 고객 니즈의 강화 • 구체적 근거와 욕구 강화를 통해 현재 니즈로 개발
핵심 니즈	• 고객 개인의 특수한 상황으로 인해 특별히 집중되어 있는 특수한 니즈 • 개별 고객의 특수한 상황을 해결하고자 하는 개별적인 니즈 • 유연하고 다양한 니즈	서비스의 전문성으로 맞춤형 개별 고객 니즈 발견

현재 니즈	• 필요를 인지하고 구체적인 구매 결정의 과정에서 있다. • 상품, 서비스를 통해 얻을 수 있는 만족과 혜택을 인지한다. • 니즈를 구체적으로 실현하고자 하는 실행의 단계에 있는 니즈	고객 실행을 돕고 세심하게 지원
가치 니즈	• 고객의 만족이 극대화된 단계에서의 니즈 • 서비스 제공자와 고객이 함께 과정과 결과에 만족을 느끼는 가장 이상적인 고객니즈의 단계	고객 만족의 극대화

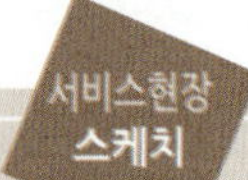

고객의 니즈에 따라 이렇게 서비스를 제공하게 됩니다.

① **잠재 니즈** : 필요를 느끼지 못하던 고객도 서비스 제공자의 적극적인 마인드와 커뮤니케이션으로 상품, 서비스의 필요성을 느끼고 인지하는 경우가 많습니다. 고객은 서비스 제공자가 제공할 서비스의 가치를 잘 모르고 있으므로 이를 잘 알려주어야 합니다.

예 저는 맞춤형 웨딩 서비스까지는 필요하지 않을 것 같은데요. ➡ 맞춤형 웨딩 서비스가 고객님에게 예식 준비의 효율과 과도한 비용 지출 방지의 효과를 드릴 수 있습니다.

② **보유 니즈** : 잠재 니즈가 특별한 어떤 상황에서 조금 구체화되었지만 구체적인 구매로 이어지지 못하는 경우가 많습니다. 서비스 제공자는 고객이 표현하는 니즈를 스스로의 역할에 의해 강화시키는 절차를 거쳐야 합니다. 고객이 현재 필요하다고 느끼는 상황은 불완전한 경우가 많음을 기억해야 합니다.

예 맞춤형 웨딩 서비스를 하신다고 들었는데요, 편리할 것 같은데 비용은 어떻게 되나요? ➡ 맞춤형 웨딩 서비스가 어떤 면에서 마음에 드시나요? 제가 구체적인 내용을 먼저 설명드려도 될까요?

③ **핵심 니즈** : 고객에게 다양한 정보와 해결책을 제시하는 가운데 고객 스스로가 자신만의 니즈를 찾아낼 수 있도록 합니다. 고객이 스스로의 상황을 진단하고 해결점을 모색할 수 있게 서비스 제공자는 인내심과 전문성을 가지고 안내합니다.

예 예식을 이렇게 간소하게 할 수도 있나요? 이렇게 할 수만 있다면 너무 좋겠는 걸요 ➡ 맞춤형 웨딩 서비스에서는 최근 트렌드와 전통적 방식의 균형있는 조화를 중시하죠. 고객님께서 원하시는 예식을 정하시는 게 더 중요합니다.

④ **현재 니즈** : 고객이 구매를 결정하는 단계에서 서비스 제공자는 고객의 의지를 알고 있음을 확인하고 적극적인 서비스를 제공해야 합니다.

예 그럼, 맞춤형 웨딩 서비스 A안으로 진행하면 좋을 것 같아요. ➡ 네. 그러면 구체적인 사항들을 확인하고 계약 진행을 도와드리겠습니다. 하나씩 다시 확인하고 변경사항이 있으시면 말씀해 주시기 바랍니다.

⑤ **가치 니즈 :** 구매 결정이 목표가 아닌 고객 만족의 극대화를 목표로 정하는 것이 중요합니다. 최고의 만족을 느낀 고객은 서비스 제공자 혹은 기업을 주변에 알리고 적극적으로 홍보, 소개하는 역할을 합니다.

예 정말 감사합니다. 한 번 뿐인 예식을 정말 만족스럽게 잘 진행하셨어요. 번거로운 절차가 아니라 새로운 출발의 의미 부여에 큰 도움이 되었습니다. 다른 친구들에게도 적극적으로 소개를 해드릴게요.

2 고객 구매 행동의 특성

1) 구매 행동의 일반적 이해

① 구매 행동은 비용 지불을 동반하는 목표지향적 행동이다.

② 고객(소비자)은 모든 정보를 수동적이고 균일하게 받아들이지 않으며 선택적 주의, 선택적 왜곡, 선택적 기억 등으로 주체적인 정보처리 과정을 거친다.

③ 고객(소비자)의 구매 동기, 구매 행동은 기업의 마케팅 활동에 영향을 받는다.

④ 고객(소비자)의 구매 동기와 구매 행동은 시간의 흐름에 따라 변화한다.

2) 구매 행동에 영향을 미치는 요소

① 구매 참여자

구매 참여자는 1인인 경우도 있지만 다수인 경우도 있다. 다음과 같은 다양한 구매 참여자의 비중과 역할에 따라 최종 구매 행동이 달라진다.

㉠ **제안자 :** 상품, 서비스의 필요성을 제안한 사람

예 피아노를 배우고 싶어하는 학생

㉡ **정보 탐색자 :** 필요성에 대한 적절한 해결책을 찾아보는 사람

예 피아노 학습이 필요한지, 어떤 교습 방법이 좋을지, 학원 등의 비용과 효과를 찾는 엄마

㉢ **정보 통제자 :** 해결책을 모색함에 있어 특정한 기준이나 한계를 설정하는 사람

예 한 달에 소요되는 비용을 통제하는 아빠

㉣ **영향력 행사자 :** 결정에 영향을 끼치는 사람

예 피아노를 잘 치는 자녀를 둔 엄마의 직장 동료와 손녀를 사랑하는 할머니

　　　　ⓜ **의사 결정자** : 최종적인 구매의사 결정자

　　　　　　예 탐색한 정보를 통해 최적의 피아노 학원을 결정한 엄마

　　　　ⓑ **구매자** : 실제 구매 행위를 실행하는 사람

　　　　　　예 엄마가 알아본 피아노 학원에서 교습비를 결재하는 아빠

　　　　ⓢ **사용자** : 상품, 서비스를 사용하는 사람

　　　　　　예 피아노 교습을 받는 학생, 자녀

② 구매 목적물의 특성

어떤 상품, 서비스를 구매하는가에 따라 구매 행동에 영향을 미치는 요소가 달라진다.

　　㉠ **저관여 구매 목적물** : 고객의 구매에 이르는 과정에 깊게 관여하지 않으며, 가격이 저렴하고 고객 만족에 영향을 미치는 크기가 적거나 기간이 짧다. 반복 구매를 하며, 브랜드나 구매 편익 등 외부 요소에 의해 영향을 받는 경향이 크다.

　　　　예 주말 외식 장소, 생필품 구입, 감기 치료로 방문하는 병원

　　㉡ **고관여 구매 목적물** : 고객이 구매를 결정하기까지 많은 시간과 정보를 필요로 한다. 가격이 상대적으로 높거나 고객의 생활에 영향을 많이 미치거나 영향력의 기간이 길다. 이벤트성 구매를 하며 상품, 서비스의 본질적인 품질이 브랜드나 기타 주변 요소들에 비해 더 중요해진다.

　　　　예 가족의 여름 휴가 여행, 부모님 칠순 생신 장소 섭외, 주택이나 자동차 구입

③ 구매경험

고객의 구매 경험에 따라 구매 절차가 체계적으로 이루어지기도 하고 습관적으로 이루어지기도 한다. 이는 구매 목적물의 관여도에 의해서도 좌우된다.

④ 소비와 구매에 영향을 미치는 기타 다양한 요인

　　㉠ **사회적 요인**

　　　　- 사회계층(social class) : 직업, 소득, 교육수준, 거주지, 부의 정도 등에 따라 분류하며, 가치관, 태도, 사고방식, 라이프스타일, 행동 등이 유사한 집단의 구성원은 소비자 행동이 유사하게 나타나는 경향이 있다.

　　　　- 준거집단(reference group) : 가족, 동창회, 회사원, 동호회 등 준거집단은 개인의 의사와는 상관없이 속하기도 하고 개인의 의사에 의해서 속하기도 한다. 개인은 준거집단에 속하려는 열망이 생길 수도 있고 그 준거집단에서 탈퇴하려는 심리가 생기기도 하는데, 이러한 심리가 소비와 구매의 행동에 영향을 미치게 된다.

- 가족(family) : 구매에 관한 구성원 간 영향력이 큰 중요한 집단. 구성원 간 공통적 관심, 소비욕구 등을 가지며 구매성향도 유사하다. 가족 집단은 사용자와 구매자, 구매 결정자가 다른 경우가 많고 지출하는 사람과 소비하는 사람이 다른 경우가 많다.
- 문화적 요인 : 국적, 종교, 지역 등이나 민속, 법률, 풍속 등과 같이 특정 사회가 가지고 있는 가치관, 태도, 삶의 방식 등을 통틀어 지칭한다. 사람들의 몸에 밴 문화적 습성이 상품, 서비스를 선택할 때 영향을 미치게 된다. 또한 시대의 흐름에 따라 변하는 특성으로 변화된 문화에 적응하려는 고객의 행동을 지속적으로 파악하여야 한다.

ⓛ **개인적 요인**

- 연령과 직업 : 연령과 직업에 따라 원하는 편익이 다르고 구매성향도 달라진다.
- 라이프 스타일(life style) : 개인의 가치와 개성에 의한 다양한 삶의 방식. 비슷한 생활 양식을 가진 고객들은 비슷한 구매 성향을 보인다.

ⓒ **심리적 요인**

- 동기(motivation) : 인간의 기본적인 욕구에 해당하는 심리적 바탕. 대표적으로는 매슬로우(A. H. Maslow)에 의해 주창된 욕구 5단계가 있다. 고객의 소비 행동은 이런 욕구에 기인하기 때문에 기업은 마케팅 활동을 통해서 소비자의 심리적 동기를 자극, 유발한다.
- 태도(attitude) : 상품이나 서비스에 대해서 어떤 판단을 내리려고 반응하려는 상태. 개인의 신념, 학습 등 지속적으로 습득해 온 개인의 성향이 소비행동에 영향을 미친다. 태도적인 요인은 지속성을 가지므로 변화하기 어려우며, 주로 신제품 조사 및 신제품의 시장점유율 등의 선행지표로 활용된다.

매슬로우 욕구 5단계 이론

매슬로우는 인간의 동기가 작동하는 양상을 욕구의 5단계로 설명한다.

각 단계별 욕구는 하위욕구가 충족되었을 때 상위 계층의 욕구가 나타나며, 인간의 동기를 설명하는 가장 기본적이고 보편적인 모형으로 인정받는 모델이다.

단계별 욕구	해석	욕구의 표현	서비스 현장
1단계 : 생리적 욕구	• 개인의 건강과 생존 • 기본적인 의식주의 해결 • 현대 사회의 기본 재정	삶에 반드시 필요한 기본적인 것을 해결해야 함	숙소를 해결해야 할텐데 가능할까?
2단계 : 안전의 욕구	위험과 고통, 불확실로부터의 회피	불편하지 않고 불안감 없이 편안하고 안전한 삶을 원함	• 화재나 도난의 위험은 없나? • 객실 상태는 청결한가?
3단계 : 사회적 욕구	• 애정과 친화의 욕구 • 타인으로부터 인정받고 소속감을 느끼고자 함	• 사람들과 함께 교류하며 사랑을 받는 관계 속에서의 삶 • 가족을 구성하고 사회속 일원이 되고자 함	• 호텔 종사자들은 친절한가? • 호텔의 전체적인 분위기가 나와 어울릴까?
4단계 : 존경의 욕구	• 지위와 명예를 추구 • 타인의 존경을 받고 성공하고자 하는 욕구	자기 존중과 성취감 등을 느끼고 사회에서 인정받을 수 있는 특정한 지위를 얻고자 하는 성취의 욕구	종업원들이 나의 존재를 존중하고 특별한 관심을 기울이는가?
5단계 : 자아실현의 욕구	• 능력 발휘를 통한 자기 충족감 • 자아를 완성해 가면서 얻는 만족감, 삶의 보람 등의 추상적 욕구	• 자기 성장을 내면에서 확인하고 스스로 인정하면서 얻는 기쁨 • 자기 자신이 자신의 모습을 이루어 가고자 하는 욕구	• 내 자신만이 느끼는 특별함을 서비스 받을 수 있는가? • 내가 필요로 하는 호텔에서의 특별한 만족감을 얻을 수 있는가?

3 구매 심리 변화 모델 – AIDMA 모델

미국 클렌드 홀 교수가 제창한 모델로써 광고를 통한 고객의 구매 심리의 변화를 Attention/ Interest/Desire/Memory/Action의 앞머리 글자를 따서 정리하여 단계화 하였다. 광고에서의 고객 구매 심리를 프로세스로 설명하는 기법으로 시작하였으나 현대 마케팅에서의 고객 구매 과정의 가장 보편적 이론으로 알려졌다.

① AIDMA 각 단계

ㄱ **주의(Attention) 단계** : 고객의 주의를 끔. 고객이 상품, 서비스를 인지하게 되는 단계

   예 새로운 투자 상품이 나왔네... (광고, 홍보물, 뉴스, 지인의 이야기 등에서 인지함)

ㄴ **관심(Interest) 단계** : 고객이 흥미를 일으켜서 관심을 가지게 된다. 단순 인지에서 긍정적인 반응이 시작되는 변화가 생긴다.

   예 이 투자 상품은 다른 투자보다는 안전하겠는 걸... (구체적인 신문 기사, TV 광고, 전문가 추천의 글, 해당 금융기관의 DM 등을 통해 관심이 생김)

ㄷ **욕구(Desire) 단계** : 고객이 상품, 서비스의 장점을 통해 구매를 하고 싶은 욕구(Desire)가 생기는 단계

   예 그렇다면 내가 원하던 투자 상품이 될 수 있겠군. (고객의 상황에 맞거나 지속적인 광고, 적극적인 금융기관의 홍보, 누군가의 추천 등을 통해 구매의 욕구가 생김)

ㄹ **기억(Memory) 단계** : 단순한 욕구에서 구체적인 의사결정의 과정에 진입하는 단계로, 고객은 욕구를 기억하고 이를 구매라는 과정으로 이행하려 한다.

   예 설명을 듣고 가입을 해야 겠네. 내일이라도 알아봐야겠다. (전화 문의를 통한 궁금증 해결, 서비스 세일즈맨의 적극적인 가입 권유 등의 이유로 고객은 실행에 옮기고자 기억함)

ㅂ **실행(Action) 단계** : 욕구의 기억이 실제 실행으로 이어져 구매로 완성되는 단계

   예 00투자 상품을 가입하려고 합니다. 어떻게 해야 하죠? (실행을 하고자 하는 고객의 편의, 고객의 기억을 유지시킬 수 있는 다양한 정보를 통해 실행 완료)

플러스 tip

AIDMA에서 AISAS로의 변화

인터넷과 스마트폰의 확산으로 구매 결정과정의 고객 심리의 변화에도 새로운 해석이 등장하였다. 욕구(D)는 '검색'(Search)의 과정으로 대체되게 되고 기억(Memory)의 과정은 생략되고 곧바로 행동(Action)으로 실행된다. 여기에 새로이 추가된 공유(Share)를 통해 구매의 경험이 확산되는 과정으로 진행된다는 것이다. 즉 주의(Attention), 관심(Interest), 검색(Search), 행동(Action), 공유(Share)의 과정으로 진행된다는 이론이다.

Chapter 03 고객 성격유형에 대한 이해

더욱 다양해지고 빠르게 변화하는 고객의 욕구와 이에 대한 효과적인 서비스의 제공을 위해 고객에 대한 인문학적 접근이 강조되고 있다. 성격을 분류하여 효과적으로 대응하기 위한 연구는 과거는 물론 현대 시대에도 끊임없이 연구되고 시도되고 있다. 서비스 제공자는 현장 접점에서 개별 고객의 성향, 기질 등의 영향을 많이 받으므로 고객 성격유형을 분류한 다양한 이론들을 통해 고객의 심리를 좀 더 객관적으로 이해해 볼 수 있다.

1 고객 성격유형 이해의 필요성

① 고객은 고객으로서의 특수성과 함께 자연인으로서의 개별 인격체로의 특성이 있으므로 보편적인 성격유형 분석이 도움이 된다.

② 과거에 비해 복잡하고 다양해진 개별 고객에 대한 서비스 제공 경험을 체계적으로 정리할 수 있는 좋은 도구가 된다.

③ 서비스 제공자는 자신의 고객 접점의 경험을 체계화시키며 역량을 강화할 수 있다.

④ 서비스 제공자는 다양한 고객들의 성격유형을 학습함으로써 인간의 심리에 대한 폭넓은 이해와 새로운 관점을 간접적으로 경험, 이해하게 된다.

⑤ 서비스 기업 및 조직은 서비스 현장을 훈련, 코칭함에 고객과 서비스 제공자 스스로의 기질을 이해할 수 있는 좋은 기준을 제시할 수 있게 된다.

⑥ 정확한 고객 성격유형은 심리 검사를 통해 알 수 있으므로 서비스 현장에서 잘못된 선입견이나 고정관념으로 작용하는 것에 유의하여야 한다.

2 MBTI 성격유형

MBTI(Myers-Briggs Type Indicator)는 분석심리학자인 칼 융(Carl G. Jung)의 심리유형 (Psychological Type) 이론을 근거로 케더린 부룩스(Katharine C. Briggs)와 그녀의 딸 이사벨 마이어스(Isabel Briggs Myers)가 1900년 이후 약 75년간 연구 개발한 성격유형 검사도구이다. 손자인 피터 마이어스(Peter Myers)에 이르는 3대에 걸쳐 개발되어 인간의 다양하고 개별적인 심리 유형을 질서정연한 틀로 해석하여 인간의 심리를 이해하는 데에 있어 매우 유용하게 사용되고 있다.

1) MBTI에 대한 이해

① MBTI 개발의 의의와 배경

- ㉠ 매우 개별적이고 다양하여 예측하기 어려운 것이 인간의 행동이지만 근본적인 심리적 질서와 일관성을 발견함으로써 이를 예측하거나 분석할 수 있다.
- ㉡ 칼 융의 두 가지 이론인 인식과 판단에 대한 심리적 기능 이론과 인식과 판단의 방향을 결정짓는 태도 이론을 바탕으로 제작되었다.
- ㉢ 자신과 다른 사람들의 인식과 판단작용에서 반응하는 선호성향과 체계를 이해하고, 그 선호성이 개별적으로 또는 복합적으로 어떻게 작용하는지의 결과를 유추할 수 있다.
- ㉣ 심리 검사의 결과를 바탕으로 하여 이를 일상에 적용하여 다른 사람들의 선호성을 통해 그 결과를 예측하고, 개인적으로는 자신이 선호하는 과정을 분화시키고 덜 선호하는 과정을 발달시킬 수 있도록 하는 현실적인 목적을 이루고자 한다.

② MBTI 활용 및 적용

- ㉠ MBTI는 성격에 대한 결론을 내리는 잣대가 아니고 자기탐색을 돕는 하나의 도구이다.
- ㉡ 검사 결과를 일상에 적용하고 다른 사람들의 선호성을 이해하여 그 결과를 예측하여 실생활에서 도움을 얻고자 한다.
- ㉢ 자신의 선호 성격을 이해하고 발달시킬 수 있는 현실적인 기준이 된다.

2) MBTI 4가지 선호 경향

MBTI는 사람의 성격유형을 4가지 선호성의 조합으로 분류한다. 이 선호성은 사람들 각자의 선천적인 심리 경향이다.

① 내부적인 에너지의 방향성 : 주의를 기울이는 초점이 달라진다.

외향성(extraversion)	내향성(introversion)
폭은 대인관계를 유지하며 사교적이고 정열적이며 활동적이다.	깊이 있는 대인관계를 지향하며 조용하고 신중하며 이해한 후 경험한다.
• 주의 집중 – 자기 외부로 발산 • 외부 활동과 적극성 • 말로 표현 • 사교성, 인사 • 여러 사람과 동시에 대화	• 주의 집중 – 자기 내부 • 내부 활동과 집중력 • 글로 표현 • 자기 공간 • 1:1 대화

② **정보처리, 인식의 방향** : 사물과 현상을 인식하는 방법의 문제

감각형(sensing)	직관형(intuition)
오감에 의존, 실제 경험을 중시하고 현재에 초점을 맞추어 정확하고 철저하게 일처리 한다. • 사실적이고 구체적 • 실태 파악 • 현실 수용 • 일관성과 일상성 • 사실적 사건 묘사 • 관례에 따르는 경향	"육감"내지 "영감"에 의존하며 미래지향적이고 가능성과 의미를 추구하며, 신속하게 비약적으로 일처리 한다. • 아이디어 • 상상적이고 영감적 • 미래 지향 • 변화와 다양성 • 비유적, 암시적 묘사 • 새로운 시도 경향

③ **선택, 결정의 기준** : 판단을 좌우한다.

사고형(thinking)	감정형(feeling)
진실과 사실에 관심을 가지고 논리적이고 분석적이며 합리적, 객관적으로 판단한다. • 원리와 원칙 • 간단명료한 설명 • 지적 논평을 선호 • 원인과 결과가 중요 • 규범과 기준을 중시	사람들과의 관계에 주로 관심을 가지며 상황적이면서 정상적인 참작을 하여 설명을 한다. • 보편적인 선 • 의미와 영향 • 우호적 협조 • 주관적 판단 • 좋다, 나쁘다가 중요

④ **삶의 패턴** : 일상 생활의 추구함이 달라진다.

판단형(judgement)	인식형(perception)
분명한 목적과 방향이 있으며 기한을 엄수하고 철저히 사전계획하고 체계적이다. • 정리정돈과 계획 • 의지적 추진 • 신속한 결론 • 통제와 조정 • 뚜렷한 기준과 자기의사	목적과 방향은 변화가능하고 상황에 따라 일정이 달라지며 자율적이고 융통성이 있다. • 상황에 맞추는 개방성 • 이해로 수용 • 유유자적한 과정 • 환경에 따른 변화 • 결론보다는 과정을 즐김

3) 16가지 성격유형

MBTI는 각 4가지의 선호성이 서로 결합되는 모습에 따라 총 16가지 성격유형으로 구분한다. 이로써 각 개인은 스스로의 성격을 이해하고 사람들 간의 상호작용을 이해하여 서로를 인정하고 이해할 수 있도록 한다.

<table>
<tr><td>ISTJ 소금형
한번 시작한 일은 끝까지 해내는 성격</td><td>ISFJ 권력형
성실하고 온화하며 협조를 잘하는 사람</td><td>ESTP 활동가형
친구, 운동, 음식 등 다양함을 선호</td><td>ESFP 사교형
분위기를 고조시키는 우호적인 성격</td></tr>
<tr><td>INFJ 예언자형
사람에 관한 뛰어난 통찰력을 가진 사람</td><td>INTJ 과학자형
전체를 조합하여 비전을 제시하는 사람</td><td>ENFP 스파크형
열정적으로 새 관계를 만드는 사람</td><td>ENTP 발명가형
풍부한 상상력으로 새로운 것에 도전</td></tr>
<tr><td>ISTP 백과사전형
논리적이고 뛰어난 상황 적응력</td><td>ISFP 성인군자형
따뜻한 감성을 가지고 있는 겸손한 사람</td><td>ESTJ 사업가형
사무적, 실용적, 현실적인 스타일</td><td>ESFJ 친선도모형
친절, 현실감을 바탕으로 타인에게 봉사</td></tr>
<tr><td>ISTJ 잔다르크형
이상적인 세상을 만들어가는 사람들</td><td>ISTP 아이디어형
비평적인 관점을 가진 뛰어난 전략가</td><td>ENFJ 언변능숙형
타인의 성장을 도모하고 협동하는 사람</td><td>ENTJ 지도자형
비전을 갖고 타인을 활력적으로 인도</td></tr>
</table>

플러스 tip

성격유형의 조합 방식

에너지의 방향인 내향, 외향을 각각 판단과 인식형으로 나누어 구분하고 인식의 방향인 감각, 직관을 판단 및 결정 기준의 사고와 감정으로 나누어 구분한 후 이를 조합하여 총 16가지의 성격유형으로 조합한다.

구분		감각형(S)		직관형(N)	
		사고형(T)	감정형(F)	감정형(F)	사고형(T)
내향형(I)	판단형(J)	ISTJ	ISFJ	INFJ	INTJ
	인식형(P)	ISTP	ISFP	INFP	INTP
외향형(E)	인식형(P)	ESTP	ESFP	ENFP	ENTP
	판단형(J)	ESTJ	ESFJ	ENFJ	ENTJ

3 DISC 유형

DISC는 1928년 콜롬비아 대학 심리학 교수인 William Moulton Marston 박사에 의해 개발된 행동유형 모델이다. 사람들이 자신의 환경에서 나름의 독특한 동기 요인에 의해 일정한 방식으로 행동하는 행동 패턴(behavior pattern 또는 행동 스타일; behavior style)을 4가지로 구분하였다. DISC 유형은 눈에 보이는 행동으로 자신과 타인의 행동경향 특징을 쉽게 이해하고 설명할 수 있어 일상생활 및 비즈니스 현장의 활용도가 높다.

1) DISC 모델의 분석 방향(전제)과 특징

유기적으로 이루어지는 인간의 정보처리 및 의사결정의 과정에 착안하여 환경과 성격의 상호작용에 따른 반응 행동을 분석한다.

① DISC 모델은 인간의 행동경향을 D형(주도형), I형(사교형), S형(안정형), C형(신중형)의 네 가지 유형으로 구분해 각 유형별 행동 경향의 특징을 보여준다.

② 사람의 행동은 그 사람의 성격에 의해 영향을 받는다. 내적인 성격 중 그 사람의 핵심을 구성하는 부분을 핵심성격(core personality traits)이 어떤 환경에서 어떤 상호작용을 통해 어떻게 행동하기를 선호하는지에 따라 각기 다른 행동으로 표현된다.

③ 성격은 유전적인 것과 특정 조건에서 사회화되고 습관화되는 환경적 영향이 결합되어 일정한 경향성을 지니게 되는 특징이 있다.

④ 사회활동이나 대인관계를 하는데 어떤 요인에 의해 동기부여 되는지의 여부도 중요하다.

2) DISC 인간행동 유형별 이해

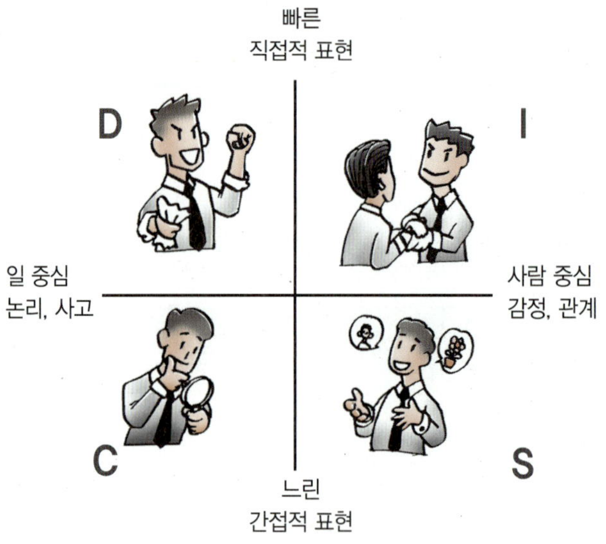

유형	D 주도형	I 사고형
이해	• 말이나 행동이 빠르며 외향적 • 사람보다 일에 우선순위	• 말이나 행동이 빠르고 외향적 • 일보다 사람관계에 우선순위
특징	• 결단력 • 핵심을 직선적으로 말함 • 고집이 세고 무모한 경향 • 결과 지향 • 생산성 우선	• 폭 넓은 대인관계 • 충동적이며 치밀하지 못함 • 현실적 이익과 충분한 검토 • 주도 면밀하고 보수적 • 현실적 결단
동기부여	• 남들이 모두 어려워하는 문제나 과제를 해결하는 '도전'이 동기유발의 자극이 됨 • 독선에 빠지지 않도록 주위 협조를 받아 일을 처리하는 노력이 필요함	• 사람들과 밀접한 관계 속에서 '사회적 인정'에 의해 동기 유발됨 • 조언이나 책망을 할 때 개선적 피드백이 효과적임
대응방향	• 명료, 핵심만 전달 • 목표와 결과의 언급 • 핵심적인 대안과 선택안의 제공	• 친근감과 관계 형성에 초점 • 사람들에 관한 의견과 아이디어 • 지속적인 관계의 유지와 존중감 전달

유형	C 신중형	S 안정형
이해	• 심사숙고하기 때문에 속도가 느리고 내향적 • 사람관계보다는 일에 우선순위	• 말이나 행동이 느리며 내향적 • 일보다는 사람관계에 우선순위
특징	• 분석적이며 세부사항에 관심 • 비판적, 비사교적일 수 있음 • 정확성을 추구, 비판적 사고 • 권위에 순응함	• 현상 유지하는 성향 • 우유부단할 수 있음 • 관계를 반영하여 의사 결정함 • 끈기와 충성심 • 업무 수행의 집중력
동기부여	• 추진 과업에 정확도를 높이고 높은 성과를 내는 '명확한 기준'이 제시되는 것으로 동기부여됨 • 기준이 불명확하고 정확성이 없을 때 혼란을 겪음 • 감정을 표현하는 것이 서투르므로 감정표현과 대인관계 부분에 대한 노력이 필요함	• 현 상태의 안정적 유지에 동기유발됨 • 대체로 자신에게 익숙한 방식이나 상태를 고수하려 함 • 익숙하지 못한 새로운 방식으로 혼란을 겪을 수 있음
대응방향	• 논리적이고 체계적 접근 • 제안의 장·단점을 명확히 제시 • 준비와 약속	• 인간적으로 진정한 관심 • 진솔하고 개방적으로 공통점 모색 • 개인적인 목표 수립과 성취 • 부드럽게 접근

4 빅 파이브(Big Five) 성격유형

앞 글자를 모아 오션(OCEAN)이라고도 하며, 개방성(Openness), 성실성(Conscientiousness), 외향성(Extraversion), 친화성(Agreeableness), 신경증(Neuroticism)의 다섯 가지를 일컫는다. 코스타와 맥크레이(Costa & McCrae, 1992, 2007)가 개발한 NEO-PI-R(NEO-Personality Inventory Revised)는 총 240문항으로 구성된 심리 검사인데, 여기에서 총 5가지의 요인으로 등장하였다. 빅 파이브(Big 5) 성격 모형은 소비자 행동이 다양하게 나타나는 원천을 설명하는 주요 개인적 근원으로 알려져 있다.

① 신경증 경향(neuroticism)

- 신경증 경향은 일반적 성격에서의 불안감과 우울함의 정도이다.
- 구체적인 특질은 '불안한', '우울한', '신경질적인', '스트레스에 약한', '걱정이 많은', '조급한' 등이며, 반대 특질은 '침착한', '차분한', '이완된' 등을 포함한다.
- 신경증 경향이 높은 사람들은 스트레스에 취약하고 비합리적인 의사결정을 할 가능성이 높다. 또한 불안과 자기통제의 부족으로 정보 처리에 어려움을 겪고 충동적 성향을 보인다(Kanfer & Heggestad, 1997). 따라서 신경증적인 소비자들은 서비스에 대한 실패나 불만족에 충동적 또는 신경질적인 반응을 보이고 상대적으로 높은 불평 반응을 보일 것으로 예측된다.

② 외향성(extraversion)

- 외향성은 5가지 요인 중에서 가장 활발하게 연구되어 왔다. 일반적으로 외향성과 내향성은 확연히 구분되는 특성이라고 여겨지지만, 상황에 따라 한 사람에게서 두 가지 모습을 가장 자주 볼 수 있는 특성이기도 하다.
- 사회성의 차원으로 사람을 좋아하고 집단화의 경향을 나타낸다.
- 주요 특질은 '사교적인', '사회적인', '능동적인', '적극적인', '말이 많은', '열정적인' 등이며, 반대 특질은 '내성적인', '조용한', '독립적인' 등을 포함한다.
- 외향성은 흔히 권력과 사회적 지배력을 향한 행동 양식으로 간주되며(Barrick et al., 2002), 이를 위한 사회적 관계를 중시하고 적극적이고 능동적인 소비 활동의 경향이 강하다.
- 자신의 내적 흥미에 관심을 두는 내향성과 반대의 개념이며, 사회적 맥락이나 주변 사람의 영향을 받기 때문에 사회적 관계에 민감하다.

③ 개방성(Openness to experience)

- 개방성은 지적인 자극을 추구하고 다양성을 선호하는 경향을 말하며, '상상력이 풍부한', '이상적인', '창조적인', '통찰력이 있는', '관심사가 넓은' 등이 주요 특질이고, '관습적인', '상상력이 부족한' 등이 반대 특질에 해당한다.
- 개방적인 사람들은 호기심이 많고 다양성을 추구하며 관습적인 가치를 따르지 않기 때문에 혁신적인 소비 경향이 있다.

④ 호감성(agreeableness)

- 동조, 혹은 친화성으로도 불리며 협력적이고 이타주의 성향을 나타낸다.
- '이타적인', '동정적인', '예의 바른', '관대한', '협력적인', '우호적인' 등을 주요 특질로 하고, 반대 특질은 '적대적인', '냉정한', '무례한', '불친절한' 등을 포함한다.
- 호감성이 높은 사람들은 타인과 쉽게 공감하고 경쟁보다는 협동을 선호하고 남을 돕는 것을 즐긴다.
- 보통 호감적인 사람들은 타인과의 조화를 추구하고 집단적 성향을 보이기 때문에 적대적 성향의 소비자들보다 불평 행동에 관대하다.

⑤ 성실성(conscientiousness)

- 성실성은 질서를 추구하고 계획적인 활동을 선호하며 성취 지향의 경향을 의미한다.
- 주요 특질은 '철저한', '조직적인', '꼼꼼한', '자기 확신이 강한', '믿음직한', '열심히 일하는', '책임감 있는' 등이며, 반대 특질은 '부주의한', '무계획적인', '무책임한' 등을 포함한다.
- 성실한 사람은 계획적이고 성취 지향적이며 조직적인 활동을 선호하는 반면 성실성이 낮은 사람은 부주의하고 비계획적인 활동을 선호한다.
- 소비 행동의 맥락에 비추어 볼 때, 높은 성실성은 체계적 의사 결정과 관련되지만 낮은 성실성은 쾌락적 의사 결정과 관련될 수 있다.

플러스 tip

기타 다양한 성격 분류 이론

① **조해리의 창** : 심리학자인 조셉(Joseph Luft)과 해리슨(Harry Ingham)에 의해서 개발되어 조해리(Joe + Harry =Johari)의 창이라고 명명된 대인관계 분석 틀이다. 자신의 시각에서 두 가지(자신이 아는 나, 자신이 모르는 나), 그리고 타인의 시각에서 두 가지(타인이 아는 나, 타인이 모르는 나)를 결합해 네 가지로 창의 영역을 구분하는 개념으로 자기 노출의 정도와 피드백에 대한 수용 정도에 따라 영역을 나눈다.

열린 창(Arena) 개방형(호감/경박) 나도 알고 타인도 아는 영역	*장님 창(Blind spot)* 자기 주장형(독단/독선) 나는 모르고 타인은 아는 영역
가면의 창(Mask) 신중형(수용/고독감) 나는 알고 타인은 모르는 영역	*잠재영역 창 (Potential)* 고립형(개발을 위한 가능성) 나도 모르고 타인도 모르는 영역

창의 넓이에 개방형, 자기주장형, 신중형, 고립형으로 나누어 대인 관계의 발전 방향의 개선점을 알아볼 수 있다.

② **교류분석(Transactional Analysis : T.A)** : 정신과 의사인 에릭 번(Eric Bern)이 창시한 상담 또는 심리치료 이론으로 사람들이 심리학적으로 어떻게 구조화되어 있는지, 또 자신의 성격을 어떻게 표현하는지를 이해하는 데 도움을 준다. 교류분석은 사람들의 심리적 근간을 여섯 가지 성격적응 유형으로 나누고 있으며, 실제적으로는 두 개 이상의 성격적응 유형의 특징이 복합적으로 나타나는 것이 일반적이다.

성격적응 유형	성격 특징	행동 묘사
열정적 과잉 반응자	다혈질, 과잉반응성, 정서적 불안정, 극적임, 주변의 시선 끌기, 에너지가 많음, 타인의 감정에 대한 관심, 상상력	미숙함, 자기중심성, 허영심, 의존성, 유희성, 매력적, 재미있는
책임감 있는 일 중독자	순응적, 성실함, 책임성, 신뢰성, 무감동적인 생활, 냉정, 차가운, 무미건조한, 이론적, 합리적, 객관적, 현실지향	완벽주의자, 과잉억제, 공손함, 긴장, 의존할 수 있는
재기형 회의자	사고의 경직성, 과장, 투사적, 훌륭한 사고자, 높은 기대, 최상 지키기, 상세함	과잉 간섭 보호, 맹목적 애정 시기, 폐쇄적 · 억압적 시기
창의적 몽상가	수동성, 백일몽, 회피, 예술적 · 창의적 사고, 타인에 대한 관심	부끄러움, 과잉민감, 외향적, 배려, 지지, 유쾌한, 친절한
유희적 반항자	공격성, 증오의 표시, 과잉의존, 스스로 생각하겠다는 결단, 문제의 양면 고려	방해, 뿌르퉁, 고집있는, 활기찬, 장난기, 집요한
매력적 조작자	반항과 갈등, 흥분 추구, 낮은 좌절 수용력, 고도의 정력, 목표 지향, 우월한 독자적 사고, 자유방종	자기중심적, 무감각 무책임, 충동적, 매혹적, 카리스마, 공격적, 달변, 촉진, 조작적

Chapter 04 고객의 의사결정 과정

고객이 기업의 상품, 서비스에 대해 판단하는 각 과정에서 일어나는 다양한 결정과 행동의 기준 및 변화의 요소를 이해하는 것은 매우 중요하다. 고객의 의사결정 과정상에서의 세부적인 영향 요소들을 이해함으로써 서비스 현장에서의 고객 결정을 예측하고 적극적으로 응대할 수 있다.

고객 의사결정 과정의 대표적인 모델은 다음과 같다.

문제 인식 ➡ 대안 평가 ➡ 구매 ➡ 구매 후 행동

1 문제의 인식

고객은 새로운 문제나 욕구를 인식하게 되면 상품, 서비스에 대한 의사결정의 단계를 시작하게 된다.

① 문제 인식의 의미

고객이 충족되지 않은 욕구 혹은 현 상태에서의 불편 요소나 문제점들을 인식함으로써 이를 충족하거나 해결하고자 하는 것을 의미한다.

② 문제 인식 요인

㉠ 상품, 서비스 사용상에서의 변화 : 상품이 다 소모되거나 고객의 욕구를 충족시키지 못할 경우, 즉 이용하던 상품의 품질 저하나 자주 문제가 발생해 다른 구매를 요청하게 될 경우 등을 말한다.

예 자주 이용하는 식당이 너무 시끄러움. 폐업을 한다.

㉡ 고객의 내적 욕구의 변화 : 고객의 무의식에서의 열망의 발현 및 욕구의 수준이 변하여 새로운 문제나 요구가 발생한 경우

예 색다른 주말 외식으로 가족 화목을 도모해야 겠다.

㉢ 외부적 요인 : 타인과의 관계나 외부적 상황의 변화, 기업의 마케팅 활동에 의한 경우

예 주거지 근처에 새로 오픈한 패밀리 레스토랑의 화려한 오픈 행사

2　정보 탐색 단계

고객은 욕구나 문제가 인식되어 이를 해결하기 위한 대안를 떠올리게 되고 각 대안들을 평가하기 위한 정보를 탐색, 수집하게 된다.

① 정보 탐색의 방법

　㉠ 내적 탐색 : 고객의 기억 속에 내재된 정보를 자연스럽게 떠올리는 과정

　　　– 상품, 서비스에 대한 태도와 상품, 서비스에 대한 과거의 경험, 지식 등

　　　– 내적 탐색은 각 고객의 지식 수준, 기억 속 유용한 정보의 양과 적합성 등에 따라 달라진다.

　㉡ 외부적 탐색 : 내적 탐색만으로 불완전한 경우, 의사결정 과정에서 더 많은 정보가 필요하다고 판단되는 경우에는 외부로부터 정보를 탐색하게 된다.

　　　– 기업 제공 정보 원천 : 광고, 홈페이지, 서비스 제공자의 설명 등

　　　– 개인적 원천 : 가족, 친지, 지인 등에게 탐색

　　　– 경험적 원천 : 직접 서비스를 사용해 볼 수 있는 기회를 탐색

　　　– 중립적 원천 : 언론 매체를 통한 자료 수집, 객관적인 기관의 자료 등을 통해 정보 수집 (보편적으로 기업 제공 정보에 비해 고객 신뢰도가 높은 정보)

② 정보 탐색의 수준

관여도가 낮은 상품, 서비스의 경우에는 정보 탐색 단계의 비중이 낮으며, 관여도가 큰 경우에는 정보 탐색 의지가 크고 다양한 정보원을 이용하여 적극적으로 탐색하게 된다.

③ 정보 탐색의 내용

고객의 욕구 충족에 필요한 상품, 서비스의 일반적인 특성과 필요한 수량 등을 충족시킬 수 있는 규격이나 신뢰도, 내구성, 가격 및 기타 속성 등을 탐색한다.

3　대안평가 단계

고객은 탐색한 정보를 각자의 평가기준에 따라 비교·분석하고 이를 평가하는 과정을 통해 최적의 대안을 선정하게 된다.

① 대안 평가과정

　㉠ 평가의 기준 : 가격, 품질, 상표인지도, 이미지, 서비스에 대한 고객 기대 등을 의미하며 다음의 원인에 의해 달라질 수 있다.

– 평가 기준은 고객의 구매 목적, 동기, 생활 방식 등에 따라 달라진다.

– 평가 기준은 객관적인 부분 뿐 아니라 주관적인 부분도 존재할 수 있다.

– 평가 기준은 각 대안의 특성에 따라 그 중요도가 달라지게 된다.

ⓛ 신념의 형성 : 평가 기준에 의거한 각 대안들에 대해 고객의 생각, 인식의 수준이 결정되는 단계이다.

ⓒ 태도 : 보수적, 적극적, 긍정적, 부정적 등 다양한 태도가 형성되며 동일한 정보를 동일한 평가 기준으로 평가하고 인지하여도 고객의 태도는 다르게 형성될 수 있다.

ⓔ 의도 : 고객에게 형성된 최종적인 태도를 바탕으로 구매 의도가 형성되는 단계이다.

② 대안 평가의 방법

㉠ 보완적 방식의 대안 평가

대안별로 여러 개의 평가 기준을 사용하여 이를 수치화하여 가장 높은 평가를 받은 대안을 선택하는 방식

– 강점을 가진 속성이 약점이 되는 속성을 보완하는 방식이다.

> 예 A: 가격/10점. 근접성/3점. 서비스 기대치/5점 =〉 총점/18점
>
> B: 가격/6점. 근접성/6점. 서비스 기대치/5점 =〉 총점/17점
>
> =〉 총점 18점인 A안 선택. 가격 강점이 근접성의 약점을 보완함

– 단순한 수치화의 오류를 극복하기 위해 각 평가 기준에 대한 가중치를 둘 수도 있다.

> 예 가격 가중치 20%, 근접성 40%, 서비스 기대치 40%인 경우
>
> A: 가격/10점. 근접성/3점. 서비스 기대치/5점 =〉 2+1.2+2=5.2
>
> B: 가격/6점. 근접성/6점. 서비스 기대치/5점 =〉 1.2+2.4+2=5.6
>
> =〉 총점 5.6으로 B안 선택. 가중치를 고려할 때 근접성의 장점이 나머지를 보완함

㉡ 비보완적 방식의 대안 평가

대안별 다양한 평가의 기준에서 약점이 다른 평가 기준의 강점에 의해 보완되지 않도록 평가 방식을 구성한다.

속성	속성별 처리
사전 편찬식	고객이 가장 중요하다고 판단하는 평가기준에서 최상으로 평가되는 대안을 선택하는 방식으로, 두 개 이상일 경우 다음으로 중요한 평가 기준을 다시 적용하여 선택 예 가까운 거리가 가장 중요한 경우 – 5개 대안 중 2개 선정. 그 다음으로는 서비스 기대치가 중요 – 두 개 대안 중 최종 선정함

순차적 제거식	중요한 평가 기준부터 순차적으로 최저 기준을 만족하지 못하는 대안을 제거하여 최종 남은 대안을 선택 예 근접성이 최소 10km 이내여야 함 – 5개 대안 중 2개 제거. 그 다음으로 서비스 기대
분리식	평가기준별로 각각 최소치를 정하고 각 대안이 한 가지 평가 기준에서라도 최소치를 초과하는 대안들 중에 선택  예 근접성 최소 10km 이내 or 서비스 기대치 5점 이상 or 가격 6점 이상
결합식	평가기준별로 각각 최소치를 정하고 모든 평가 기준에서 최소 기준을 넘는 대안을 선택한 후 각 대안별로 모든 속성을 평가한다. 예 근접성 최소 10km 이내 and 서비스 기대치 5점 이상 and 가격 6점 이상의 모든 조건 만족해야 한다.

고관여 의사결정 시의 보완적 선택에 영향력을 미치는 서비스

구매 결정에 참여도가 높고 의사결정의 과정이 상대적으로 복잡한 고관여 상품, 서비스 구매에 있어서는 보완적 방식의 대안평가가 이루어지는 경향이 있습니다. 즉 고관여 상품, 서비스의 경우 고객은 평가의 기준이 될 수 있는 모든 요소를 골고루 평가하게 되며, 각 평가 기준의 중요도나 우선순위 등에 따라 최종적인 선택이 달라지게 됩니다. 따라서 서비스 현장에서는 고객 의사결정의 '기준과 원칙'을 고객에게 알리고 홍보함으로써 평가 기준에 영향을 미칠 수 있습니다. 서비스 제공자가 해당 상품, 서비스에 대한 정보를 제공함에 있어 고객이 효과적으로 의사결정 할 수 있도록 평가 기준에 대해 알려 줄 수 있다면 고객의 만족도가 높아짐과 동시에 해당 상품, 서비스를 선택할 가능성도 높아지게 됩니다. 고객에게 이러한 정보를 객관화시켜서 전달하는 역량을 가꾸는 것이 필요합니다.

③ 고객의 선택에 영향을 미치는 다양한 효과

고객의 의사결정은 합리적으로만 이루어지지 않는다. 다음은 고객의 '선택'에 영향을 미치는 다양한 심리적 효과로 고객의 실질적인 의사결정에 많은 영향을 미치고 있다.

심리적 효과	내용
손실 회피	• 동일한 가치를 얻었을 때 보다 잃었을 때를 더 중요하게 받아들이는 보편적인 인간 심리 • 대안 선택의 과정에 있는 위험, 손실의 염려 등은 이에 대응하는 동질의 혜택에 비해 더 크게 받아들여지며, 고객은 이러한 위험과 손실을 회피하는 선택을 하는 경향

사회적 입증	• 대중의 판단이나 행동에 영향을 받는 보편적 심리 • 고객은 다수의 다른 고객들이 구매하고 있다는 사실을 선택의 기준으로 삼는 경향
후광 효과	• 상품, 서비스의 다양한 평가 요소에 특별히 두드러지는 일부 속성이 다른 모든 평가를 초월하여 전체적인 평가에 영향을 미친다. • 고객은 확연히 두드러지는 특정한 평가에 의해 선택을 결정하기도 한다.
유인 효과 (대비, 비교 효과)	• 기존의 대안들과 비교되어 현재의 대안이 월등히 탁월해 보이는 효과 • 평가의 기준이 되는 다른 대안(열등한 대안)들을 제시함으로써 현재의 대안이 우월해 보이게 하는 마케팅 요소로 사용된다.
프라이밍(Priming) 효과	• 첫인상, 첫경험 등으로 각인된 정보와 이미지가 이후 모든 선택과 결정에서 강하게 회상되어 막대한 영향을 미치는 효과 • 최초에 형성된 고객 자신의 믿음을 유지하고 이에 반하는 정보를 거부하고자 하는 심리로 고객은 처음의 느낌과 경험을 중시하는 경향을 보인다(유사 표현 : 맥락 효과, 초두 효과).
프레이밍(Framing) 효과	• 기준점을 어떻게 설정하느냐에 따라 동일한 내용도 다르게 판단되는 행동경제학의 대표적 이론 • 고객이 선택하고자 하는 여러 대안도 어떻게 구성하느냐에 따라 이득으로 비춰지기도 하고 손실로 여겨지기도 한다.

고객 관심사의 변화(마이클 보스워스, 솔루션 셀링)

고객은 구매 의사결정의 과정에 있어 4가지의 관심사를 가지고 있으며, 이는 의사결정 과정에서 그 중요도가 변화하고 있다.

① 니즈 : 이 상품과 서비스가 나에게 필요한 것인가?에 대한 관심

② 가격(비용) : 얼마 정도의 비용이 소요될 것인가?에 대한 관심

③ 솔루션 : 이 상품과 서비스가 나의 니즈를 해결해 줄 수 있는 최적의 솔루션인가?에 대한 관심

④ 리스크 : 이 상품과 서비스를 구매하거나 혹은 구매하지 않을 때 나에게는 어떤 리스크가 있을 것인가?에 대한 관심

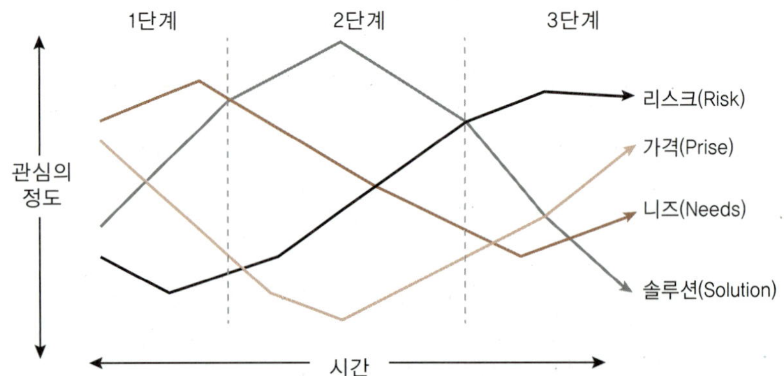

고객의 관심사는 다음의 과정으로 변화한다.

㉠ 초기 과정에서는 니즈와 가격에 영향을 많이 받는다. 즉 나에게 필요한 것인지, 혹은 가격의 적정선을 유지하고 있는지에 의해 판단하게 된다.

㉡ 의사결정의 중간 과정에서는 현재 검토중인 대안(들)이 나의 니즈를 충족해 줄 것인지, 또한 그럴 수 있는 최적의 솔루션인지에 집중한다. 품질과 가치 등에 초점을 맞춰 평가하게 된다.

㉢ 의사결정의 마무리 과정에서는 새로운 변수인 리스크가 강조된다. 리스크는 구매 혹은 구매를 포기하였을 경우 어떤 위험, 불안 요소가 있는지를 확인하고자 하는 요소이다. 또한 처음에 중요했던 가격에 대한 부분을 점검하고 검토하게 된다.

■ 시사점 : 고객의 구매 의사 결정에 필요한 4가지 요소가 과정의 흐름 속에서 그 중요도가 변화하고 있으므로 이는 서비스 제공에 있어 과정별로 고객이 어떤 부분을 더 중시하여야 하는 가의 기준이 될 수 있다.

4 구매(Purchase)

구매 결정에서 실질적인 구매 행위로 이어지는 과정이다.

1) 구매 결정

① 구매 결정시 고려 사항

㉠ 자신의 욕구, 경제적 능력 등

㉡ 구매 시기, 구매 장소, 대금 지불 방법, 상품과 서비스의 구체적인 세부사항 결정, 기타 구매 조건 등

② 구매 시점에서의 추가적 결정 요인 : 잠정적 결정이 구매 시점에서 다음의 요소에 의해 확정 혹은 변경될 수 있다.

㉠ 구매 환경 : 구매가 일어나는 물리적 환경(진열, 배치와 동선, 혼잡성, 인테리어, 냄새, 온도 등)

㉡ 구매 시점에서 인지한 추가적인 상품, 서비스의 속성(각종 홍보물, 서비스 제공자의 안내와 추가 정보, 기타 경험적인 속성 등)

㉢ 커뮤니케이션의 상황 : 구매 결정 이후에 접하게 되는 구전, 홍보와 서비스 제공자의 상품, 서비스에 대한 설명과 관계 형성 등

2) 고객의 구매 행동 유형

① 관여도에 따른 고객의 구매 유형 분류

	고관여	저관여
최초 구매	복잡한 의사결정 (포괄적 문제 해결)	다양성 추구 (제한적 문제해결 or 회상적 문제해결)
반복 구매	상표 충성도 (brand loyalty)	관성적 구매 (inerita · 가식적 충성도)

　㉠ 복잡한 의사결정 : 관여도가 높은 고객이 사전 구매 경험 없이 최초로 구매하는 경우

　㉡ 상품 애호도가 높은 충성구매 행동 : 관여도가 높은 고객이 구매한 상표에 만족하여
　　반복적인 구매 행동을 하게 되는 경우

　㉢ 다양성 추구 행동 : 관여도가 낮은 고객이 여러 가지 상표를 시도하는 행동

　㉣ 관성적 구매 행동 : 관여도가 낮은 고객이 습관적으로 동일 상품을 반복 구매하는 행동

구매 행동 유형별 서비스 제공자의 유의점

고객은 의사결정에 관여도가 높은 고관여 상품, 서비스의 경우에는 의사결정 과정이 이성적, 합리적으로 진행되기를 원합니다. 비록 실제로는 비합리성이 존재한다하더라도 이를 원하거나 인정하지는 않습니다. 따라서 서비스 제공자는 고관여 상품의 의사결정에 있어 고객에게 구매 결정에서의 명확하고 합리적 기준을 탐색하여 지지해 주는 역할을 수행해야 합니다. 이는 구매 경험이 많고 적음과 관계 없이 고객의 구매 만족도를 높이는 서비스입니다. 또한 저관여 상품, 서비스의 경우에도 서비스 제공자는 고객의 편익, 혜택 등을 고객에게 적절히 전달하여 반복적 구매를 위한 구매 만족도 향상에 노력해야 합니다.

3) 구매 행동시 지각적 위험에 따른 영향 요인

잠정적 구매 결정이 구매 행동으로 이어짐에 있어 다음의 위험 요소들을 인식하며 최종 점검하려 하는 경향을 보인다. 이는 결정 과정에서의 위험 회피 심리(손실회피)에 해당하는 과정이며, 각 위험들의 인지 수준이 높아지면 구매 결정이 미뤄지거나 실패할 수 있다.

위험 요소	내용
기능적 위험	기대만큼 기능면에서 만족도가 떨어질 경우

신체적 위험	사용자나 타인의 신체나 건강상의 문제에 위험을 초래할 경우
재무적 위험	지불한 가격만큼 가치가 없다고 느낄 경우
사회적 위험	다른 사람들을 당황스럽게 하거나 불편을 끼칠 경우
정신적 위험	사용자의 정신적 행복에 반하는 영향을 미칠 경우
시간적 위험	불만족이 다른 만족스러운 제품을 찾아야 하는 기회비용을 초래할 경우

5 구매 후 행동(Post Purchase Behavior)

1) 구매 후 행동 단계의 의의

① 구매한 다음 그 결과를 평가하는 단계

② 구매 이후 고객이 느끼는 만족도를 고객이 평가하고 이를 행동으로 표현하는 단계

③ 구매 결과에 대한 만족 및 불만족의 지표는 고객 본인의 향후 의사결정 뿐 아니라 다른 사람의 구매 의사결정에까지 영향을 미치게 되는 중요한 의미를 지닌다.

④ 구매 후 행동의 중요성은 단순한 재구매 유도의 문제를 넘어 고객과의 우호적 관계 형성의 영향력에 그 궁극적인 의미가 있다.

2) 기대 불일치 모형

고객은 구매 후 다음의 과정을 거치게 된다.

만족, 불만족의 평가 → 원인 및 책임 추론 → 구매 후 행동

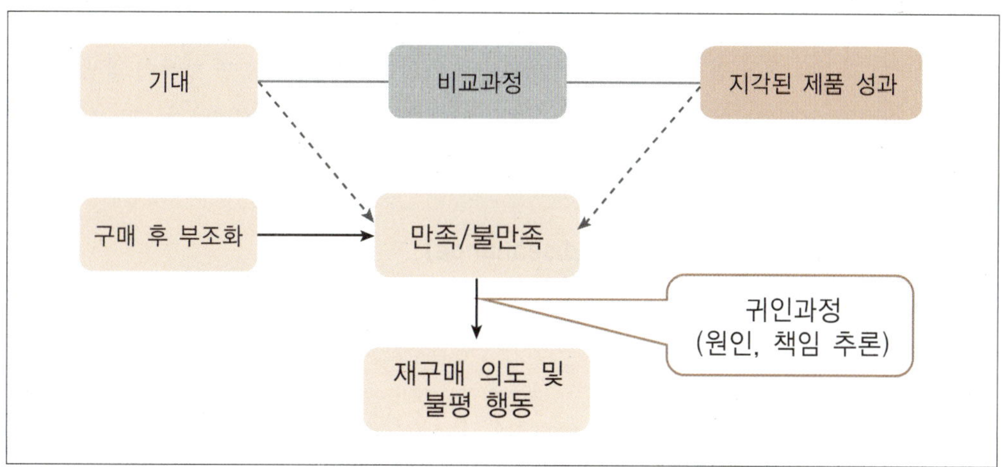

① 고객이 느끼는 상품, 서비스에 대한 만족 여부는 구매 이전의 기대와 실제 구매 후 경험치에서의 성과와의 차이에서 발생한다.

② 소비자 만족/불만족에 영향을 미치는 세 가지 요인

일치/불일치 (confirmation/disconfirmation)	사전 기대와 지각된 성과와의 차이. 단순 일치와 긍정적 혹은 부정적 불일치
지각된 성과 (perceived performance)	상품, 서비스 구매 후 경험을 통해 인지하는 만족, 성과의 정도
기대(expectation)	상품, 서비스의 구매 이전에 고객이 예상하고 기대한 만족의 정도

③ 기대가 지각된 성과에 미치는 영향

동화 효과 (assimilation effect)	성과와 기대가 다를 경우 성과를 기대에 동화시켜 기대방향으로 지각하는 경우이다.
대조 효과 (contrast effect)	성과가 기대에 미치지 못하는 경우 분노를 느껴 실제보다 성과를 더 낮게 평가하고 성과가 기대를 초과하는 경우 실제보다 성과를 더 높게 평가하게 되는 상황을 의미한다.
동화 – 대조 효과 (assimilation · contrast effect)	불일치에 대한 허용 범위 내에 들면 기대와 별 차이 없는 것으로(동화 효과) 인식하고 허용 범위를 초과하면 실제의 차이보다 더 큰 차이로 인식(대조 효과)하게 된다.

④ 귀인과정(원인 및 책임 추궁)

　㉠ 고객은 기대와 성과의 차이를 발견하면 구매 행동의 이유를 외부적 상황 탓, 또는 내부적 성향으로 돌리는 과정을 거친다.

　㉡ 특히 기대에 못 미치는 부정적 불일치가 발생하면 심리적 불편함을 느끼게 되고 만족/불만족의 원인과 책임에 대해 인과추론(causal inference)을 하는 경향이 생긴다.

　㉢ 이러한 과정을 거쳐 결정된 원인과 책임의 결과로 인해 재구매 및 불만 행동이 발생된다.

　㉣ 그 원인이 지속적이면서 기업의 잘못으로 일어나 통제 가능한 것이었다고 판단되면 더 큰 불만족을 발생시키며 상품, 서비스의 제공 기업에 최종 원인이 귀인되게 된다.

3) 구매 후 부조화(post-purchase dissonance)

소비자는 구매 이후 만족/불만족 평가 전에 자신의 선택에 대한 불안감을 느낀다.

① 부조화 발생의 원인

　㉠ 자신이 선택한 대안에 없는 장점이 선택하지 않은 대안에 있는 경우

　㉡ 구매의 결정을 취소할 수 없을 때

ⓒ 선택하고 싶은 대안이 여러 개 있을 때

② 고객이 전적으로 자기 의사에 따라 결정하였을 때

⑩ 관여도가 높은 경우

② 고객의 부조화 감소 노력

㉠ 선택한 대안의 장점을 의식적으로 강화시키고, 단점을 약화시키는 경향

ⓒ 선택하지 않은 대안의 장점을 의식적으로 약화시키고, 단점을 강화시키는 경향

ⓒ 자신의 선택을 지지하는 정보를 탐색하고, 반박하는 정보를 회피하는 경향

② 의사결정 자체를 그리 중요하지 않은 것으로 생각하려는 경향

③ 기업의 부조화 감소 전략

㉠ 구매에 대한 감사 서신, 전화 등을 통해 고객의 선택을 지지하는 후속 서비스

ⓒ 품질 보증, AS, 불만 관리 등으로 고객 서비스를 강화

ⓒ 구매 후 만족감을 강조하는 광고 등의 대외적 커뮤니케이션 강화

② 실질적인 상품, 서비스의 품질 향상의 노력

4) 최종적 고객 행동

① 구매 후 불만족한 경우 재구매 거절 및 주변인에게의 부정적 구전은 물론 교환, 환불 및 소비자 단체나 정부기관으로의 고발 등의 강력한 불만 표출의 원인이 될 수 있다.

② 구매나 사용 후 만족은 동일 상품, 서비스 및 동일 기업의 다른 상품, 서비스의 재구매시 정보의 탐색이나 여러 가지 대안의 평가를 축소, 생략하고 재구매 확률을 높일 수 있게 한다.

- **고객** : 협의의 개념에서는 상품과 서비스를 구매하거나 이용하는 사람이지만 광의의 개념에서는 상품과 서비스 생산, 제공 및 이용에 참여하는 모든 사람들을 포함하기도 한다. 즉 외부 고객인 소비자와 내부 고객인 기업 내 동료, 협력 업체 등을 포괄하는 용어이다.

- **고객의 중요성** : 수요와 공급의 불균형으로 기업의 수요자인 고객이 중요해진다. 공급자간 치열한 경쟁은 고객 관점의 경영과 적극적인 고객 지향으로 이어진다.

- **기업과 고객 관계에 따른 고객 분류** : 서비스 구매 경험은 없지만 가능성이 있는 잠재고객, 구매를 검토중인 가망고객, 처음 구입한 신규고객, 2회 이상 구입한 기존고객, 반복적, 안정적으로 구매하는 충성고객으로 나누어진다.

- **마케팅 대상 관점에서의 고객 분류** : 소비자, 구매자, 구매 승인자, 구매 영향자

- **구매 및 소비 행동에 영향을 미치는 다양한 요인** : 사회 계층, 가족, 문화적 요인 등의 사회적 요인. 연령, 직업, 라이프 스타일 등의 개인적 요인. 동기, 태도 등의 심리적 요인

- **기능적 필요 & 비기능적 욕구** : 1차적 결핍의 상태를 해결하기 위한 필수적인 니즈인 기능적 필요와 2차적인 희망과 풍요에 대한 추구에서 비롯된 니즈인 비기능적 욕구

- **고객 니즈 발전 단계로 이해하는 5가지 니즈 분류** : 잠재 니즈, 보유 니즈, 핵심 니즈, 현재 니즈, 가치 니즈

- **구매 행동의 특성** : 비용 지불을 동반하는 목표지향적 행동이며 고객이 주체적으로 선별하여 정보처리 과정을 거침. 고객의 구매 동기와 행동은 시간의 흐름에 따라 변화하고 기업의 마케팅 활동에 영향을 받게 된다.

- **구매 참여자** : 1인인 경우도 있지만 다수인 경우도 있다. 제안자, 정보 탐색자, 정보 통제자, 영향력 행사자, 의사 결정자, 구매자, 사용자가 있다.

- **저관여, 고관여 목적물** : 고객이 구매에 이르는 과정, 가격, 고객 만족의 영향력과 기간에 따라 나누어진다. 저관여는 브랜드, 구매 편익 등의 외부 요소, 고관여는 본질적인 품질 등의 내부 요소에 의해 좌우되는 경향

- **체계적, 비체계적 구매 행동** : 고관여이면서 구매 경험이 적은 경우는 체계적이고 합리적인 구매 행동을 보이게 된다. 그렇지 않은 경우에는 상품, 서비스의 브랜드 충성도에 따라 구매하거나 다양성을 추구 및 습관적 구매 등의 비체계적 구매 행동을 보이게 된다.

- **AIDMA 모델 :** 주의, 관심, 욕구, 기억, 실행의 단계를 의미한다. 고전적인 고객 구매 심리의 대표 프로세스

- **고객 성격유형 :** 고객은 고객으로서의 특수성과 함께 자연인으로서의 개별 인격의 특성을 보유하고 있으며, 이러한 성격과 기질을 심리적 유형으로 구분하여 학습할 수 있다.

- **고객 의사결정 과정 모델 :** 문제 인식, 정보탐색, 대안평가, 구매, 구매 후 행동

- **고객의 문제 인식 :** 충족되지 않은 욕구 혹은 현 상태에서의 불편 요소나 문제점을 인식함으로써 이를 충족하거나 해결하고자 하는 것을 의미한다.

- **문제 인식의 요인 :** 상품, 서비스 사용상에서의 변화, 고객의 내적 욕구의 변화, 외부적 요인에 의해 발생된다.

- **정보탐색의 수준 :** 관여도가 낮은 경우 비중이 낮으며, 큰 경우에는 정보탐색의 의지가 크고 다양한 정보원을 이용하여 적극적으로 탐색하게 된다.

- **내적 탐색과 외부적 탐색 :** 고객의 기억 속에 내재된 과거의 경험이나 지식 등을 떠올리는 내적 탐색. 내적 탐색만으로 불완전한 경우 더 많은 정보를 얻기 위해 외부로부터 정보를 탐색하는 외부적 탐색

- **보완적 방식의 대안 평가 :** 평가 기준을 입체적으로 수치화 하여 최상의 대안을 선택하는 방식

- **비보완적 방식의 대안 평가 :** 중요한 평가 기준 혹은 최소의 기준 달성 등을 조건으로 대안을 선택하는 방식(사전 편찬식, 순차적 제거식, 분리식, 결합식)

- **고객의 선택에 영향을 미치는 다양한 효과 :** 손실 회피, 사회적 입증, 후광 효과, 대조, 비교의 효과, 프라이밍 효과, 프레이밍 효과

- **고객 관심사의 변화 :** 구매 의사결정 과정에서의 4가지 관심사. 니즈, 가격, 솔루션, 리스크가 검토 과정에서 변화한다.

- **구매 후 기대 불일치 모형 :** 고객이 느끼는 상품, 서비스에 대한 만족의 여부는 구매 이전의 기대와 실제 구매 후 경험치에서의 성과와의 차이에서 발생한다.

- **구매 후 부조화 :** 소비자는 구매 이후 만족/불만족 평가 전에 자신의 선택에 대한 불안감 느낌

사례형, 통합형 문제 대비하기

- 고객의 구매 혹은 소비의 서비스 상황을 구체적으로 제시하고 다양한 고객 분류법을 적용해 보는 질문이 제시된다.

- 서비스 현장에서의 고객들의 반응을 통해 고객들의 보편적 기대 심리를 어떻게 해석할 수 있을 것인가를 확인할 수 있다.

- 구체적인 서비스 상황에서 고객의 분류별 서비스 응대 및 실행 방향을 판단할 수 있는가를 측정한다.

- 소비자 행동에 영향을 미치는 요인을 찾아내기 위한 구체적인 고객 서비스 상황이 제시될 수 있다.

- 매슬로우의 욕구 5단계 이론을 고객 서비스 상황별로 이해하고 적용할 수 있어야 한다.

- 서비스 상황에서의 고객의 심리적, 상황적 요소를 제시하고 이를 통해 고객 니즈를 구분하고 더불어 고객 니즈별로 서비스 제공자가 어떤 역할을 수행하여야 할 것인가를 판단할 수 있는지 측정한다.

- 고객 구매 심리 상태 및 변화를 구체적인 사례로 제시하여 이를 AIDMA 모델로 해석할 수 있는가를 확인한다.

- 고객의 의사결정 과정을 실제 고객의 구매 과정으로 이해하고 있는지 확인한다.

- 단계별 서비스 상황에서 고객 관심사의 변화를 유추하고 이를 통해 서비스 제공자의 적절한 역할을 질문하게 된다.

- 고객의 다양한 구매 후 상황을 고객 심리로 해석하여 기대 불일치 모델과 부조화 이론 등으로 표현하고 서비스 제공자의 이해도 및 역할을 평가한다.

≫ 실력 평가 문제

01~15   선다형

01 다음 중 고객에 대한 설명으로 잘못된 것은?

① 고객은 기업의 상품과 서비스를 구매하거나 이용하는 사람이다.

② 광의의 해석에서의 고객은 상품과 서비스를 생산, 제공하고 이를 이용하는 과정에 관계된 자기 자신을 제외한 모든 사람으로 볼 수 있다.

③ 수요와 공급의 불균형으로 인해 고객의 중요성이 더욱 강조되고 있다.

④ 고객의 어원으로 볼 때 고객은 기업의 입장에서 반복적인 구매를 하는 사람들을 의미한다.

⑤ 기업 내 동료, 협력 업체 등은 기업의 고객 범주에 넣을 수 없다.

(해설) 기업의 종업원, 동료, 상사 및 협력 업체 모두를 내부 고객의 범주에 넣은 고객으로 이해할 수 있다.

02 고객 심리의 보편적 특성에 대한 설명이다. 잘못된 것은?

① 고객은 자기 중심적이다. : 자신의 기준과 잣대를 통해 상황을 판단하려는 경향이 있다.

② 고객은 서비스에 대한 보상 심리가 있다. : 고객은 자신이 구매한 수준에서 적절하다고 생각하는 수준의 서비스를 기대한다.

③ 고객은 환영과 존중에 대한 기대 심리가 있다. : 고객은 언제나 중요한 사람으로 인식되고 존중받기를 기대한다.

④ 고객은 고품질을 요구한다. : 고객은 최고 수준의 품질을 요구하므로 가격적 요소보다는 어느 정도 수준의 품질인가를 더 중요하게 판단한다.

⑤ 고객은 특별한 대우를 받고 싶어 하는 독점 심리가 있다. : 고객에 대한 특별한 표현이나 고객 상황에 맞는 대우는 이러한 독점 심리를 만족시킬 수 있다.

(해설) 고객은 품질에 대한 기대를 가지고 있지만 동시에 가격에 민감하다. 따라서 고객이 기대하는 최소 수준 이상의 내구성이 기본적으로 충족되어야 한다는 것이 고객의 품질에 대한 심리적 특성이다.

Answer   1. ⑤   2. ④

03 다음은 고객에 대한 분류이다. 틀린 것은?

① 고객의 라이프 스타일이나 욕구, 준거 집단 등을 통해 고객을 분류하는 것은 인구학적 정보에 의한 고객 분류이며, 고객에 대한 심층적인 이해를 돕는 분류 기준이다.

② 회사에 관련한 정보인 종업원 수, 소속업종 등은 기업간 거래시에 필요한 기업 정보에 의한 고객 분류라고 할 수 있다.

③ 고객은 기업 외부에서 대면하는 외부고객과 기업 내부의 동료이자 직원 등 고객이 원하는 것을 효과적으로 제공하기 위한 일을 하는 내부고객으로 분류할 수 있다.

④ 소비자, 구매자, 구매 승인자, 구매 영향자로 분류하는 방법은 기업의 마케팅 대상자 관점에서의 고객 분류법이다.

⑤ 기업과 고객 관계에 따른 고객 분류에서 잠재 고객의 경우 아직은 해당 기업의 제품이나 서비스를 구매한 적이 없지만 향후 구매 가능성이 높은 집단으로 앞으로 신규 확보 대상이 되는 고객층이다.

해설 ①의 설명은 사회심리적 정보에 의한 고객 분류이다.

04 다음 중 고객의 구매 및 소비 행동에 영향을 미치는 요인을 바르게 설명한 것은?

① 소비자 행동은 직업, 소득, 교육 수준, 거주지, 부의 정도 등에 따라 영향을 받게 되는데 이는 준거 집단의 영향으로 볼 수 있다.

② 구매에 관해 구성원간 영향력이 가장 큰 중요한 집단은 가족이다. 구성원간 공통의 관심, 소비 욕구를 가지며 구매 성향이 비슷하며 사용자와 구매자, 구매 결정자가 다른 경우가 많다.

③ 국적, 종교, 지역이나 민속, 법률, 풍속 등과 같이 특정 사회가 가지고 있는 가치관, 태도, 삶의 방식 등을 통틀어 라이프 스타일이라고 지칭한다.

④ 가족, 동창회, 회사원, 동호회 등의 준거집단은 개인의 의사와 상관없이 결정되며, 이러한 준거집단에 소속하기 위한 소속감이 소비자 행동에 큰 영향을 미치게 된다.

⑤ 심리적 요인 중 태도는 인간의 기본적인 욕구에 해당하는 심리적 바탕이며, 대표적으로 매슬로우에 의해 5단계로 구분되어 있다.

해설 ① 사회 계층의 영향으로 같은 집단에서 유사하게 나타나는 경향이 있다.
③ 문화적 요인에 대한 설명이다.
④ 준거집단은 개인의 의사와 상관없이 결정되기도 하지만 개인의 의사에 의해 속하기도 한다. 소속에 대한 열망 혹은 탈퇴 심리 모두 소비자 행동에 영향을 미칠 수 있다.
⑤ 설명은 심리적 요인 중 동기 혹은 욕구에 대한 요인이다.

05 그레고리 스톤(Gregory Stone)이 분류한 바에 의하면 쇼핑상품 구매고객은 절약형 고객, 윤리적 고객, 개별화추구 고객, 편의성추구 고객 등 네 가지로 나뉜다. 이 중에서 개별화추구 고객의 특징으로 적절한 것은? [기출문제]

① 가정으로 실시간 배달해주는 마트의 시스템을 선호한다.

② 사회적으로 신뢰할 수 있는 기업의 단골이 되는 것을 선호한다.

③ 고객에게 친밀하게 인사하는 태도를 보이는 종업원의 서비스에 만족한다.

④ 입원한 어린이 환자 가정을 위한 기업의 사회공헌 프로그램에 대해 만족해 한다.

⑤ 자신이 사용한 시간, 노력, 금전으로부터 획득할 수 있는 가치를 극대화하려 한다.

(해설) ① 편의성추구 고객, ② ④ 윤리적 고객, ⑤ 절약형 고객

06 다음 중 고객 구매 행동의 특성을 잘못 설명한 것은?

① 비용 지불을 동반하는 목표 지향적 행동이다.

② 정보 수집에 적극적이며 객관적으로 정보를 받아들인다.

③ 고객의 구매 동기와 구매 행동은 기업의 마케팅 활동에 영향을 받는다.

④ 고객의 구매 동기와 구매 행동은 시간의 흐름에 따라 변화한다.

⑤ 고객은 구매 과정의 정보를 선택적 주의, 선택적 왜곡, 선택적 기억에 의한 처리 과정을 거친다.

(해설) 고객은 모든 정보를 균일하게 받아들이지 않으며 선택적, 주관적으로 해석한다.

07 미국의 클렌드 홀 교수가 제창하였으며 고객의 구매 심리 변화를 단계화한 모델이다. 광고에서의 고객 구매 심리를 프로세스로 설명하는 기법으로 시작하였으나 현대 마케팅에서의 고객 구매 과정의 가장 보편적 이론으로 알려진 것은 무엇인가?

① RFM

② 욕구의 5단계

③ AISAS

④ AIDMA

⑤ MBTI

(해설) ④ Attention, Interest, Desire, Memory, Action. ③은 최근의 상황을 반영한 변화된 개념

Answer   3. ①   4. ②   5. ③   6. ②   7. ④

08 구매 행동에 영향을 미치는 구매 참여자를 설명한 것이다. 가장 잘 설명한 것은?

① 구매 행동에 영향을 미치는 구매 참여자는 최종적으로는 1인에 국한된다.

② 의사 결정자는 최종적으로 구매를 실행하고 비용을 지불하는 사람이다.

③ 영향력자는 구매 결정에 영향을 끼치는 사람이다.

④ 상품, 서비스의 필요성을 제안한 사람은 정보 탐색자이다.

⑤ 필요성에 대해 적절한 해결책을 찾아보는 사람은 정보 통제자이다.

(해설) ① 1인일 수도, 다수일 수도 있다　　　② 구매자에 대한 설명
　　　④ 제안자에 대한 설명　　　　　　　　⑤ 정보 탐색자에 대한 설명

09 서비스 현장에서의 고객 성격유형에 대한 이해의 필요성이다. 부적절한 설명은?

① 고객은 고객으로서의 특성도 있지만 자연인으로서의 개별 인격체로의 특성도 있으므로 기본적인 성격유형별 이해는 고객의 심리를 이해하는 데에 도움이 된다.

② 과거에 비해 복잡하고 다양해진 개별 고객에 대한 서비스 제공 경험을 체계적으로 정리할 수 있는 좋은 도구가 된다.

③ 서비스 제공자가 자신의 경험을 체계화시키고 이를 통해 역량을 강화시킬 수 있다.

④ 서비스 기업 및 조직은 서비스 현장을 훈련, 코칭함에 있어 고객과 서비스 제공자 스스로의 기질을 이해할 수 있는 좋은 기준을 제시할 수 있다.

⑤ 고객의 성격유형을 파악하여 이를 효과적인 고객 관리의 틀로 활용한다.

(해설) 고객 성격유형의 이해는 구체적인 성격유형 파악을 위한 것은 아니다. 성격유형의 파악은 자칫 고객에 대한 선입견을 심을 수 있으므로 유의해야 한다.

10 MBTI 검사에 대한 설명 중 틀린 것은?

① 매우 개별적이고 다양하여 예측하기 어려운 인간 행동의 근본적인 심리적 질서와 일관성을 발견하고 이를 예측, 분석하기 위한 심리 검사이다.

② 자신과 다른 사람들의 인식과 판단 작용에서 반응하는 선호 성향과 체계를 이해할 수 있다.

③ 성격에 대한 결론을 내리는 잣대가 아닌 자기 탐색을 돕는 유용한 도구이다.

④ 칼 융의 두 가지 이론인 인식과 판단에 대한 심리적 기능 이론과, 인식과 판단의 방향을 결정 짓는 태도 이론을 바탕으로 제작되었다.

⑤ 사람의 성격유형을 총 8가지 선호성의 조합으로 분류한다.

(해설) 4가지 선호성의 조합으로 분류하여 16가지의 성격유형을 제시하고 있다.

11 고객 의사결정의 과정 중 가장 적절한 것은?

① 문제 인식 → 정보 탐색 → 구매 → 대안 평가 → 구매 후 행동

② 정보 탐색 → 문제 인식 → 구매 → 대안 평가 → 구매 후 행동

③ 문제 인식 → 정보 탐색 → 대안 평가 → 구매 → 구매 후 행동

④ 정보 탐색 → 구매 → 대안 평가 → 문제 인식 → 구매 후 행동

⑤ 문제 인식 → 대안 평가 → 구매 → 정보 탐색 → 구매 후 행동

해설 ③은 고객 의사결정 과정의 대표적인 모델이다.

12 마이클 보스워스는 고객의 구매 과정에서 고객 관심사가 변화한다는 연구 결과를 발표하였다. 다음 중 구매 의사결정 과정의 4가지 관심사가 아닌 것은?

① 니즈 : 이 상품과 서비스가 나에게 필요한 것인가?

② 가격(비용) : 어느 정도의 비용이 소요될 것인가?에 대한 관심

③ 솔루션 : 이 상품과 서비스가 나의 니즈를 해결해 주는 최적의 솔루션인가?에 대한 관심

④ 리스크 : 이 상품과 서비스를 구매하거나 혹은 구매하지 않을 때 나에게는 어떤 리스크가 있을 것인가?에 대한 관심

⑤ 자기 존중 : 이 상품과 서비스가 나에게 어떤 만족을 가져다 줄 것인가?에 대한 관심

해설 자기 존중은 니즈, 가격, 솔루션, 리스크의 4가지 관심사가 아니다.

13 대안평가의 과정에서 고객이 제안 상품, 서비스를 우월하게 평가하도록 하기 위해 기존 대안보다 열등한 대안을 내놓음으로써 기존 대안을 상대적으로 돋보이게 하는 방법을 설명하는 효과는 무엇인가?

① 후광 효과　　　　　　　　　② 빈발 효과

③ 유인 효과　　　　　　　　　④ 프레이밍 효과

⑤ 유사성 효과

해설 유인 효과(대비, 비교 효과) : 기존의 대안들과 비교되어 현재의 대안이 월등히 탁월해 보이는 효과. 평가의 기준이 되는 다른 대안(열등한 대안)들을 제시함으로써 현재의 대안이 우월해 보이게 하는 마케팅 요소로 사용된다.

14 고객 의사결정 과정의 각 단계를 설명하였다. 가장 부적절한 설명은?

① 문제 인식 : 문제의 인식은 상품, 서비스 사용상의 변화나 고객의 내적 욕구의 변화 혹은 외부적 요인 등에서 발생된다.

② 정보 탐색 단계 : 구매 과정에서 관여도가 낮은 상품, 서비스의 경우에는 정보 탐색 단계의 비중이 상대적으로 낮으며, 관여도가 큰 경우에는 정보 탐색의 의지가 크고 다양한 정보원을 이용하여 적극적으로 탐색하게 된다.

③ 대안 평가 단계 : 대안을 평가할 때 여러 개의 평가기준을 사용하여 이를 수치화한 후 가장 높은 평가를 받은 대안을 선택하는 방식을 보완적 방식의 대안평가라고 한다.

④ 구매 : 구매 시점에서는 잠정적 구매 결정이 구매 환경, 구매 시점의 추가적 정보, 커뮤니케이션 상황 등에 따라 유지되거나 변경될 수 있다.

⑤ 구매 후 행동 : 고객의 구매 후 만족은 동일 상품, 서비스는 물론 동일 기업의 다른 상품, 서비스의 재구매시 정보 탐색의 과정을 더욱 강화시키는 효과를 낳는다.

(해설) 구매 후 만족은 이후 재구매시 정보 탐색 및 여러 대안의 평가를 축소, 생략하고 재구매 확률을 높이는 효과를 낳는다.

15 서비스 제공자가 이해해야 하는 고객 심리이다. 다음 중 옳지 않은 것은?

① 고객은 고객으로서의 보편적 특수성과 기대 심리를 가지고 있다.

② 고객은 다양한 분류 기준에 의해 분류해 볼 수 있으며, 이러한 분류를 통해 고객 서비스 활동의 효과를 높일 수 있다.

③ 고객의 구매, 소비 행동에 영향을 미치는 요인으로는 사회적 요인, 개인적 요인, 심리적 요인이 있다.

④ 고객의 구매 행동을 이해하기 위해서는 기본적인 고객 니즈를 바탕으로 고객의 심리를 이해할 수 있다.

⑤ 고객은 항상 논리적, 합리적으로 판단하며 체계적으로 구매하고 소비한다.

(해설) 고객은 항상 논리적, 합리적으로 판단하지 않으며 다양한 영향 요인에 의해 영향을 받고 불합리한 심리적 요인에 작용받는 경우가 많다.

16 그레고리 스톤의 고객 유형 분류에 따르면 경제적 고객은 고객 가치를 극대화하려는 고객으로, 분석적이고 까다로우며 경쟁사에 대한 정보가 밝고 자신의 이익을 극대화하기 위해 노력하는 고객이다. (① O, ② X)

해설 그레고리 스톤의 고객 유형 중 경제적(절약형) 고객에 대한 설명

17 고객이 구매에 이르는 과정에 깊게 관여하지 않으며 가격이 저렴하고 고객 만족에 영향을 미치는 크기가 적거나 그 기간이 짧은 경우를 저관여 구매 목적물이라 하며, 구매 결정시 상품, 서비스의 본질적인 품질을 가장 중요한 판단 기준으로 삼는 경향이 크다. (① O, ② X)

해설 저관여 목적물의 구매시에는 반복 구매를 하는 경우가 많으며, 브랜드나 구매 편익 등 본질적 품질보다는 외부 요소에 영향을 받는 경향이 크다.

18 빅 파이브(Big Five) 성격유형은 개방성(Openness), 성실성(Conscientiousness), 외향성(Extraversion), 친화성(Agreeableness), 신경증(Neuroticism)의 다섯 가지를 일컫는다.

(① O, ② X)

해설 빅 파이브(Big 5) 성격 모형은 소비자 행동이 다양하게 나타나는 원천을 설명하는 주요 개인적 근원으로 알려져 있다 코스타와 맥크레이(Costa & McCrae, 1992, 2007)가 개발한 NEO-PI-R(NEO-Personality Inventory Revised)에서 총 5가지의 특질 요인으로 등장하였다.

Answer   14. ⑤   15. ⑤   16. ①   17. ②   18. ①

※ 다음 보기 중에서 고객 유형에 대한 설명으로 알맞은 것을 각각 골라 넣으시오.

① 단골고객　　　　　② 충성고객　　　　　③ 체리피커
④ 한계고객　　　　　⑤ 잠재고객

19 기업의 제품을 구매하지 않은 사람들 중에서 향후 고객이 될 가능성이 높은 집단이나 아직 기업에 관심이 없는 고객

(　　　　　)

(해)(설) 잠재고객 : 상품 또는 서비스를 구매할 가능성이 있는 고객들로 구매고객 직전의 고객을 말한다.

20 기업의 제품이나 서비스는 반복적, 지속적으로 애용하는 고객이지만, 타인에게 추천할 정도로 적극적이지는 않은 고객

(　　　　　)

(해)(설) 단골고객 : 지속적으로 특정 상품 서비스를 이용한다는 면에서는 충성고객과 동일하나 단골고객은 타인에게 추천할 정도로 적극적이지는 않다.

21 제품이나 서비스를 반복적으로 구매하고 기업과 강한 유대관계를 형성하며 타인에게 추천할 의향을 가진 고객

(　　　　　)

(해)(설) 충성고객 : '특정 회사의 상품이나 브랜드, 서비스 등을 반복적으로 재구매 하거나 이탈하지 않고 지속적으로 이용하는 고객'을 말한다. 여기까지는 단골고객과 크게 다르지 않다. 그러나 충성고객은 여기서 그치지 않고 주변 사람들을 추천하거나 적극적으로 추천할 의향을 가진 고객을 말한다.

22 기업의 상품이나 서비스를 구매하지 않으면서 자신의 실속을 차리기에만 관심을 두는 고객

(　　　　　)

(해)(설) 체리피커 : 상품이나 서비스를 잠깐 동안 사용하기 위해 구매하였다가 반품하는 등의 행동을 하는 고객

23 기업의 이익실현에 방해가 되어 손해를 주는 고객으로 고객이 되지 않도록 오히려 유도해야 하는 고객

(　　　　　)

(해)(설) 한계고객 : 고객명단에서 제외하고 해약 유도를 통해 고객의 활동이나 가치 자체를 중지시켜야 하는 고객

24~29　사례형

24 다음은 A백화점의 여성용 의류 매장의 고객 서비스용 표준 스크립트이다. 각 스크립트를 고객 니즈에 대한 서비스 제공자의 역할로 해석한 것 중 적절치 않은 것은?

> – 모직 코트는 잘 입지 않으시는군요. 겨울 정장과 캐주얼을 동시에 잘 코디하면서도 따뜻하고 세련된 외투를 준비해 두시면 잘 활용하실 수도 있습니다. 나오신 김에 한번 입어 보시고 거울에 비춰 보시면 어떨까요? ①
>
> – 겨울 의류는 보관이 정말 어려우시죠? 부피가 작지만 따뜻하면서도 다양한 연출이 가능한 외투는 어떠세요? 고객님께는 딱 맞는 상품이 될 것 같은데요. ②
>
> – 네. 이 제품이 마음에 드시는 거네요. 색상과 사이즈를 다시 점검해 드리겠습니다. ③
>
> – 정장 자켓을 찾으세요? 요즘은 주로 코트를 찾으시는데 특별히 자켓을 찾으시는 이유가 있으신가요? 용도에 맞는 제품을 안내해 드리겠습니다. ④
>
> – 면접에 참석하신다고 하시니 제가 작은 거지만 행운의 징표로 이 원피스에 잘 어울리는 스카프를 선물로 하나 더 넣었습니다. 커리어 우먼의 모습이 물씬 풍기시니 좋은 소식 있으실 거에요. 다음에 멋진 직장 여성으로 저희 매장에 꼭 다시 방문해 주세요. ⑤

① 잠재 니즈 – 고객이 원하지 않지만 서비스 제공자는 매장의 매출을 위해 최대한 적극적으로 고객에게 상품을 권유해 보는 것이 중요하다.

② 핵심 니즈 – 고객의 특별한 상황에 맞는 다양한 정보와 해결책을 제시하여 고객이 스스로 적절한 해결점을 모색할 수 있도록 인내심과 전문성을 가지고 안내한다.

③ 현재 니즈 – 고객이 구매를 결정하는 단계에서 고객의 의지를 인지하고 적극적으로 서비스를 진행시킨다.

④ 보유 니즈 – 고객이 표현하는 니즈를 구체적인 현재 니즈로 강화시키기 위해서는 니즈를 개발하고 강화시키는 과정이 필요하다.

⑤ 가치 니즈 – 구매만이 아닌 고객 만족의 극대화를 목표로 서비스를 제공하는 고객 니즈 서비스 활동이다.

해설 잠재 니즈 상태에서는 고객이 상품의 필요성을 못 느끼고 있지만 이는 고객이 상품의 실질적인 가치를 아직 잘 모르고 있는 상태이므로 서비스 제공자는 이를 효과적으로 알려 줄 수 있어야 한다.

Answer　19. ⑤　20. ①　21. ②　22. ③　23. ④　24. ①

25 ○○호텔에서는 최근 고객 성격유형에 대한 세미나를 개최하여 대표적인 성격유형 검사를 시행하고 각 유형별 성격의 특징을 공부하였다. 다음은 세미나 참석자들의 다양한 반응이다. 세미나 참석자들이 서비스 현장에서 이를 어떻게 적용해야 할 것인지에 대한 설명 중 부적절한 것은 무엇인가?

> – 고객들의 성격이 너무 다양해서 힘들었는데, 이번 세미나를 통해서 특징적인 분류로 이해해 보니 고객을 이해할 수 있는 방법이 좀 정리된 느낌이에요.
>
> – 10년 동안 만나온 고객분들의 성격이 오늘 배운 성격유형에 의해 분류되니까 재미있었어요. 모든 성격유형별로 장·단점이 있고 선천적인 기질의 문제일 수 있다고 하니 고객을 이해하는 데에도 도움이 되었구요.
>
> – 앞으로는 신입 후배들이 들어오면 고객들의 유형을 좀 더 쉽게 설명해 줄 수 있을 것 같아요.
>
> – 제 자신의 성향 분석을 하면서 스스로를 돌아보는 시간이 되었어요. 제 자신부터 이해하는 것이 앞으로 행복하게 업무를 수행하는 데에 가장 중요한 것 같습니다.

① 서비스 현장에서의 고객 행동을 토대로 고객의 성격을 바로 분석해 낼 수 있게 되었다.
② 서비스 현장에서의 고객 응대 경험을 체계화 하여 정리할 수 있음으로써 역량 발전의 도구로 삼을 수 있다.
③ 고객의 다양한 반응의 토대가 보편적으로 개인 성격의 '차이'에 있음을 알게 되어 좀 더 유연한 서비스 응대가 가능해 졌다.
④ 서비스 제공자 스스로의 성격 분석을 통해 향후 서비스 역량 발전을 위한 개선점을 찾고 보완할 수 있게 되었다.
⑤ 서비스 현장만의 의미 있는 고객 응대 기준을 만들 수 있고 이를 효과적인 교육, 코칭에 활용할 수 있게 되었다.

해설 ① 서비스 현장에서의 섣부른 고객 성격에 대한 판단은 자칫 서비스의 품질을 떨어뜨리는 실수로 이어질 수 있다. 고객에 대한 선입견이나 고정관념으로 오해되지 않도록 유의한다.

26 다음은 가족 여행을 준비하고 있는 부부의 대화이다. 대화를 통해 고객의 구매 결정 단계를 알 수 있다. 이러한 상황에서 여행 상품을 안내하게 된 서비스 제공자는 고객의 구매 결정 과정에 어떤 서비스를 제공할 수 있을 것인가를 가장 적절하게 설명한 것은?

> **아내** : 지난번에 갔던 강원도 지역은 어땠어요? 그때 아이들이 너무 좋아했던 기억이 나는데 이번에는 어떨까?
>
> **남편** : 나도 생각해 봤는데 그것 보다는 이번에 여행 다녀온 김과장한테 물어봤는데, 서해안 쪽 00리조트도 아주 좋았다고 하더라구. 그래서 인터넷으로 검색해 봤는데 다녀온 사람들의 평가도 좋고 괜찮아 보였어.
>
> **아내** : 그래요? 그럼 우리도 00리조트를 알아봐야겠네요. 아이들도 좋아 하겠죠?
>
> **남편** : 일단 가격이 얼만지, 예약이 가능한지 알아봐야겠어.
>
> **아내** : 네. 그럼 저는 혹시 모르니까 지난번에 다녀온 강원도 쪽도 알아 볼께요.

① 현재 구매 결정에 참여하는 구매 참여자는 남편 1인이므로 남편을 대상으로 해당 여행 상품을 상세히 안내하는 것이 효과적이다.

② 정보를 탐색하는 과정에서 대안이 도출되었으며 가격과 예약 여부 등의 평가 기준이 제시되는 상태이므로 곧 대안 평가의 과정에 돌입할 것이다. 서비스 제공자는 고객의 판단에 필요한 기준(가격, 거리, 부대 시설, 객실 상태 등)을 안내하여 만족스러운 선택이 가능하도록 서비스 한다.

③ 고객의 의사결정 관여도가 그리 높지 않으므로 복잡하지 않은 평가 방식에 의해 결정할 가능성이 높다. 따라서 예약 가능 여부를 알아보고 판단하는 비보완적 방식의 대안평가를 진행하게 될 것이므로 서비스 제공자는 이 부분에 집중하여 서비스를 진행하면 된다.

④ 고객은 정보 탐색 과정에서 고객의 기억 속에 내재된 내적 탐색을 가장 우선시 하고 있으므로 서비스 제공자는 고객이 무엇을 원하는 가에 따라 서비스를 응대하는 것이 좋다.

⑤ 구매 결정에 있어서의 현재 평가 기준은 가격과 예약 여부 두 가지이므로 서비스 제공자는 이 두 가지의 평가 기준을 고객이 판단할 수 있는 정보를 제공하는 수준에서 서비스를 제공하는 것이 가장 적절하다.

해설 ① 구매 참여자는 최소한 부부 2인이며, 대화의 내용으로 보아 자녀들도 참여자일 가능성이 높다.

③ 고객 관여도가 낮다고 볼 수 없으며, 따라서 대안 평가의 방식도 고관여 의사결정에 따른 보완적 방식을 선택할 수 있다. 따라서 평가 기준의 다양성을 고려하고 지원하여 고객 평가 기준에 참여하는 형식의 서비스를 고려할 수 있다.

④ 현재 고객은 내적 탐색을 일부 수행하였으나 주변 지인의 정보 및 인터넷 검색 등의 외적 탐색을 활발히 진행하는 상황이다.

⑤ 현재 대안 평가의 본격적인 과정에 들어가지 않았으므로 평가 기준은 매우 다양하게 늘어날 수 있다.

Answer 25. ① 26. ②

27 OO지역에 새로 오픈한 패밀리 레스토랑에서는 지역 주민을 대상으로 하는 홍보 활동을 계획하고 있다. 다음은 홍보 아이디어를 어느 고객을 대상으로 시행할 것인가에 대한 설명이다. 가장 부적절한 것은 무엇인가?

> ① 식사하는 고객 모두에게 무료 음료 한잔을 제공함
>
> ② 테이블당 10만원 이상 결재시 15% 할인 이벤트를 실시함
>
> ③ 지역 내 아파트 단지에 있는 학부모를 대상으로 학부모 회의, 티타임 장소를 제공하는 이벤트를 한시적으로 실시함. (오전 10~11시. 커피 제공)
>
> ④ 지역 편의 시설 및 공원에서 어린이들에게 로고가 찍힌 풍선을 나눠줌
>
> ⑤ 레스토랑 방문 후 식사 고객이 SNS에 시식평을 올리면 다음번 식사 할인 쿠폰을 제공함

① 패밀리 레스토랑을 직접적으로 이용하는 모든 식사 고객에게 골고루 혜택을 주기 위한 이벤트이다. 이는 소비자 모두를 대상으로 하는 것이다.

② 식사 금액을 지불하는 고객을 위한 이벤트이다. 이는 구매자를 대상으로 시행하는 홍보 전략이라고 볼 수 있다.

③ 지역 내 학부모는 구매자 혹은 구매 승인자일 수 있으며, 경우에 따라서는 구전의 영향력을 보유한 구매 영향자일 수 있는 중요한 대상 고객층이다.

④ 어린이들은 직접적인 마케팅 대상의 고객은 아니지만 지역 내 광범위한 홍보 전략으로서 의미가 있는 활동이다.

⑤ SNS에 올라가는 시식평을 올리는 고객은 구매 영향자로서의 중요한 역할을 수행하므로 일반 소비자를 긍정적인 구매 영향자로 유도하는 홍보 전략이다.

해설 ④ 어린이들은 소비자이면서 동시에 가족의 식사시 패밀리 레스토랑의 구매 결정에 직·간접적으로 참여할 수 있는 중요한 구매 영향자이다. 마케팅 관점에서도 중요한 고객으로 볼 수 있다.

28 다음은 결혼을 앞둔 예비부부의 대화 내용이다. 이 사례는 고객의 의사결정과정 5단계 중 어느 단계에 해당하는 내용인가? [기출문제]

> **여자** : "예식장 정하는 것이 이렇게 어려운 일인지 몰랐어."
>
> **남자** : "그래, 남들이 결혼하는걸 보면 쉽게 하는 것 같은데 막상 우리가 정하려고 하니까 참 어렵네."
>
> **여자** : "그 사람들도 우리처럼 이런 과정을 다 거쳤을 거야. 오늘은 결정해서 예약해야 하는데…"
>
> **남자** : "그래, 여기 저기 더 알아보는 것은 시간 낭비지. 지금까지 열 군데는 알아본 것 같은데, 그 중에서 우리 마음에 든 두 개 중 하나를 결정하자."
>
> **여자** : "두 개 중에서 나는 양재역 근처에 있는 예식장이 마음에 들어. 개장한지 얼마 안 되어서 인테리어가 고급스럽고 분위기도 좋으며 역세권이라 교통도 편리해서 손님들이 오기도 좋지. 다만 가격이 다른 곳보다 조금 더 비싼 것이 흠이긴 하지만 말이야."
>
> **남자** : "나도 그렇게 생각해. 우리가 알아본 것 중에서는 거기만한 곳이 없지. 그 곳으로 정하자. 계약은 이따 오후에 가서 하면 될 거야."
>
> **여자** : "계약은 아직 안 했지만 일단 결정을 하니까 속이 후련하네."

① 특정 제품 및 서비스를 획득하는 구매의 단계
② 의사결정과 관련된 정보를 습득하는 정보탐색의 단계
③ 획득 후 기대에 부합하는지를 평가하는 구매 후 행동 단계
④ 제품 및 서비스의 필요성을 느끼고 지각하는 문제인식의 단계
⑤ 여러 대안 중 평가요인에 의해 선택의 폭을 좁히는 대안평가의 단계

해설 정보탐색 후 여러 평가요인을 가지고 어느 하나를 선택하려는 '대안평가의 단계'에 있는 대화 내용이다. 계약 이전의 상황이니 '구매의 단계'로 볼 수 없다.

29 다음 사례를 읽고 조직구매행동의 요인이 어떤 구매 의사결정 집단에 영향을 받았는지 적절한 답을 고르시오. [기출문제]

> **세일즈맨** : 안녕하세요, 이 대리님! 자주 방문 드려 죄송합니다. 그 동안 잘 지내셨죠?
>
> **고　　객** : 물론이죠! 지난번 견적 건에 대해 궁금해서 오셨지요?
>
> **세일즈맨** : 그렇습니다. 윗분이 견적결과에 대해 궁금해 하셔서요. 염치를 무릅쓰고 찾아뵈었습니다.
>
> **고　　객** : 임원이 바쁘셔서 팀장님이 여러 번 결재 받으려 했지만 아직도 구매결정을 못하였습니다. 조금 더 기다리셔야 될 것 같아요! 걱정 마시고 돌아가세요! 좋은 결과 있을 겁니다.
>
> **세일즈맨** : 이 대리님만 믿겠습니다. 좋은 소식 기다리겠습니다.
>
> **〈3일후 고객에게로 전화〉**
>
> **세일즈맨** : 안녕하세요, 이 대리님! 지난 번 견적 건 때문에 전화 드렸습니다.
>
> **고　　객** : 대단히 죄송합니다. 그렇지 않아도 전화 드리려 했는데 결재과정에서 품질 수준과 성능 면에서 문제가 있어 다른 업체로 발주가 되었습니다. 죄송합니다.
>
> **세일즈맨** : 잘 알겠습니다. 부족한 부분은 보완해서 다시 찾아뵙겠습니다. 감사합니다.

① 구매자(buyer)
② 사용자(user)
③ 구매 영향력자(influencer)
④ 구매 결정권자(decider)
⑤ 정보 통제자(gatekeeper)

해설 구매 영향력자(influencer) : 조직구매의 경우 구매 의사결정 과정에서 제품의 품질이나 기술 면에서 구매의 영향을 주는 영향력자로 주로 기술개발부서, 설계부서, 연구소 등이 해당된다.

30~32 통합형

30 다음은 외국인 관광객을 주 고객으로 하는 시내의 한 화장품 전문 쇼핑몰의 홍보, 마케팅 회의 발언 내용이다. 다음 중 고객의 구매 단계에 대한 설명으로 틀린 것은?

> A : 관광객들은 우리나라 화장품을 매우 좋아합니다. 또한 우리의 경쟁 매장을 포함해서 서울 시내의 대표적인 매장 정보를 이미 인지하고 있는 경우도 많습니다.
>
> B : 사전에 조사를 해서 방문하고자 하는 매장을 정하고 입국하는 경우도 있습니다. 이 경우에는 여행사 등을 통해 얻은 정보인 경우도 있지만 사전에 인터넷 검색 등을 통해 조사해 오기도 합니다.
>
> C : 하지만 그렇지 않은 경우도 있으니 전단 및 할인 쿠폰을 제작하여 공항에 도착한 후부터 적극적으로 배포하여 고객들이 알 수 있도록 해야 합니다.
>
> D : 단체 관광객들의 경우 버스 등에 샘플이 담긴 쿠폰과 제품 안내 소책자 등을 제공하면 좀 더 효과적으로 기억되고, 여행 중이니 만큼 긴요하게 사용해 보고 구매에 관심을 가질 수 있도록 하는 방법도 좋을 것 같습니다.
>
> E : 관광객들이 단체 관광시 쇼핑 코스로 혹은 자유 시간에 자연스럽게 우리 매장을 방문할 수 있도록 해야 합니다. 그러기 위해서는 여행사 등을 대상으로 하는 적극적인 세일즈 활동과 함께 길거리 홍보 등도 병행해야 합니다.
>
> F : 관광객들이 관심이 많고 또 정보를 많이 알아오는 만큼 매장에 들어온 고객 응대에도 신경을 많이 써야 합니다. 매장에 들어온 이후 구매 결정의 여부와 구매 규모는 결국 어떻게 응대하느냐에 따라 많이 달라집니다.

① 외국인 관광객의 화장품 구매에 대한 인지도는 높다. 이는 주의(attention)와 관심(interest)의 과정을 거친 것으로 해석할 수 있다.

② C의 발언 내용은 주의와 관심을 욕구(desire) 단계로 끌어올리기 위한 적극적인 활동의 필요성을 강조하는 것이다.

③ 외국인 관광객의 구매 심리는 단계를 거치기 보다는 관광의 특수성으로 인해 주로 실행(action) 단계에 집중하는 것이 좋다는 결론이다.

④ 관광객들이 자유 시간에 자연스럽게 매장을 방문하게 하기 위해서는 욕구가 기억(memory)과 실행(action)의 단계로 올라가야 한다.

⑤ A,B,C 단계는 모두 고객의 주의, 관심, 욕구의 구매 심리 초기 단계에 영향을 미치기 위한 활동으로 볼 수 있으며 D,E,F 등의 과정을 통해 욕구와 기억, 실행의 단계 진전에 도움을 주고자 한다.

해설 매장에 들어온 이후 실행 단계 이전의 다양한 고객 구매 과정에서의 심리적 변화 등을 언급하고 있는 내용이다.

Answer 29. ③　30. ③

> **고객** : 그럼, 이 상품으로 대출을 받으면 되나요?
>
> **직원** : 네. 저희 은행에 있는 담보대출 상품으로 가장 금리 조건이 양호한 상품입니다.
>
> **고객** : 다른 은행들도 대체로 이 정도 금리이겠죠?
>
> **직원** : 네. 사실 시중 은행들의 금리는 거의 비슷합니다. 다만 저희가 지금 프로모션 기간이라 설정비를 면제해 드리고 있으니 금리는 비슷해도 조건은 좋으신 겁니다.
>
> **고객** : 요즘은 금리가 저렴하긴 한데… 앞으로 금리가 오르면 이 상품도 오르는 거죠?
>
> **직원** : 네. 그렇죠. 금리를 고정하시게 되면 지금 이 조건보다 1% 정도 높은 금리를 부담하셔야 돼요. 그러실 필요는 없으실 것 같습니다.
>
> **고객** : 중간에 상환을 하게 되면 수수료가 발생하죠?
>
> **직원** : 네. 설명드린 것처럼 중도 상환 수수료가 일부 있습니다.
>
> **고객** : 대출 받는게 부담스러워서 조건들이 복잡하니까 결정하기 힘드네요. 잘 선택하는 거겠죠?

31 고객의 대화를 통해 고객의 현재 염려를 해석해 보았다. 가장 적절한 해석은 무엇인가?

① 고객은 구매 시점에서 보편적인 고객이 겪는 구매 후 부조화를 감소시키기 위해 본인의 의사결정을 합리화 시키는 방향의 대화를 전개하고 있다.

② 고객은 구매 결정 직전에 주요 관심사가 손실에 대한 리스크에 초점이 맞춰져 있다.

③ 고객은 대출 상품에 대한 정보가 충분치 않아 계속하여 추가적인 정보를 탐색하는 과정에 있어 구매를 결정하지 못하는 것이다.

④ 고객의 염려는 구매의 관여도는 높지 않으나 구매 결정을 취소할 수 없기 때문에 생긴 것이다.

⑤ 고객은 현재 다른 선택 대안이 없으므로 더욱 염려가 커진 상태이다.

해설 ① 현재 구매 부조화의 상태를 겪어 자신의 선택에 대한 불안감을 느끼고 있는 단계이다. 구매 후 부조화 감소를 위한 노력의 단계는 장점을 의식적으로 강화하고 단점을 약화시키는 과정 이므로 아직 그 단계는 아니다.

② 마이클 보스워스의 구매 단계에 따른 고객 관심사의 변화에서 마지막 단계인 리스크에 해당 하는 염려를 중점적으로 표현하고 있다.

③ 정보 탐색 과정이 아닌 구매의 과정으로 볼 수 있다.

④ 구매 관여도가 높은 상황이다.

⑤ 타 은행, 고정금리 상품으로 선택 등 다른 선택 대안이 있으므로 더욱 자신의 구매 결정에 대한 불안을 느끼는 것이다.

32 위와 같은 고객의 염려 반응에 대한 서비스 제공자의 마음가짐이다. 부적절한 것은 무엇인가?

① 고객은 구매 결정에 앞서 누구나 불안과 염려를 나타내므로 정확한 정보를 통해 잘 응대하면 된다.

② 고객에게 이 대출 상품의 구매 결정은 매우 중요하고 관여도가 높은 구매이므로 고객은 충분히 검토하고 선택에 대한 확신이 필요하므로 이러한 반응은 이해할 수 있다.

③ 고객은 어차피 이 대출 상품을 구매할 계획을 가지고 있으므로 빠르게 의사결정을 내릴 수 있도록 이미 안내해 드린 내용들을 빠르게 재전달하여야 한다.

④ 고객의 염려와 불안을 해소할 수 있는 것은 상품의 정확한 정보와 평가 기준들을 제시함으로써 고객이 올바른 판단을 내리고 있음을 지지하는 서비스 응대가 필요하다.

⑤ 고객의 구매 시점의 부조화 심리가 구매 이후에도 연속되지 않도록 감사 서신, 전화 등을 통해 후속 서비스를 염두에 두어야 한다.

해설 구매 계획과 구매 의사가 충분하다 하더라도 고객이 생각하는 리스크, 불안, 염려 등이 구매결정 시점과 구매 이후에 부적절하게 표현될 수 있으므로 충분히 검토할 수 있도록 하되 적극적인 지원 서비스가 병행되어야 한다. 빠른 의사결정은 염려, 불안의 부조화 상황을 개선할 기회를 뺏을 수도 있다.

PART 04

고객 커뮤니케이션

Chapter 01_ 커뮤니케이션의 이해

Chapter 02_ 효과적인 커뮤니케이션의 이해

Chapter 03_ 커뮤니케이션 스킬 습득

Chapter 04_ 고객 감성의 이해

Chapter 05_ 설득 및 협상기법 익히기

고객의 욕구가 다양해지고, 수준이 높아지면서 현장접점에서 고객과의 커뮤니케이션의 중요성은 날로 커지고 있다. 이는 기업과 서비스 제공자, 고객 상호간의 만족을 향상시키기 위한 필수적인 능력이다.

이번 Part에서는 고객과의 효과적인 커뮤니케이션에 대해 알아보고자 한다. 비즈니스 현장에서 커뮤니케이션의 능력을 향상시킨다면 현장 서비스 제공자는 생산성 향상과 더불어 정서적인 부분에서도 큰 효과를 볼 수 있을 것이다.

이번 Part에서	서비스 현장에서 고객 응대와 상담 주도에 필요한 커뮤니케이션의 구조를 이해하고 실제 현장에서 활용할 수 있는 기본적인 방법을 익힐 수 있다.
학습목표	1. 커뮤니케이션의 기능과 역할, 다양한 유형에 대해 이해하고 일반적 커뮤니케이션과는 다른 비즈니스 커뮤니케이션의 중요성과 필요성을 이해한다. 2. 비즈니스 효과를 극대화 할 수 있는 대화의 의미를 이해하고 구성요소를 학습한다. 3. 효과적인 대인 커뮤니케이션의 구조와 구체적인 스킬을 학습한다. 4. 현장에서 효과를 발휘하기 위한 커뮤니케이션 스킬을 습득하기 위해 Ice Breaking, 경청, 질문의 기본적인 방법을 학습한다. 5. 고객과의 대화를 감성지능을 통해 효과적으로 이해하고 표현할 수 있다. 6. 서비스 현장에서의 설득과 협상에 필요한 개념과 준비, 다양한 기법을 익힌다.
이번 Part를 학습하고 나면...	• 커뮤니케이션에 대한 입체적 이해가 가능해진다. • 원활한 대인 커뮤니케이션을 진행하기 위해 어떤 태도가 필요하며, 이러한 태도를 강화시킬 수 있는 방법이 무엇인지를 알게 된다. • 서비스 현장에서의 고객 응대를 위한 기본적인 커뮤니케이션 스킬을 직접 활용할 수 있는 준비가 된다. • 프레젠테이션이나 설득, 협상과 같은 보다 주도적이고 정밀한 커뮤니케이션 방법을 이해하여 서비스 현장에서 활용할 수 있는 기초 지식을 갖추게 된다.

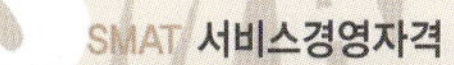

Chapter

01 커뮤니케이션의 이해

고객과의 효과적인 커뮤니케이션을 위해 커뮤니케이션에 대한 전반적인 이해가 필요하다. 커뮤니케이션의 전체적인 기능과 요소를 충족하는 서비스 제공을 진행하고 있는가를 확인하고 커뮤니케이터로서의 서비스 제공자의 역할을 재인식할 수 있다. 이는 서비스 현장에서 비즈니스의 효과를 극대화하고 고객만족 향상에 있어서의 중요한 요소 중에 하나이다.

1 커뮤니케이션의 이해

1) 커뮤니케이션의 정의

> **종합적 정의 :** 커뮤니케이션이란 두 사람 이상의 사람들이 공통의 상징체계를 사용하여 지식과 정보를 전달함으로써 의미를 공유하고 서로에게 영향을 미치는 과정이다.

① **구조적 관점 :** 정보가 한 곳에서 다른 곳으로 이동하는 것으로, 정보를 신속하고 정확하게 전달하는 데 초점을 맞춘 것이다.
② **의미론적 관점 :** 상징체계를 통해 의미를 공유함으로써 전달자가 전달한 내용을 수신자가 해독하는 과정으로 이해하는 관점이다.
③ **기능주의적 관점 :** 어떤 의도를 가지고 정보를 전달하여 상대에게 영향을 미침으로써 전달자의 의도와 결과로 나타나는 효과에 초점을 맞춰 해석하는 관점이다.

2) 커뮤니케이션의 기능

① **정보전달 기능**

커뮤니케이션은 개인과 집단 또는 조직에 정보를 전달해 주는 기능을 함으로써 커뮤니케이션의 촉매제 역할을 한다. 여러 가지 대안을 파악하고 평가하는 데 필요한 정보를 제공하여 의사결정을 원활히 이루어지게 한다.

② **동기유발 기능**

커뮤니케이션은 상대방의 동기유발을 촉진시키는 데 사용된다.

③ **통제기능**

커뮤니케이션은 상대방의 행동을 조종, 통제하는 기능을 한다.

④ 정서기능

커뮤니케이션은 자신의 감정을 표현하고 사회적 욕구를 충족시켜주는 역할을 한다. 의사소통을 통하여 자신의 심정을 표출하고 다른 사람들과의 교류를 넓혀가는 것이다.

3) 커뮤니케이션의 기본 요소(미국 정치학자 Harold Lasswel의 커뮤니케이션 모형)

① 기본 요소 : S-M-C-R-E

전달자(Source/Sender)	상대방에게 자신의 생각이나 정보, 감정을 전달하는 주체
메시지(Message)	• 송신자가 수신자에게 보내는 기호화된 내용 • 언어적 요소와 비언어적 요소 모두 메시지가 될 수 있다.
채널(Channel)	• 송신자와 수신자를 연결해 주는 매개체 혹은 운반체로서의 의미 • 채널을 방해하는 요소로 잡음이 발생할 수 있다.
수신자(Receiver)	매체를 읽고, 보고, 듣는 모든 사람들
효과(Effect)	최종적인 커뮤니케이션의 결과

② 추가 요소

  ㉠ **소음(잡음)** : 커뮤니케이션을 방해하는 다양한 요인들(물리적 소음 및 심리적 방해 요소 등).

  ㉡ **피드백** : 커뮤니케이션의 과정이 끝난 후 효과에 대한 평가는 이후 커뮤니케이션의 과정에 긍정적, 부정적 영향을 미치는 요소로 작용한다.

4) 커뮤니케이션의 과정

커뮤니케이션은 시작과 끝이 보이는 선형적인 것이 아니라 순환적, 역동적이며 계속 이어지는 하나의 과정이다.

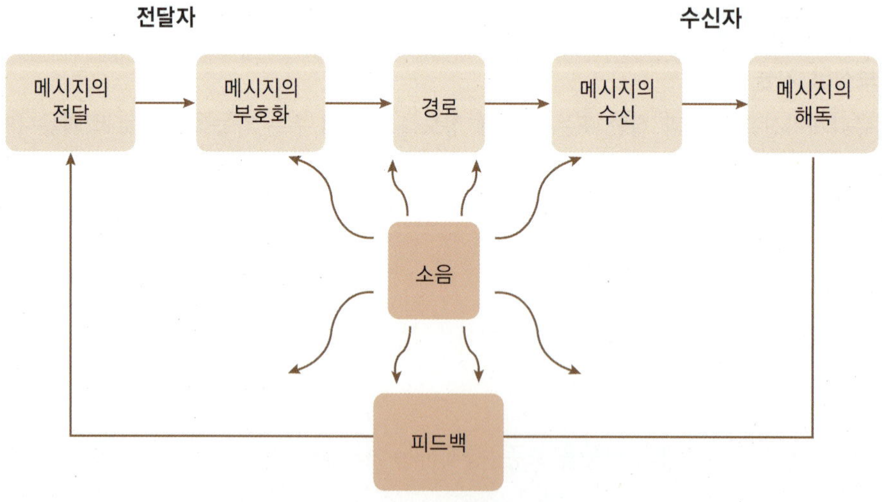

2 커뮤니케이션의 유형

1) 커뮤니케이션의 범위에 따른 유형

커뮤니케이션에 참여하는 인원의 규모에 따라 메시지의 계획성이 달라지며 메시지 전달자와 수신자의 역할 규모에서도 차이가 발생한다. 또한 커뮤니케이션 사이에서 일어나는 친밀감과 상호작용의 정도도 달라지게 된다.

자기 내 커뮤니케이션	자신의 생각과 감정을 메시지로 하여 스스로가 메시지 전달 및 수신자가 되는 커뮤니케이션
대인 커뮤니케이션	• 상대방과 자신 사이에서의 대화를 근간으로 한다. • 모든 커뮤니케이션 활동의 원형이며 커뮤니케이션의 본질에 가장 가깝다. • 비공식적이고 구조화되지 않은 상황에서 자유롭게 일어난다. • 언어와 비언어, 상징으로 구성되는 메시지 • 시각과 음성이 커뮤니케이션의 주요한 채널로 활용된다.
소집단 커뮤니케이션	• 3인부터 12인 혹은 15인 정도 사이에서의 커뮤니케이션 • 인간의 기본적인 사회생활에 대한 욕구를 충족시키는 커뮤니케이션 형태
조직 커뮤니케이션	• 소집단 커뮤니케이션 참여자보다 소속 자격과 경계가 뚜렷하다. • 업무적 요소가 강하며 계약적이고 공식적인 커뮤니케이션 특성 • 구성원이 어디에 존재하고, 그 범위가 어디까지인지 확실하다.
공중 커뮤니케이션	• 메시지 전달자는 한명이지만 수신자는 다수인 커뮤니케이션 • 공중 스피치 혹은 연설의 상황
매스 커뮤니케이션	• 엄청난 규모의 대중을 상대로 빠르고 쉽게 진행하는 커뮤니케이션 • 인쇄 기술이나 전자 기술, 컴퓨터 기술 등을 이용한 매스미디어를 통하며 메시지 수신자는 익명으로 존재하는 집단 • 보편적으로 이 유형의 커뮤니케이션 전달 대상은 대중이며, 메시지는 폭넓은 특정 계층을 대상으로 하여 개인에게 맞춰지기는 어렵고 피드백도 원활하기 어렵다. • 최근의 기술적 개발로 좀 더 개인화 되는 경향

2) 커뮤니케이션 상황에 따른 유형

커뮤니케이션의 상황이 어떠한가에 따라서도 커뮤니케이션의 형식, 목적이 달라질 수 있다.

① 수평적/수직적 커뮤니케이션

수평적 커뮤니케이션	동일 계층 내의 커뮤니케이션 또는 대등한 관계에서의 의사소통(동료간, 부서간, 자유토론 등).
수직적 커뮤니케이션	• 하향적 커뮤니케이션 : 조직 상부에서 하부로 이동(지시, 명령, 전달) • 상향적 커뮤니케이션 : 조직 하부에서 상부로 이동(보고)

② 개인/조직 커뮤니케이션

개인	개인과 개인 사이에서의 커뮤니케이션
조직	조직 전체의 차원 혹은 집단(조직)과 집단(조직) 사이에서의 커뮤니케이션

③ 대내/대외 커뮤니케이션

대내 커뮤니케이션	조직 내부에서 발생하는 커뮤니케이션
대외 커뮤니케이션	조직 외부 관계자와의 커뮤니케이션

3) 커뮤니케이션 네트워크 형태

커뮤니케이션 네트워크란 조직(집단) 내의 구성원 간에서 발생하는 커뮤니케이션의 경로, 의사소통의 패턴을 의미한다. 조직 커뮤니케이션의 특성에 의해 특수한 기능을 수행하며 커뮤니케이션 네트워크 유형에 따라 조직 내 커뮤니케이션의 속도와 정확도, 구성원의 만족, 조직 성과 등이 달라지게 된다.
(상기 커뮤니케이션의 유형 분류 표에서 조직 커뮤니케이션 참조)

① 조직 커뮤니케이션의 기능

명령 전달 기능	일상적 업무 수행을 위한 기능
인간 관계 기능	업무 만족도와 생산성 향상에 기여하는 기능
불확실성 관리 기능	평소 조직에 영향을 미칠 수 있는 환경 요소를 파악하고 이와 관련한 정보를 수집하며 분석하는 기능

유형	특징	효과					
		커뮤니케이션 속도	커뮤니케이션 정확도	구성원의 만족도	의사결정 속도	의사결정 수용도	리더로의 권한 집중도
쇠사슬형	• 공식적인 명령계통에 따라 수직적으로 이루어지는 형태 • 구성원 간의 커뮤니케이션은 연결되지 않은 형태	빠름	낮음	낮음	빠름	낮음	높음
수레바퀴형	집단 구성원 간에 중심 인물이 존재하여 구성원들의 정보 전달이 그 중심인물이나 집단의 지도자에 집중되는 형태	빠름	보통	낮음	보통	보통	높음

Y형	• 수레바퀴형에서처럼 확고한 중심인물은 존재하지 않지만 대부분의 구성원을 대표하는 인물이 존재하는 형태 • 라인과 스텝이 혼합되어 있는 관료적이고 위계적인 조직	빠름	높음	낮음	빠름	낮음	낮음
원(circle)형	• 집단의 구성원 간에 뚜렷한 서열이 없는 경우의 형태 • 위원회나 태스크포스의 구성원 사이에서 주로 이루어진다.	느림	보통	보통	느림	높음	낮음
완전연결형	• 리더가 없고 구성원 누구나 다른 사람들과 커뮤니케이션을 주도할 수 있는 형태 • 구성원 간의 정보교환이 완전히 이루어지며 최근의 팀단위 조직에서 많이 활용되는 형태	빠름	높음	높음	–	높음	낮음

3 비즈니스 커뮤니케이션의 이해

서비스 현장에서의 커뮤니케이션은 대부분 본질적으로 교육적이다. 특히 새로운 고객에게는 더욱 그렇다. 서비스 제공자는 그들의 고객들에게 고객이 미처 알지 못했던 서비스의 편익을 알려주며 이를 어떻게 언제 얻을 수 있는지 알려줄 수 있다. 또한 가장 좋은 결과를 얻기 위해 어떻게 서비스 과정에 참여할지에 대해서도 알려주기 때문이다.

1) 비즈니스 커뮤니케이션의 중요성과 필요성

① 서비스는 기업과 고객을 연결하는 중요한 교량역할을 수행하고 있다.

② 고객은 기업과 어떻게 커뮤니케이션 하였는가에 따라 동일한 상품, 서비스를 구매한 경우라도 만족도가 달라질 수 있어 '커뮤니케이션'의 역할이 더욱 중요해지고 있다.

③ 고객의 욕구 수준은 더욱더 개별화되고 있어 전문적이고 체계적인 정보와 설명을 통해 자신에게 적합한 해결안을 판단, 결정하고자 한다.

④ 서비스 제공자는 고객에게 자신이 갖고 있는 지식과 스킬을 통해 만족스러운 구매결정을 할 수 있도록 도와주어야 한다.

2) 비즈니스 커뮤니케이션의 역할

① 고객에게 필요한 정보와 조언을 제공

② 서비스 상품이나 브랜드의 이점에 대해 설득

③ 적절한 시점에 행동을 하도록 유도

④ 구매시 만족도 향상 및 재구매 유도

3) 비즈니스 커뮤니케이션 능력향상의 필요성

① 과거에 비해 상품, 서비스 품질에서의 차이가 확연하지 않은 상황에서 비즈니스 접점의 서비스 제공 수준으로 고객의 만족이 결정되는 시대이다.

② 고객의 욕구가 다양, 복잡, 개별화되어 과거와 같은 획일화된 서비스 응대로는 그 효과를 발휘할 수 없다.

③ 인터넷이 발달한 현대의 비즈니스 환경에서는 고객과 세일즈맨 사이에 존재했던 정보의 비대칭성이 줄어들게 됨으로써 고객이 보유한 상품, 서비스에 대한 정보의 양과 질이 서비스 제공자와 큰 차이가 없어지게 되었다. 따라서 과거의 단순한 정보 전달, 문의에 대한 응대 수준에서 신뢰를 형성하는 공감적 커뮤니케이션과 정보의 우선순위를 판단하게 하는 등의 전문성을 동시에 강화시켜야 한다.

Chapter 02 효과적인 커뮤니케이션의 이해

커뮤니케이션을 공통의 상징체계를 사용한 지식, 정보의 전달과 공유로 본다면, 대화는 실제 사람과 사람이 대면하여 발생하는 대인 커뮤니케이션으로 이해할 수 있다. 구체적으로 사람과 사람 사이에서 효과적으로 대화하기 위한 구성요소와 구조를 이해하면 서비스 접점에서의 커뮤니케이션에 현실적인 도움이 된다.

1 비즈니스 커뮤니케이션의 개념 및 특성

1) 대화의 정의와 개념

① 정의 : 두 사람 이상이 모여 말로 생각과 느낌을 표현하고 이해하는 활동

② 대화를 구성하는 기본 단위 : 말하는 사람, 듣는 사람, 화제(주제)

③ 대인 커뮤니케이션으로서의 특징 : 대체로 대면적이며, 형식은 대체로 비형식적이고, 메시지의 흐름은 쌍방향적이다. 따라서 피드백이 충분하고 즉각적이다.

2) 비즈니스 대화(비즈니스 대인 커뮤케이션)의 입체적 해석

■ **언어적, 비언어적 상징들②에 의해 의미①가 전달되는** 과정
■ **메시지를 통해 이루어지는 사회적 상호작용③**

① **목적의 관점**
- 비즈니스 커뮤니케이션은 일반적인 커뮤니케이션에 비해 '전달'이라는 분명한 '목적'을 가지고 있다.
  예 비즈니스 커뮤니케이션의 목적의 예 : 판매, 고객 만족, 문제의 해결, 과정의 진전 등
- 일반적인 대화에 비해 이해, 설득, 판단, 결정 등의 행동에 있어 도움을 주거나 중요한 영향을 미치는 역할을 한다.

② **전달 수단으로서의 관점**

언어적/비언어적 상징의 수단을 통해 전달하고자 하는 목적을 달성하려 한다.

③ **'상호작용'으로 바라보는 관점**

서비스 제공자와 고객 쌍방 상호간의 교류를 통해 교감과 공감이 이루어지는 과정을 동반한다.

커뮤니케이션(communication)의 라틴어 어원은 '나누다'를 의미하는 'communicare'이며, '나누다'는 비즈니스 현장에서의 커뮤니케이션을 다음과 같은 의미로 해석할 수 있다.
① 각자의 역할을 나누어 공동의 목표를 이루어가는 의미인 분업
② 홀로 이루기 힘든 목표를 힘을 합쳐 만들어 가는 의미인 협력
③ 성과와 목표달성의 개념만이 아닌 생각과 감정 등을 함께 인식하고 나누는 공유의 의미를 복합적, 개별적으로 내포하고 있다.

2 효과적인 커뮤니케이션을 구성하는 언어와 비언어적 커뮤니케이션에 대한 이해

대인 커뮤니케이션은 언어적, 비언어적 커뮤니케이션의 두 가지 표현으로 이루어진다.

1) 언어적 커뮤니케이션(verbal communication)

① 의의
　　㉠ 자신의 감정, 상태, 경험 등을 다양한 형태로 표현하고자 하는 욕구가 일정한 상징을 통하여 표현되는 것이다.
　　㉡ 표현을 상호 교환하면서 언어는 사회적으로 제정된 상징 및 기호의 체계가 된다.
　　㉢ 언어는 가장 주요한 커뮤니케이션의 요소이다.

② 언어적 커뮤니케이션의 특성
　　㉠ **언어의 추상성**
　　　언어는 같은 부류의 사물들에서 공통적 속성을 뽑아 추상적인 용어로 표현하여 어떠한 사물과 현상을 일반화, 범주화 하는 특징이 있다. 지나치게 추상적이거나 압축된 언어를 사용하면 명확한 의미를 전달하기 어렵다.

　　㉡ **언어의 추리성**
　　　객관적인 사실을 바탕으로 공통된 특성을 유추하는 것이 추리(inference)이다. 언어의 추리성은 지식적 배경이 바탕이 되어 어떠한 언어 내용에 대해 민감할수록, 많이 알고 있을수록 그 언어에 대해 보다 정확한 추리력을 발휘할 수 있다.

　　㉢ **언어의 상황성**
　　　언어는 분위기나 상황에 영향을 받아 상황에 따라 의미도 달라질 수 있다.

　　㉣ **언어의 전상징성(presymbolic use)**
　　　어떠한 의미의 표현이나 전달보다는 단순한 감정이나 기분을 표현, 전달하는 특성을 의미한다. 이는 다른 사람들과의 관계, 상황의 불확실성에서 오는 불안감을 감소시키고, 서로의 이해를 돕는 데 기여할 수 있다.

2) 비언어적 커뮤니케이션(nonverbal communication)

① 비언어적 커뮤니케이션의 의의

- 언어를 제외한 비언어적 신호를 통한 의도적 또는 비의도적 정보교환
- 몸짓이나 시각 또는 공간을 상징으로 하여 의사를 표현하는 커뮤니케이션 방법
- 언어 사용 없이 이루어지는 생각이나 감정소통의 상태를 의미한다.

② 비언어적 커뮤니케이션의 특성

- 비언어적 커뮤니케이션도 의사전달의 기능을 가진다.
- 잠재적 의식이나 억제된 욕망, 두려움의 요인들을 파악하거나 전달할 수 있다.
- 같은 행위일지라도 상황에 따른 의미해석이 전적으로 다르게 해석될 수 있다.
- 언어적 커뮤니케이션에 비해 주관적 신뢰도가 높은 커뮤니케이션 수단으로 여겨지고 있다.
- 감정적, 정서적인 정보를 전달하는 데 용이한 수단이다.
- 비언어 커뮤니케이션은 커뮤니케이션의 이해 과정에서의 핵심적 역할 수행

③ 비언어의 유형(Knapp의 7개 카테고리 분류)

동작학(신체언어)	손과 팔, 다리, 자세 전환, 제스처, 눈동자 움직임, 안면 표정 등으로 전달하거나 파악하는 방법
유사언어(준언어)	• 언어의 내용을 제외한 음성 및 패턴과 관련한 모든 것 • 목소리 고저, 크기, 속도, 발음
신체접촉	만지는 행위, 악수, 안기 등
공간학	대인 간의 공간(거리)과 영역 규범에 관한 것
신체적 특성	피부색, 몸매, 몸 냄새, 두발, 복장 등
장식품	향수, 옷, 가방, 시계, 가발 등
환경적 요인	그 안에서 행동이 일어나는 물리적 장치(교실, 사무실, 복도 등)

3 커뮤니케이션의 장애 요소(오류의 원인)

1) 일반적 개념의 커뮤니케이션 오류

① 문제를 어떻게 받아들이느냐와 관련한 '인식과 경험의 차이'

② 수직적인 관계인가 혹은 수평적인 관계인가와 관련한 '관계성의 차이'

③ 상황 변화에 따른 차이

④ 가치 기준의 차이
⑤ 역할, 성격, 문화, 성별, 나이 등의 차이

2) 세부적인 커뮤니케이션의 오류

① 자기중심적 커뮤니케이션의 유형
　㉠ 종류
　　－ 타인도 나와 같은 수준이라는 생각(예 아니, 이렇게 쉬운 것도 몰라?)
　　－ 자기 판단에 대한 과신(예 내 생각이 잘못 되었을리가 없어. 내 생각이 상식적으로
　　　옳아!)
　　－ 확고해진 자기 고정 관념(예 행색으로 봐서 고가의 제품을 살 수 없는 사람일꺼야.)
　　－ 타인의 반응에 둔감(예 자신이 하고 싶은 말만 늘어놓는 오류. 나는 이만큼 알고 있어!)
　㉡ 해결방안
　　－ 사람들마다 생각의 틀이 다름을 인식한다.
　　－ 내가 항상 옳은 것은 아니라는 겸손함을 가져야 한다.
　　－ 역지사지(易地思之) 관점의 자세가 필요하다.

② 커뮤니케이션 스킬의 부족
　－ 자기중심이 너무 강하거나 비효과적인 자신의 언어습관 대로 커뮤니케이션하는 경우
　　(예 습관적인 비속어, 외국어 남발)
　－ 나쁜 습관의 비언어 구사
　　(예 불명확한 발음, 알아듣기 힘든 작은 목소리,
　　부자연스러운 제스처 등)
　－ '이중 메시지' 또는 '혼합 메시지'로 인해 불명확한
　　전달능력을 보이는 경우
　　(예 듣는 사람이 명확히 이해하기 어렵거나 오해를
　　불러일으킬 수 있는 표현. 이 정도면 충분하실
　　겁니다.)
　－ 경청의 스킬과 태도가 없는 경우
　　(예 상대방의 이야기를 가로막고 자신의 이야기를
　　전달하려 함)
　－ 효과적인 질문을 하지 못하는 경우
　－ 스킬부족의 해결방안 : 전문적인 비즈니스 커뮤니케이션의 요소를 분류하고 체계적인 학습을
　　진행한다.

Chapter 03 커뮤니케이션 스킬 습득

고객과의 원활한 커뮤니케이션을 위해 알아야 하는 기본적인 방법을 익혀 서비스 현장에서 적용해 볼 수 있다. 커뮤니케이션은 단순한 말하기의 기법이 아닌 만큼 기본적인 고객과의 대화에 필요한 스킬의 구조와 방법론을 익혀 효과적인 서비스 상황을 전개해야 한다.

1 효과적인 대인 비즈니스 커뮤니케이션 스킬의 구조

1) 질문과 경청의 결합

㉠ 고객의 이야기를 계속 듣기만 하거나, 혹은 일방적으로 설명을 진행하는 것은 효과가 떨어진다.

㉡ 좋은 태도의 대화를 위해서는 구체적인 방법을 통해 좋은 습관이 습득될 수 있어야 한다. 이를 위해서는 준비와 훈련이 필요하다.

㉢ 질문을 통해 대화의 주도권을 확보하고 고객의 답변에 대해 효과적인 경청의 방법을 대입하면 공감대를 형성하면서 다음 질문을 이어갈 수 있는 상황을 조성한다.

㉣ 질문과 경청의 과정에서 고객의 니즈 파악이라는 목적이 동반되면 비즈니스 목적에 더욱 효과적이다.

㉤ 고객의 이야기를 정리하거나 칭찬해주는 과정이 추가되면 더욱 효과를 발휘한다.

2) 질문과 경청의 구조로 만들어 내는 One Cycle Flow

㉠ 개념 : 질문–경청(기본단계)–경청(고급단계)–질문으로 구성되는 대화의 구조

ⓛ 설명
- 효과적인 질문을 통해 대화를 시작한다.
- 고객의 반응에 적절한 칭찬과 따라하기, 정리하기 기법을 활용한다.
- 다음 단계의 질문으로 One Cycle Flow를 진행한다.
ⓒ 효과 : 경청의 과정을 통해 질문을 이어감으로써 목적과 방향에 부합하는 대화를 전개할 수 있다.

2 현장에서 효과를 발휘하는 대화 스킬의 습득

1) 고객과의 첫 만남을 여는 Ice Breaking 스킬

① Ice Breaking이란

ⓖ 사전적 의미 : 실마리를 푸는, 딱딱하거나 서먹서먹한 분위기를 깬다.

ⓛ 이해관계를 바탕으로 하는 비즈니스 현장에서는 낯섦과 상호간의 부담이 존재하는 상황을 해소하는 첫 단추로서의 의미로 해석된다.

ⓒ 인바운드 서비스 현장에서는 고객맞이 개념으로 볼 수 있다.

ⓔ 비즈니스 현장에서의 Ice Breaking의 목표는 오픈마인드(open mind)이다.

② Ice Breaking의 주요 흐름

ⓖ 서비스 상담의 목적에 부합하는 방향으로 분위기를 형성하기 위해 서비스 제공자가 주도적으로 분위기를 형성하기 위해서는 적절한 흐름을 유지해야 한다.

ⓛ 일관성 있는 대화방향을 유지하고 서비스 제공자가 즉흥적이거나 감각에 의존하지 않도록 한다.

ⓒ 서비스 제공자는 상황에 맞는 정형화된 흐름을 가지고 이를 적절히 변형하여 사용함으로써 효과적인 Ice Breaking을 진행하고 동시에 자신감을 얻을 수 있다.

ⓔ Ice Breaking의 주요 구성요소

주요 구성요소	효과 및 사례
1. 인사	첫 만남의 기본적인 예의. 관계의 시작 예 안녕하세요? 방문해 주셔서 감사합니다. / 반갑습니다. 처음 인사드립니다. 000 입니다.
2. 밝은 분위기 형성	가벼운 대화의 소재. 분위기를 부드럽게 만드는 내용 예 오늘 날씨가 정말 좋습니다. 오시는 길은 복잡하지 않으셨나요?
3. 회사 소개	회사 소개는 서비스 제공자의 신뢰도를 높이며 기초적인 정보 제공의 역할을 한다. 예 우리 호텔은 고객의 즐거움과 품격 만족이라는 철학으로 00년간 운영되고 있습니다. 우리 회사는 특히 00부분에 대해 중요한 가치를 두고 있습니다.

4. 자기 소개	특히 고관여 구매, 장기적인 서비스 제공, 방문 세일즈 등에서 의미있는 역할을 한다. 예 저는 생명보험이 추구하는 가치를 통해 평생직업으로 삼고자 시작하여 0년간 현재 000명의 고객 분들과 함께 하고 있습니다.
5. 철학	서비스 제공자 혹은 기업이나 방문한 조직의 서비스 제공 철학에 대한 부분이다. 고객의 주의, 관심을 집중시키면서 의미를 부여하는 서비스 활동을 나타낼 수 있다. 예 고객님, 좋은 여행은 준비와 계획에서부터 시작된다는 생각으로 상담해 드리겠습니다.
6. 서비스 및 상담의 목적	Ice Breaking을 통한 궁극의 목적은 본격적인 상담을 하고자 함을 알리고 이에 대해 동의를 받는 것이다. 서비스 및 상담의 목적을 밝히는 것이 Ice Breaking의 목표이다. 예 고객님께 비용과 효과를 꼼꼼히 고려하여 최적의 상품을 선택하실 수 있도록 도움을 드리고자 하는 것입니다. 제가 안내를 드려볼까 합니다만 어떠십니까?

③ **효과적인 Ice Breaking을 통해 기대할 수 있는 효과**

㉠ **부담감 해소** : 비즈니스상에서 발생할 수 있는 부담감을 해소하고 편안하게 다음 과정을 진행할 수 있게 된다.

㉡ **호기심 자극** : 서비스나 향후 진행될 상황에 대해 긍정적인 호기심을 자극하게 되면 고객으로부터 양질의 정보(니즈)를 발견할 수 있게 된다.

㉢ **신뢰감 형성** : 고객에게 앞으로 제공할 정보에 대한 신뢰감을 줄 수 있다. 서비스 제공자가 고객지향적이며 관계를 중시한다는 느낌을 준다면 향후 과정에서 긍정적인 결과를 기대할 수 있다.

㉣ **주도권 확보** : 상담이나 설명, 서비스 제공의 주도권을 확보하여 과정의 효율화를 꾀할 수 있다.

㉤ **전문가 이미지 부각** : 고객이 서비스 제공자를 전문가로 인식하게 된다.

Ice Breaking도 서비스 과정에 있어 매우 중요한 과정임을 인식해야 합니다. Ice Breaking은 상담의 목적에 부합하는 방향으로 분위기를 형성하는 것까지 목표로 할 수 있어야 합니다. 어색함을 없애겠다는 의도로 가벼운 말을 과도하게 하거나 재미있는 분위기 연출에만 애쓰는 것에 유의해야 합니다.

차가운 얼음을 깨거나 부수는 의미보다는 어색함과 부담스러운 마음을 녹인다고 생각하시기 바랍니다. 너무 의례적인 고객맞이, 진정성 없는 형식적인 칭찬 몇 마디로는 고객의 마음을 녹이기 어렵습니다. 정성을 담으면서도 보다 전문성을 갖춘 효과적인 Ice Breaking의 프로세스를 만들어 현장에서 활용해 보시기 바랍니다.

2) 고객과의 공감을 이끌어내는 경청의 방법

경청을 단순히 고객의 이야기를 끝까지 들어주는 태도로 바라보기 보다는 효과적인 방법을 통해 서비스 현장에서 활용할 수 있는 역량의 관점으로 이해해야 한다.

① 경청의 힘

㉠ 고객과의 공감대를 형성하고 신뢰를 쌓을 수 있는 기반이다.

㉡ 고객으로부터 양질의 정보를 듣고 고객의 니즈를 파악하여 효과적으로 커뮤니케이션의 목적에 접근할 수 있다.

㉢ 효과적인 질문과 결합되어 대화의 기본 골격을 구성하게 된다.

② 경청의 장애 요인

㉠ 내가 듣고 싶은 이야기만 듣는 오류를 범하기 때문이다.

㉡ 고객의 이야기를 듣는 도중에 내가 하고픈 이야기, 설명이나 반박하고 싶은 이야기가 생각나기 때문이다.

㉢ 나의 지식과 경험으로만 고객의 이야기를 이해하고 판단하려 하기 때문이다.

㉣ 고객의 이야기를 평가, 판단하려 하기 때문이다.

㉤ 심신이 피로한 상태에서는 경청이 어렵다.

플러스 tip

태도의 관점에서 본 경청의 단계

무시적 듣기	• 무반응 • 듣고 있는지 아닌지 구분하기 어려운 좋지 않은 태도
행위적 듣기	• 듣는 척만 하는 단계 • 자신의 생각 속에 빠져 있는 상태이기에 대화가 진행되면서 전달자는 경청을 하고 있지 않음을 알게 된다.
선택적 듣기	• 자신이 듣고 싶은 것만 듣는 행위 • 자의적인 해석으로 인해 공감대 형성이 어렵거나, 고객의 의사를 명확히 파악하기 어렵다.
집중적 경청	• 이해의 폭을 넓혀 상대방의 이야기를 잘 들어주는 태도 및 상태 • 무리 없이 대화를 진행할 수 있는 좋은 태도의 경청
공감적 경청	상호간에 공감이 이루어지고, 말의 내용 이면에 숨겨진 의미도 파악할 수 있는 최고의 단계

② 경청의 방법 5단계

비즈니스의 목적, 즉 판매 혹은 진전, 고객만족을 위해서는 잘 들어주는 태도와 더불어 스킬의 관점을 통한 행동이 뒤따라야만 좋은 태도의 경청이 더욱 긍정적인 효과를 거둘 수 있다.

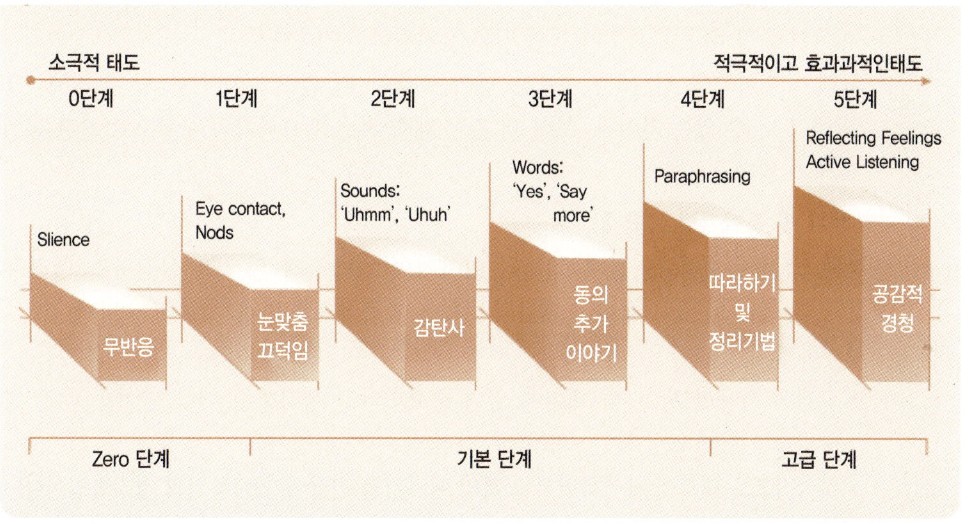

㉠ 무반응 (zero단계)
- 상대방의 이야기에 아무 반응을 하지 않는 경우
- 상대방이 이야기 하는 동안 시선이 다른 곳으로 분산되거나 듣는 것 같은 태도는 있으나 표현되지 않는 경우
- 자신의 이야기만 일방적으로 하는 사람으로 인식하게 되며 공감대 형성에 실패하게 된다.

㉡ 눈맞춤(eye contact)과 끄덕임(nods) (1단계)
- 경청의 가장 기본적인 예의, 매너인 태도
- 고객의 눈을 응시하면서 고객의 이야기에 공감할 수 있는 상황이 되면 가끔 고개를 끄덕인다.
- 7~8초 가량의 간격을 두고 시선집중의 타깃에 약간의 변화를 준다.
- 가장 간단하면서도 고객의 이야기를 집중해서 들을 수 있는 상황을 스스로 연출하게 되는 방법이다.

㉢ 감탄사 (2단계)
- 상대방의 이야기에 반응하는 맞장구
- 고객의 이야기를 잘 들으면서 공감이 가는 대목에서 '음~, 아!, 네.' 등의 공감적 감탄사를 표현한다.
- 같은 어감을 계속 반복하거나 주기적, 무의식적으로 전달하는 느낌은 부작용이 있을 수

있어 유의해야 한다.

㉢ 동의 및 추가 이야기 (3단계)

- 고객의 이야기에 좀 더 적극적으로 호응하는 단계
- 긍정의 표현인 '그렇습니다! 저도 그렇게 생각합니다!'라는 동의 이후에 고객이 더 많은 이야기를 할 수 있도록 추가적인 질문을 진행하는 것이다.
- 고객의 이야기를 잘 듣는 수준을 넘어 고객이 더 많은 이야기를 할 수 있는 상황을 만들어 낼 수 있는 것이다. 보다 더 깊은 대화 혹은 정보파악의 상황으로 진전을 이루는 효과가 있다.

㉣ 따라하기 및 정리기법 (4단계)

경청의 고급 단계이다. 실제 고객의 이야기에 집중하지 않으면 실천하기 어려우므로 경청의 태도와 습관을 형성하고 대화의 방향을 효과적으로 전개할 수 있는 방법이다.

- 따라하기
  - 고객이 사용한 단어 중 대화에 있어 중요하다고 생각하는 핵심 단어를 앞선 경청의 방법들과 함께 조금 낮은 목소리로 따라 해 주는 기법이다.
  - 적극적으로 대화에 참여하면서 고객의 이야기를 이끌어가는 형식의 경청방법이다.
  - 간단하면서도 효과가 높고 서비스 제공자의 경청에 대한 자신감을 높일 수 있는 방법이다.
- 정리하기
  - 고객의 표현 중간에 중요한 문장을 가볍게 정리하여 따라 해 주거나 고객의 이야기가 끝나 후에 고객이 표현한 핵심 단어 및 문장을 이용하여 서비스 제공자가 간결한 문장으로 고객의 이야기를 정리하는 방법이다.
  - 이후의 질문 및 상담을 효과적으로 진행할 수 있도록 유도할 수 있으며, 특히 의사결정을 힘들어하거나 여러 가지 변수로 인해 판단을 내리기 어려워하는 고객과의 대화에서 사용하면 효과적이다.
  - 고객은 "내 말을 정말 열심히 잘 듣고 있네" 혹은 "내 마음을 잘 이해하고 있구나"라는 느낌과 함께 전문가적 견해나 방향을 덧붙여 제시할 수 있다면 "내 마음을 잘 이해하고 해결해 줄 수 있는 전문가"라는 이미지를 가지게 된다.

③ 공감적 경청 (5단계)

경청의 최고 단계로 서비스 제공자가 높은 수준의 서비스 활동을 추구하게 하는 원동력

- ㉠ 고객의 마음속에 있는 생각을 이해하여 표현한다.
- ㉡ 고객의 내면을 깊이 인식하여 본질적인 문제나 욕구를 바라보고 해결할 수 있는 능력을 의미한다.
- ㉢ 고객에 대한 진실한 관심, 공감, 배려의 개념이다.
- ㉣ 표면적인 답이 아닌 고객의 내면 깊은 곳에서 고객이 원하는 것을 가장 적절한 언어와 행동으로 표현하고자 하는 이상적인 개념이자 경청의 목표이다.

경청의 수준에 따라 서비스 제공자의 서비스가 달라질 수 있습니다. 짧은 시간 안에 고객을 응대하는 경우라 하더라도 경청의 마인드에 따라 달라지는 서비스 현장을 예를 들어 살펴보겠습니다.

〈가전 매장 방문 사례〉

Before

"친구가 이번에 제습기를 구입했는데 정말 좋다고 하더라구요.
진작 살 걸 성능이 정말 좋다면서 기뻐 하더라구요."

> 고객의 이야기보다 내가 하고 싶은 이야기에 집중하게 되는 경우

After

"친구가 이번에 제습기를 구입했는데 정말 좋다고 하더라구요.
진작 살 걸 성능이 정말 좋다면서 기뻐 하더라구요."

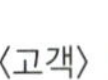

> 고객과의 대화에서 적극적인 경청의 태도를 보이면 고객은 스스로 더 많은 생각을 이야기 하게 됨. 고객의 긍정적인 대화는 이후 서비스의 만족도와 서비스의 목표 달성에 효과적

고객과의 대화에서 적극적인 태도를 보이면, 고객은 스스로 더 많은 생각을 이야기하게 됩니다. 긍정적인 대화를 진행한 고객은 어떤 생각을 하게 될까요?

고객의 장황한 이야기를 서비스 제공자가 전문가적인 견해와 고객을 배려하는 마음을 담아 정리하는 상황입니다. 경청의 고급단계인 정리하기 기법의 사례입니다.

3 대화의 주도권과 니즈를 이끌어 내는 질문 스킬

1) 질문의 힘

① 질문의 중요성과 의의

질문은 대화나 상담의 목적을 이루기 위한 중요한 준비이며, 상담의 진전과 체결에 사용되는 필수요소이다.

㉠ 고객의 심리적 방어를 해소할 수 있다.

㉡ 양적, 질적으로 의미 있는 정보를 발견할 수 있다.

㉢ 존중의 마음을 전달하고 공감대를 형성하여 신뢰감 있는 관계형성이 가능해진다.

㉣ 고객의 니즈와 이점을 고객 스스로 발견, 강화함으로써 판매나 진전의 확률을 높일 수 있다.

② **질문이 생략되는 이유**

　㉠ 질문보다는 설명하는 것이 보다 쉽다고 생각하기 때문이다.

　㉡ 효과적인 질문에 대한 준비와 훈련과 학습이 되어 있지 않기 때문이다.

　㉢ 비효과적인 질문들을 통해 오히려 좋지 않은 경험을 갖고 있어 질문에 대한 부담을 갖고 있기 때문이다.

2) 질문의 장애 요인

질문은 대화를 이끌어 가는 매우 유용한 수단이다. 그러나 질문 중에는 고객들을 힘들게 하거나 불편하게 만드는 질문, 즉 비효과적인 질문이 있다. 오히려 질문이 대화의 방해요소가 되는 상황들을 파악해보고 점검하는 것이 중요하다. 질문은 구조적인 이해와 효과적인 방법이 필요한 요소임을 인식해야 한다.

① 대답하기 애매한 질문

　예 대답을 제대로 하자니 너무 복잡하고, 짧게 하자니 좀 곤란하고… 어떡하지?

② 질문과 이후 설명이 연결되지 않는 질문

　예 아니 근데 질문은 왜 한 거지? 이 이야기가 아까 질문이랑 무슨 상관이지?

③ 동의를 얻기 위해 의도가 파악되는 수준 낮은 질문

　예 지금 내가 그 문제에 꼭 동의해야 된다는 건가? 내가 불리해 지는 것이 뻔하네…

④ 처음부터 너무 결론에 가까워 대답하기 어려운 질문

　예 생각해 본적이 없는데… 이건 사라고 하는 얘기네…

⑤ 듣고 싶은 대답을 강요하거나, 결론을 강제하는 듯한 형식의 질문

　예 내가 꼭 동의해야 하는 건가? 왜 그래야 하지?

⑥ 불필요한 서두가 너무 장황한 질문

　예 결국 이 질문을 하려고 한 건가? 내용이 중요한 거야? 질문이 중요한 거야?

⑦ 어렵고 애매한 표현을 많이 안고 있는 질문

　예 도대체 뭘 질문한 거지? 그리고 왜 이렇게 어렵게 질문하는 거지?

3) 질문의 4가지 유형

개방형	폐쇄형
• 고객을 존중한다는 느낌을 줄 수 있다. • 자유로운 대답을 할 수 있다. • 고객에게 긍정적으로 받아들여 질 수 있지만 답이 너무 다양할 수 있다. 예 예식장을 결정하시는 데 어떤 것들을 중요하게 생각하시고 계신가요?	• 대화의 초점을 유지시키는 데 효과적이다. • 사전에 고객의 동의를 얻은 상태에서 진행되면 더욱 효과적이다. • 연속해서 폐쇄형 질문을 던지면 질문자의 수준을 낮게 평가하거나 따져 묻는 듯한 인상을 줄 수 있다. 예 예식장 결정에 대중교통 편이성도 중요한 기준이신가요?

직접형	간접형
• 직접적인 답을 찾기 위한 질문 • 고객이 이해하기 쉬운 질문 • 고객을 압박하고 있다는 느낌을 줄 수 있다. 예 고객님께서 원하시는 예식과 여러 상황을 종합해 보면 경제성과 접근성 등을 고려한 곳을 추천해드려야 겠다고 생각되는데 어떠십니까?	• 꼭 답을 듣기 위함이 아니라 긍정적 동의를 구하는 질문의 형태이다. • 직접적인 의문문의 형태가 아니어도 크게 상관없는 형태이다. • 좋은 분위기 형성에 도움이 되는 질문의 형태이다. 예 결혼식은 품위가 느껴지는 예식장에서 해야 되지 않겠습니까?

4) 효과적인 질문기법

① 재설명법

- 고객의 상황, 생각, 의견을 알기 쉽게 풀어서 다시 말해준다.
- 고객이 계속 이야기를 할 수 있도록 도와준다. 추가 정보 확보 및 고객의 속마음 등을 확인

  예 아이가 있으시기 때문에 편의시설이 가까운 곳을 이용하시고 싶으신 거군요.
  편의시설이 가까운 곳 중에서 전망이나 음식이 맛있는 리조트를 안내해 드리면 어떠시겠습니까?

② 중립질문법

- 관심을 표명하며 고객이 더 분명하고 자세히 이야기할 수 있도록 요청
- 고객의 생각을 좀 더 명확하게 알 수 있으며 고객의 존중감을 높인다.

  예 앞으로 지출과 투자에 대해 고민 되신다구요? 구체적으로 어떤 부분에서 그러신지요?

③ 유도질문법

- 고객에게 바라는 대답을 하도록 유도하는 질문
- 고객이 충분히 동의할 수 있는 내용으로 질문하여 공감대를 형성하는 역할(고객을 이해하고 있음을 표현)

  예 이제는 자동차가 그냥 이동 수단만은 아니라는 말씀이신 것 같습니다. 혼자만의 공간이면서도 가족이 머무는 공간이고, 안전과 동시에 경제적 효과를 고려해야 하는 그런 복합적인 도구라는 생각이신 것 같습니다만?

④ 양극단 질문

- 고객의 대답에 대해 반대의 경우를 질문한다. 고객의 부정적인 대답을 중단시키고 긍정적인 화제로 유도할 때 효과적인 질문

  예 네. 그렇다 하더라도 화장품을 구입하면서 가격만 고려하지는 않으실 것 같은데요, 저렴한 제품을 구입하실 때 아무래도 걱정되는 부분이 있으신지요?

⑤ 도전질문

- 고객의 문제점을 지적하여 고객의 마음을 불편하게 만드는 질문
- 고객의 견해를 일시에 새로운 방향으로 전환시키는 방법
  - 예 결국 3,4년에 한 번씩 가구를 바꾸시게 되면 그 비용은 얼마나 될까요? 또 가구 교체에 따른 번거로움까지 생각하셔야 할 텐데요… 그렇다면 저렴한 가구가 과연 실용적이기만 할까요?

5) 기타 비즈니스 현장에서 주로 사용하는 질문기법

서비스 현장에서는 다음의 질문기법을 자주 사용하게 된다. 주로 질문 내에 서비스 제공자의 의견이나 의도가 포함되어 있는 경우가 많지만 일방적인 설명보다는 질문의 형식을 빌어 고객을 배려, 존중하는 서비스 상황으로 진행하게 되는 것이다.

① 고객의 생각을 확장시키는 가정형 질문 (만약….어떠시겠습니까?)

고객에게 새로운 관점을 제시하면서 간접적으로 서비스 제공자의 의견을 반영하는 질문
예 만약 이제까지와는 다른 방식으로 검사를 받으실 수 있다면 어떠십니까?

② 필요한 정보와 생각을 되짚어 보게 하는 회귀형 질문 (~~이렇게 생각해 보시면 어떨까요?)

예 하지만 사용하시는 기간을 5년이라고 생각하신다면 어떠실까요? 비용 차이보다는 내구성이 더 중요하게 느껴지실 수도 있지 않을까요?

③ 말하지 않고 몸짓으로 메시지를 전하는 침묵형 질문

대화의 중간에 의도적인 침묵은 고객의 생각을 자극하고 추가적인 의견을 개진하게 하는 효과가 있다.

④ 보다 구체적이고 명확하게 상대방의 의견을 파악하는 확인형 질문 (그래서 …~~ 하시다는 것이지요?)

조심스럽게 고객의 의견을 최종 확인하는 질문이다.
예 네. 고객님 그럼 12월 23일에 원하시는 물건을 배송받고 싶으시다는 거죠? 이 부분을 택배 발송시에 택배회사에 특별히 요청하도록 조치하겠습니다. 괜찮으시겠습니까?

⑤ 고객에게 선택권을 주어 의사를 파악하고 존중감을 더해주는 양자 택일법 질문

결정을 내리기 힘들거나 고객의 의견을 구체적으로 이끌어내기 위한 질문법
예 고객님 그럼 투자기간이 1년인 상품과 5년 이상의 상품 중 어느 것이 더 좋으십니까? 기간이 긴 상품의 수익율이 약 20% 정도 더 좋은 상태입니다.

1) 서비스 현장 커뮤니케이션의 특징

① 고객 중심의 표현

커뮤니케이션을 통해 고객이 어떤 느낌을 받을 것인가가 중심이 된다. 고객에게 단순히 어떤 사실이나 상황을 설명하는 것에 그치지 않고 고객이 사실이나 상황을 통해 느끼는 감정을 이해하여 이를 적절히 응대하고 어떻게 해줄 수 있는지를 제시할 수 있어야 한다.

예 할인 이벤트가 끝났습니다. → 아쉽게도 할인 이벤트가 끝났습니다만, 더 좋은 상품들이 새로 전시되어 있습니다. 어떤 상품인지 보여드리면 어떨까요?

② 신속하고 적극적인 표현

고객의 요구나 질문에 보다 신속하게 응대하고 적극적으로 반응하는 표현이 필요하다. 서비스 제공자의 적극적 마인드를 통해 고객은 성의 있는 응대를 받고 있음을 느낄 수 있다.

예 잠시만요 → 바로 확인해 드리겠습니다. / 그 부분은 어렵습니다. → 그 부분은 어렵습니다만, 다른 방법이 있는지 한 번 알아보겠습니다.

③ 완곡하고, 개방적인 표현

대화를 전개함에 있어 고객의 이해를 돕거나 정보를 전달하면서 명확하게 전달하는 가운데 오히려 오해를 살 수 있는 가능성이 있다. 따라서, 가능하면 여지를 두고 대화를 전개하고 불필요한 거부감을 없애도록 한다.

예 그럴 리 없습니다. → 그렇지 않은 것으로 알고 있지만, 한 번 확인해 보도록 하겠습니다.

2) 다양한 커뮤니케이션 표현법

① 청유형 표현 (레어드 화법)

상대방이 스스로 결정할 수 있도록 일방적인 메시지가 아니라 상대의 의견을 구하는 표현이 더 효과적이다.

예 잠시 기다려 주세요. → 잠시 기다려 주시겠습니까?

② 긍정적 표현

- 대화의 내용 중 부정적 부분보다 긍정적 부분이 중심이 되도록 표현한다.
- 같은 내용이라 하더라도 긍정적인 느낌의 표현으로 바꾸어 표현한다.
- 아론슨 화법 : 부정적인 내용과 긍정적인 내용을 함께 말해야 하는 경우는 부정적인 내용을 먼저 이야기 하고 긍정적인 이야기를 뒤에 전개하는 것이 효과적이다.

예 기다리게 해서 죄송합니다. → 기다려 주셔서 감사합니다.

여기서는 담배를 피우실 수 없습니다. → 담배를 피우시는 장소는 건물 밖에 따로 마련되어 있습니다.

튼튼하긴 하지만 크기는 좀 작습니다. → 크기는 작지만 튼튼합니다.

③ 쿠션 화법

상대방의 요구를 충족시켜 줄 수 없거나 상대방에게 부탁을 해야 하는 경우 거부감을 완화하는 표현 이후에 메시지를 전달하는 방법이다.

예 실례합니다만~, 죄송합니다만~, 공교롭게도~ 번거로우시겠지만~

④ I-Message 표현

- 상대방을 주어로 사용하는 것이 아니라 자신을 주어로 하여 상대방의 행동 등이 자신에게 미치는 영향, 자신이 느끼는 감정을 표현한다.
- 이는 불필요하게 상대방에게 책임을 전가하는 듯한 오해를 방지하고, 자신의 상황을 솔직하게 말함으로써 현상보다 본질적인 원인에 대해 대화할 수 있는 계기가 된다.

예 선배님께서 너무 재촉하시는 것 같아요. → 저는 선배님께서 빨리 하라고 하시는 것 같아 마음이 조급해집니다.

Chapter 04 고객 감성의 이해

사람들은 이성적인 판단에 의해 사고하고 결정하려 하지만 이 결정을 행동에 옮기게 하거나 경우에 따라서는 판단한 내용과 다르게 행동하게 되는 것을 바로 감성이라고 한다. 제품과 서비스의 질적 차이가 미미한 초경쟁 상황에서는 고객의 감성을 이해하고 표현하는 능력이 매우 중요하다.

1 감성 지능의 이해

1) 감성 지능이란? (EQ, Emotional Quotient 혹은 EI, Emotional Intelligence)

① 정의

　㉠ 인간의 감정에 대한 정보를 처리하는 능력으로 자신과 타인의 감정을 명확하게 인지하고 이를 적절하게 표현할 수 있는 능력을 의미한다.

　㉡ 감정을 이해하고 효과적으로 조절하는 능력, 스스로 동기를 부여함으로써 계획을 수립, 목표를 성취함에 있어 자신의 감정을 이용하고 행동을 이끌어낼 수 있는 능력이다.

　㉢ 사전적 의미 : 자신과 다른 사람의 감정을 이해하는 능력과 삶을 풍요롭게 하는 방향으로 감정을 통제할 줄 아는 능력

② 중요성과 역할

　㉠ 산업화 시대를 넘어 지식 정보화 시대에서는 각 개인이 능동적으로 자신의 삶과 업무에 임할 수 있어야 하므로 스스로 자신의 감정을 인식, 관리, 통제할 수 있는 역량이 필요해졌다.

　㉡ 자신의 감정을 자각하고 이를 존중하여 이해할 수 있는 수준의 결단을 내리는 능력으로 충동을 자제하고 불안, 분노와 같은 스트레스의 원인 감정을 제어할 수 있다.

　㉢ 자아 존중의 욕구가 높아진 만큼 상대방의 감정을 이해하고 이를 효과적으로 표현할 수 있는 역량은 인간관계, 비즈니스 관계 형성에 직접적인 영향을 미치게 되었다.

　㉣ 상대방 혹은 고객의 사고, 감정, 행동에 자신의 상상력을 전이시킬 수 있는 지능으로 타인의 의도를 파악하거나 상황을 추정, 조망할 수 있게 한다.

　㉤ 상대방과 자신의 감정을 빠르게 인식함으로써 적절한 커뮤니케이션을 선택하여 상황에 신속히 적응할 수 있는 행동적 융통성을 발휘할 수 있다.

　㉥ 감성 지능은 개인 간, 조직 내부에서의 활발한 상호작용을 유발하여 개인과 조직 전체의 만족감을 높이는 역할을 수행한다.

③ 감성 지능의 하위 요인

제1 요인 **정서의 지각, 평가, 표현**	어떤 자극(예술작품, 스토리 등)에 대한 정서, 자신과 타인의 정서를 지각하는 능력
제2 요인 **정서의 사고 촉진**	정서를 의사소통이나 문제해결 촉진, 사고의 우선순위 결정 등에 활용하는 등 인지 체계 안에서 사고를 돕고 인지에 영향을 주는 과정이자 능력
제3 요인 **정서 이해**	정서 정보를 이해하고 관계와의 연계성 및 정서의 시간적 변화 등을 이해하여 정서적 의미를 이해, 추론하는 능력
제4 요인 **정서 조절**	자신과 타인의 감정을 조절하는 능력으로 정서의 지각, 사고 촉진, 이해의 영역을 통해 확보되는 가장 높은 수준의 감성 지능

감정을 인식, 이해, 통제 하는 능력

서비스 현장에서는 다양한 사람들과의 접촉을 통해 업무의 성과가 만들어집니다. 다양한 고객들의 감정, 동료들의 감정 등과 어우러져 조화롭게 주어진 업무를 수행해야 합니다. 그래서 '감정노동'이라는 용어도 등장하게 됩니다. 고객의 감성을 이해한다는 것은 일방적으로 이를 이해하고 양해해 주어야 한다는 단순한 '친절'의 개념이 아니라, 고객이 느끼는 감정, 정서를 이해하여 이를 나의 업무 목적에 반영하여 어떻게 서비스 응대로 표현해야 하는 가에 대한 것이 목표입니다. 여기에 추가로 서비스 제공자인 우리 스스로가 느끼는 감정도 가감 없이 이해하고 인식하되 이를 스스로 통제, 조절하여 표현하는 것이 중요합니다.

단순히 감정을 숨기고, 억제하는 의미보다는 보다 효과적이고 주도적으로 감정을 조절, 통제하는 것이 핵심이므로 이를 '지능'의 관점으로 이해하는 것입니다.

2) 감성 지능의 5가지 구성 요소

① 자기 인식

- 자신의 감성을 스스로 빨리 인식하는 능력이다.

- 자기 감정을 이해함으로써 감정을 객관적으로 바라보고 표현할 수 있게 되며, 감정에 휩쓸리기보다는 감정을 조절, 통제할 수 있는 기반이 된다.

  예 현재 서비스 불만 제기 부분을 인정할 수 없어 화가 나 있다.

② 자기 조절

- 자신의 감성을 관리하고 조절할 수 있는 능력으로 자기 자신이 감정 조절의 주체가 되는 것을 의미한다.
- 자신의 감성을 주어진 상황에 맞게 적절히 표현할 수 있는 능력으로 감정적인 응대로 인한 실수를 방지할 수 있게 한다.

  예 지금 화를 표현하는 것이 적절치 않으므로 다른 방법을 찾아야 한다.

③ 자기 동기화

자신이 성취하고자 하는 바를 위해 자신의 행동에 이유나 가치를 부여하고 이를 긍정적 감성과 동기부여로 승화시키는 능력이다.

  예 나는 편안한 휴식과 아름다움의 가치를 인식시키는 일을 하는 사람으로서 이를 고객들이 인지할 수 있도록 돕는 역할을 한다. 따라서, 현재의 컴플레인도 적절히 잘 응대해야 한다.

④ 감정 이입

타인의 감정을 빠르게 인식하고 이해하는 능력으로, 이를 통해 타인과의 관계를 주도적으로 설정할 수 있게 된다.

  예 고객은 지금 서비스 자체의 만족도보다는 자신을 존중해 주기를 원하는 상태인 것으로 보인다.

⑤ 대인관계 기술

타인의 감정을 이해하고 조율함으로써 효과적으로 인간관계를 관리, 조정하는 능력이다.

  예 고객의 이야기를 끝까지 들으면서 화가 가라앉도록 배려하고 이후 전후 사정을 충분히 이해시킬 수 있다.

2 공감(Empathy)의 힘

1) 공감의 정의

① 다른 사람의 심리적 상태를 그 사람의 입장이 되어 느끼는 것을 통해서 지각하는 방식. 문자적인 의미로는 다른 사람에게 "감정을 이입한다(feeling into)"는 뜻

② 상대방의 느낌, 감정, 사고 등을 정확히 이해하고, 이해된 바를 정확하게 상대방과 소통하는 능력

③ 동정(sympathy)과의 다른 점 : 동정은 타인의 감정(pathos)을 본인이 같이(sym-, together) 느낀다는 의미로 타인의 감정과 감정을 유발한 원인을 공감하는 것이라기보다는 타인이 이미 경험한 감정에 대해 동정심을 느끼는 것을 의미한다.

2) 비즈니스 현장에서의 공감

① 고객의 상황과 입장을 이해하고 함께 해결점을 모색하여 상황을 긍정적으로 발전시키는 반응 혹은 능력을 의미한다.

② 비즈니스 현장에서는 특히 고객의 상황과 감정에 대해 그대로 느끼는 것에 그치는 동정으로는 목적을 달성하고자 하는 커뮤니케이션 상황을 진전시킬 수 없다.

③ 고객의 상황을 이해하고 감정을 함께 나누면서도 그 원인을 찾아 인식한 후 이를 고객에게 효과적으로 전달함으로써 해결책을 함께 모색할 수 있도록 하는 것이 중요하다.

④ 공감을 목표로 하는 비즈니스 커뮤니케이션은 서비스 제공자의 정보, 안내, 지지 등을 통해 고객 스스로 해답을 발견하거나 정서적 동의를 통해 논리적 대화를 무리 없이 진행할 수 있다.

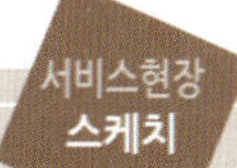

냉정, 동정, 공감

서비스 현장에서 서비스 제공자가 고객과의 관계를 형성하는 세 가지의 방식이다.

① 냉정 : 고객의 상황을 날카롭고 심플하게 정리하는 것으로, 이성적으로 합리적인 형식을 띄고 있으나 고객이 정서적으로 받아들이기 어렵거나 반발을 일으킬 수 있는 방식

> 예 운동하는 게 귀찮다면 어떻게 다이어트를 하신다는 거죠? 운동을 하셔야 합니다.

② 동정 : 고객의 상황을 이해하지만 서비스 제공자의 역할을 수행하지 못하는 상황, 이해의 수준을 객관화시켜 해결하지 못하는 방식

> 예 운동이 쉬운 것은 아니죠. 막상 마음 먹었다가도 금방들 포기하시곤 합니다. 이해합니다. 어쩌죠? 그럼 일단 식단 조절부터 해 보시겠습니까?

③ 공감 : 고객의 상황과 입장을 이해하여 이를 통해 서비스 제공자가 고객의 본질적인 니즈를 충족시킬 수 있도록 역할을 하고자 하는 방식

> 예 네. 운동하기로 마음먹기도 또 그 의지를 끝까지 실천하는 것도 쉬운 일은 아닙니다. 하지만 이번에는 꼭 다이어트 하고 싶다고 하셨죠? 그렇다면 성공하실 수 있습니다. 아무리 어려운 일이라도 많은 분들이 도전하고 있고 또 누군가는 성공하십니다. 성공하실 수 있게 몇 가지 방법을 알려드릴게요. 어떠세요?

3) 커뮤니케이션에서의 공감의 역할과 이점

① 상대방의 표현을 선입견 없이 수용함과 동시에 그 내면의 감정까지 이해하여 이를 재구성, 재해석하여 상대가 이해할 수 있도록 표현한다.

② 공감적 표현은 상대방의 자존감을 증대시켜 자신이 가치 있는 사람이라고 느끼고 있음을 전달하여 관계의 어색함, 거부감, 이질감을 해소시킨다.

③ 공감을 통해 상대방은 새로운 감정을 갖고 행동을 변화시킨다. 자신의 감정을 방어하거나 합리화 하지 않음으로써 새롭게 형성된 감정을 기반으로 변화된 행동을 수행한다.

④ 공감은 상대방의 감정에 대한 반응은 물론 이를 객관적으로 인식할 수 있도록 도움으로써 상황 판단력을 증가시킨다.

3 　감성적 커뮤니케이션에 관련한 이론

1) 피그말리온 효과 / 낙인 효과 : 타인에 대한 긍정적, 부정적 견해가 미치는 영향

① 피그말리온 효과

- 누군가에 대한 믿음, 기대, 예측이 실제 그 대상에게 그대로 실현되는 경향을 의미한다.
- 사람들은 타인으로부터 긍정적 기대감을 받으면 그 기대에 부응하기 위해 노력함으로써 실제 그 기대와 부합하는 긍정적인 결과를 이끌어내게 된다.

② 낙인 효과

- 다른 사람으로부터 부정적인 낙인이 찍히면 실제 그렇게 되는 현상을 의미한다.
- 과거의 부정적 경력 등으로 타인에게 부정적인 평가를 받게 되면 이는 부정적 편견으로 굳어지고 이에 따라 이미지 형성이나 인간관계에 반영되어 실제 부정적 인상에 다시 영향을 미침으로써 강화된다.

③ 부정적, 혹은 긍정적 견해는 대상자의 사회적 관계나 성취에 영향을 미쳐 실제 그 견해의 방향대로 결과를 만들어 내는 경향이 짙어지게 된다.

2) 플라시보 효과 / 노시보 효과 : 긍정적 혹은 부정적 믿음이 실질적인 결과로 이어지는 경향

① 플라시보 효과

- 효과가 없는 약이지만 그 약이 치료 효과가 있을 것이라고 믿고 복용하는 경우 실제 환자에게 치료 효과를 발생시키는 현상을 의미한다.
- 긍정적인 심리적 믿음이 실제 신체를 치유하는 것으로, 인간의 강한 믿음과 확신이 미치는 영향력을 뜻하는 의미로 사용된다.

② **노시보 효과**

- 플라시보 효과의 반대로 환자가 좋은 효능의 약을 복용하고 있지만 이 효능을 믿지 못하는 경우 실제 약의 효능이 떨어져 상태가 호전되지 못하는 현상을 의미한다.
- 이는 부정적인 심리적 믿음이 실제 부정적인 결과를 도출하게 된다는 의미로 사용된다.

③ 어떤 상황이나 자기 자신에 대한 믿음이 긍정적, 부정적 방향으로 결정되면 실제 이러한 방향으로 결과가 도출되는 현상으로 심리적 영향력의 중요성으로 이해할 수 있다.

3) 호손 효과 : 누군가의 관심 그 자체만으로도 사람들의 행동에 변화가 생기는 경향

- 공장 작업자들의 생산성에 영향을 미치는 요소를 발견하고자 하는 실험을 통해 '실험'을 한다는 그 자체가 작업자들의 생산성에 영향을 미친다는 사실을 발견하게 된다.
- 누군가의 관심, 다른 사람이 지켜본다는 사실을 의식하면 사람들은 전형적인 본성과 다른 행동을 하게 되며, 이는 일시적인 효율의 변화를 유발하기도 한다.
- 어떤 새로운 관심을 가지거나 관심의 크기가 커지는 것으로도 사람들의 행동과 능률에 변화가 일어날 수 있다.

Chapter 05 설득 및 협상 기법 익히기

현장접점에서 고객의 태도와 행동의 변화를 이끌어내고 이해 조정을 통하여 당사자들이 원하는 것을 효과적으로 얻어내기 위한 설득과 협상은 매우 중요한 커뮤니케이션의 방법이다.

1 설득

1) 설득의 정의

설득이란 타인의 태도와 행동의 변화라는 특정한 목적을 가진 주체가 대상에게 메시지를 전달하는 행위

2) 설득을 구성하는 요소

① 설득은 특정한 목적을 지닌 행위이다.

설득의 궁극적 목적은 설득을 하는 사람이 대상에게 행동의 변화를 일으키고자 하는 것이다.

② 설득은 한 개인에 의해 이루어지는 행위일 뿐만 아니라, 집단이나 조직의 행위가 될 수도 있다.

예 특정 정당이 선거에서 이기고자 대중을 설득하는 행위는 집단이나 조직의 행위가 된다.

③ 설득의 대상은 한 개인이기도 하고, 집단이나 조직이 될 수도 있다.

예 입사시험의 면접관이 4~5명을 면접할 때는 다수가 대상이 되며, 광고도 설득 대상이 불특정 다수일 수 있다.

④ 설득이 이루어지는 물리적인 시간과 장소라는 구체적인 상황이 존재한다.

⑤ 설득의 의도는 언어 표현을 통해 대상에게 전달된다.

언어 외에 그림이나 사진, 음악이나 인물의 행동 자체가 메시지가 될 수도 있지만 가장 분명하게 전달할 수 있는 도구는 언어이다.

3) 설득의 속성

① 의도성 對 비의도성

보편적으로 설득은 의도적으로 영향을 미치려고 했을 때이지만 의도적이지 않아도 설득의 효과를 나타내는 경우도 존재한다.

② 자유 對 강압

보편적으로 설득은 상대방이 수용하거나 거부할 수 있다는 것을 의미한다. 하지만 선택의 자유가 주어지지 않는 강압적인 상황 아래서도 설득은 일어날 수 있다.

③ 상징 對 비상징

설득에 있어 언어적 표현이나 행위에 태도나 믿음, 신념, 의도 등을 상징하기도 하지만 반면에 키, 몸무게, 나이, 인종 등과 같은 신체적 특성이나 눈의 깜박임, 손의 움직임 등 비언어적 행위 등도 설득에 관여할 수 있다.

④ 대인(對人) 對 개인(個人)

설득은 사람과 사람 사이의 커뮤니케이션 행위인 동시에 스스로의 내적인 커뮤니케이션이기도 하다. 다른 사람의 태도나 신념, 행동의 변화를 위한 설득을 행할 수도 있지만, 스스로의 내적인 태도와 신념의 변화를 가져오기 위한 설득이 필요한 경우도 있다.

⑤ 효과 對 비효과

서비스 제공자가 의도한 특정한 결과를 얻어냈을 때에만 설득이 성공한 것으로 생각할 수 있겠지만 효과라는 것이 반드시 설득의 의도와 일치하는 결과를 가져오는 것은 아니며, 설득되었는지 그렇지 않은지를 판단하기 위한 명료한 기준을 적용하기 어렵다. 눈으로 보이는 효과만이 아닌 간접적이고 영향을 미치는 것도 중요한 사항이다.

4) 설득의 기본 원칙

설득은 상대방과의 소통에서 출발해야 된다는 것을 명확히 인식해야 한다.

① 고객에 대한 이해

- 고객에 대한 기본 정보를 수집(직업, 사회적 배경, 성격 등)
- 고객이 좋아하는 것을 파악
- 고객의 의도를 이해하는 것

② 효과적 설득을 위한 세 가지 행동수칙

㉠ 질문하기

질문은 상대방을 대화로 끌어들이는 효과적인 도구이자, 고객에게 관심이 있음을 표현하는 유용한 수단이다. 그러나 무조건 질문이 효과적인 것은 아니다. 효과적인 질문에 대해서는 많은 학습과 준비가 필요하다.

ⓛ 경청하기

경청을 단순히 잘 듣는 행위, 즉 태도로만 인식한다면 공감을 이끌어 내는 경청을 하기는 어렵다. 행동, 즉 스킬의 관점에서 질문과의 효과적인 결합이 필요하며, 고객이 서비스 제공자가 경청하고 있음을 알 수 있어야 한다.

ⓒ 멈추기

설득은 과정상 자칫 논쟁으로 확대될 수 있다. 논쟁은 설득과 다르며 오히려 설득의 목표를 방해하게 된다. 따라서 감정이 격해지거나 합리적인 대화 전개가 어려워지는 경우에는 잠시 멈추는 것이 현명하다.

③ 칭찬과 감사의 표현

칭찬만큼 강력한 무기는 없다. 감사의 말과 어우러진 칭찬은 고객을 긍정적인 방향으로 움직일 수 있게 한다.

④ 분명하고 명확하게 메시지 전달하기

대화의 목표를 분명하게 인식하고 원하는 결과를 명확하게 생각하여 고객이 이해하기 쉽게 메시지를 표현한다.

5) 효과적인 설득을 위한 중요 요소

① 믿음(belief)

사람들은 대체로 믿음이 가는 사람이 하는 말에 설득 당할 가능성이 높다.

- **진실성** : 진실성을 인정받는 것도 어렵지만, 한번 잃은 신뢰를 다시 회복하는 것은 더욱 어려운 일이다.
- **객관성** : 구체적인 숫자, 통계자료, 조사결과 등은 주장의 신뢰도를 높인다.
- **일관성** : 처음부터 끝까지 한결 같음을 의미한다.
- **순수성** : 순수성이 인정되면 더욱 강한 신뢰를 얻을 수 있다.
- **공정성** : 사람들은 일반적으로 불공정함이나 불평등함을 혐오하고 신뢰에 깊은 영향을 미치게 된다.

② 권위(authority)

권위란 사람들을 따르게 하는 능력이나 위신을 의미한다.

- **전문성** : 권위를 형성하는 가장 기본이 되는 것이 전문성이다. 서비스 제공자의 경험, 능력, 지능, 업적 또는 주어진 주제에 대한 지식 또는 식견 등을 기준으로 해서 전문성을 지각, 판단하게 된다.
- **지위** : 지위는 사회적 체제 속에서 특정 구성원이 차지하는 위치로서 연령, 성, 직업, 수입 등에 따라 결정되지만 상대적 가치를 지니는 특성이 있다.
- **전통** : 오랜 역사와 전통을 지녔다는 사실은 고객들에게 강한 믿음을 주게 된다.

③ 매력(attractiveness)

매력은 서비스 제공자 관점보다는 고객의 입장에서 느끼는 관점이며 태도라고 할 수 있다.

- **애호성** : 확보된 정보가 적을수록 외적인 이미지, 즉 용모, 머리모양, 옷차림 등이 크게 영향을 미치게 된다. 그래서 특히 첫인상의 중요성은 날로 커져가고 있다.
- **친밀감** : 친숙성을 바탕으로 하여 자주 보거나 들어서 익숙한 정도를 의미한다. 자주 보거나 익숙해지면 친한 느낌이 들게 된다. 또한 근접성도 친밀감 형성에 중요한 영향을 끼친다.
- **유사성** : 사람들은 나이, 교육 정도, 경제적 수준, 고향이나 거주지 등이 서로 비슷하거나 태도나 의견 등이 비슷한 사람에게 보다 매력을 느끼게 된다. 또한 상대방에게 호감이 느껴지면 그 사람과 비슷한 행동을 하게 되는데, 유사성이 있으면 호감을 느끼기도 하지만 호감이 생김으로써 행동이 유사해질 수도 있다.

6) 효과적 설득을 위한 고객 이해

고객은 서비스 제공자의 메시지를 어떻게 이해하고 수용할 것인가를 결정하는 능동적인 참여자이기 때문에, 고객을 이해하는 것은 매우 중요하다. 그러나 현시대에 고객들의 욕구는 세분화, 다양화, 개별화되고 있기에 절대적인 영향을 미치지는 않는다.

① **인구 통계학적 이해**

ⓐ **나이** : 나이에 따라 중요하게 생각하는 가치나 관심 분야가 다를 수 있다.

ⓑ **성별** : 보편적으로 남·여는 대화를 통해 얻고자 하는 것이 다르다. 대화를 통하여 남성은 문제를 분석하고 해결책을 제시하고자 하며, 여성은 감정을 분출하고 공감을 얻는 것을 선호하는 경향이 있다.

    예 여성들은 서비스 제공자와의 감정적 교류가 중요하며 자신이 원하는 것을 서비스 제공자가 먼저 알아차리고 동조해주기를 바라는 경향이 있다.

ⓒ 교육 정도

ⓓ **기타** : 종교, 인종, 소득, 출신지, 출신 학교 등으로 동질성을 발견할 수 있고 직업이나 소득 등으로 생활패턴이나 구매력 등을 판단한다.

② **사회문화적 이해**

ⓐ **라이프스타일** : 설득 메시지와 전략이 달라질 수 있다.

ⓑ **개인 대 집단** : 한 명의 개인은 개인으로 존재할 때와 집단 속에 있을 때 행동 양식에 차이를 보일 수 있으므로 설득하고자 하는 대상이 개인인지, 집단인지를 파악하는 것도 중요하다.

ⓒ **준거집단** : 특정 집단의 가치와 기준을 자신의 판단이나 행동의 기준으로 삼게 되며, 이는 소속의 욕구와 깊은 관계가 있다.

② **군중 심리** : 개인이 군집의 한 성원이 되었을 때 일어나는 독특한 심리상태를 의미하는 것으로, 군중 속에서 '성별, 직업, 성격, 지능' 등 개인의 특성이나 사회적 관계는 소멸되고 동질화 되는 경향이 있다.

③ 심리적 요인

○ **성격 유형** : 복잡, 다양한 사람들의 성격이 다름을 이해하고 타인을 자신과 다른 존재로 받아들이는 것이 중요하다.

○ **관여도** : 설득의 주제에 자신이 얼마나 긴밀하게 관여하고 있는가에 대한 정도이다. 고객이 설득의 주제에 긴밀히 관여하고 느끼고 있을 때 설득될 확률이 높다.

○ **동기** : 행동을 일으키며, 특정 목표를 향하게 하고, 행동을 유지시켜주는 긴장상태로, 고객의 요구와 관심이 바로 '동기'라고 할 수 있다. 고객의 욕구를 충족시킬 수 있음을 보여주거나 새로운 욕구를 자극할 수 있어야 한다.

○ **태도** : 특정한 논제나 논점에 대해서 어떠한 태도를 갖고 있는지 미리 알고 있으면 서비스 제공자는 설득적 메시지를 어떻게 꾸며야 하는가에 상당한 도움을 받을 수 있다.

예 식기세척기를 바라보는 태도
- 긍정적 인식 : 자기 계발에 관심이 많은 고객이라면 긍정적인 태도를 보일 것이다.
- 부정적 인식 : 가사에 충실해야 한다는 생각을 깊게 가지고 있다면 부정적인 태도를 보일 것이다.

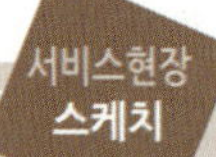

효과적인 설득 – 커뮤니케이션의 목표

서비스 현장은 물론 일상에서도 사람들은 '설득' 당하는 것을 원하지 않습니다. 그래서 과거와 달리 법정에서와 같은 화려한 언변이나 논리정연한 설득 과정이 오히려 상대방의 변화를 추구하는 설득의 목표 달성에 장애물이 되기도 합니다. 설득의 목표는 설득의 과정이 아닌 상대방의 변화이므로 어떻게 이를 달성할 것인가가 핵심입니다.

서비스 현장에서의 가장 효과적인 설득은 세 가지의 커뮤니케이션 구조를 통해 이루어집니다.

첫째, 설득을 위한 고객의 혜택과 메시지는 고객 이점이라는 것으로 표현됩니다. 고객이 왜 서비스 제공자의 제안을 받아들여야 하는가를 고객 관점에서 찾아내어 전달하는 것입니다.

둘째, 이러한 고객 이점을 고객이 동의할 수 있도록 하는 효과적인 방법이 바로 '질문'입니다. 서비스 제공자가 고객에게 전달할 메시지를 순차적인 질문의 형식으로 진행하여 고객이 스스로 생각하고 이해하게 되는 것입니다.

셋째, 질문을 계속해서 던질 수 있는 환경을 조성하는 것이 바로 '경청'입니다. 경청의 방법과 태도가 바탕이 되어야만 고객은 서비스 제공자의 질문에 성의껏 답변하고 생각을 자극받게 됩니다.

2 협상

협상의 핵심개념은 두 사람 혹은 두 집단 이상이 서로 물질과 서비스를 교환하기 위해 계약을 체결하는 것을 의미한다. 이때의 교환은 주고받는 것(give & take)일 수도 있고 상쇄하는(trade-off)것일 수도 있다.

1) 협상의 정의

① 협상은 분쟁이 발생했을 경우 양 당사자가 대화로 분쟁을 해결하는 방법을 말한다.
② 협상은 복잡한 갈등에 대하여 상호 수용할 수 있는 해결안을 발견하기 위하여 당사자들이 노력할 때 발생하는 보다 공식적이고 격식을 갖춘 과정이다.
③ 상충되는 이해관계가 존재하는 가운데 공통의 이해관계 교환 또는 실현에 대해 합의할 목적으로 명시적으로 제안을 내놓는 과정
④ 협상은 개인, 집단, 조직 간에 이해 조정을 통하여 당사자들이 원하는 것을 얻어내기 위한 일련의 커뮤니케이션 활동 및 상호작용 패턴이다.

2) 협상의 기본 원칙

① 협상은 어떻게 시작하였는가에 따라서 결과에 큰 영향을 미치게 되므로 시작단계가 중요하다.
② 협상분위기를 우호적으로 조성하는 것이 필요하다. 초면일 경우에 반갑게 인사를 하거나, 공동의 관심사에 대해 가볍게 이야기를 나눔으로써 우호적인 분위기를 형성할 수 있다.
③ 협상에서는 자신의 의사를 명확하게 전달하는 것이 무엇보다 중요하다. 이를 위해서는 정확한 단어나 용어를 사용해야 한다.
④ 말하는 순서는 결론이나 중요사항을 먼저 말한 다음, 그에 대한 부연설명을 하는 것이 협상을 빠르게 진척시키는 방법이다.
⑤ 상대방이 이야기를 많이 할 수 있게 하여 협상에 필요한 정보를 얻는다. 경청과 효과적인 질문 방법을 활용한다.

효과적인 협상 준비의 3대 외적 요소

① **문화**

문화를 잘 알고 협상에 임하면 서로에 대한 신뢰가 쌓이고 성공적인 결과를 만들어 낼 수 있다.

② **시간**

협상학에는 10대90의 법칙이 있다. 협상의 마지막 10% 시간에 90%의 합의가 이루어지므로 처음에는 서로 쉽게 양보할 수 있는 안건으로 시작하고 협상의 막바지에는 민감한 주제가 많이 논의되는 만큼, 마무리를 잘 하는 것이 중요하다. 막바지로 향할수록 '끝내야 한다'는 생각 때문에 중요한 안건임에도 큰 고민 없이 양보를 해버리는 경우가 있기 때문이다.

③ **장소**

가능하다면 자신에게 편안한 장소에서 진행하는 것이 좋다. 하지만 모든 협상단이 자신에게 편안한 곳에서만 협상을 진행하려 하므로 이때는 중립적인 공간에서 협상을 진행해야 한다.

3) 협상 프로세스

① 오늘날 협상은 대화에서의 대응 기술, 상대방 분석 등의 디테일한 기술보다는 과학적인 프로세스로 접근하여야 한다.

② 협상 프로세스의 기획이 잘 안 되는 경우에는 제안의 구성내용과 양보의 기준점이 막연해지고 협상 상황에 따른 구체적인 행동 방안이 미비해진다.

③ 협상의 4단계

시작단계	협상상황 분석과 협상전략 수립
탐색단계	정보 교환 단계(information change)
진전단계	본 협상
합의단계	마무리 협상 전략

4) 협상의 3가지 유형

분배적 협상(distribution negotiation)		하나를 놓고 당사자들이 나누는 유형
통합적 협상	**이익 교환형 협상**	당사자들이 원하는 것의 차이를 찾아 양쪽 모두 최대한 만족할 수 있도록 하는 방법
	가치 창조형 협상	당사자들이 서로 협력해 새로운 해결책을 찾아내는 방법

5) 효과적인 주장을 위한 'AREA'법칙

협상에서는 자신의 의사를 명확하게 전달하는 것이 무엇보다 중요하다. AREA법칙은 협상할 때 논리적이고 강한 인상을 줄 수 있는 방법이다.

구분	내용	예시
주장(Assertion)	주장의 핵심부분, 즉 결론을 말한다.	이번 패키지의 가격은 기존 가격으로 진행해야 합니다.
이유(Reasoning)	근거나 이유를 구체적으로 설명한다.	원하시는 품질을 유지하기 위해 저희 회사가 투자하는 기본 비용이 ~~
증거(Evidence)	이유나 근거에 관련된 증거나 사례를 제시한다.	보시는 내용이 타사의 기본 가격표이고, 이것은 이번 패키지의 비용입니다.
주장(Assertion)	다시 한번 핵심부분을 강조한다.	따라서 이번 패키지의 가격을 기존 가격 이하로 할인해서는 기존의 품질을 유지할 수 없습니다. 가격은 최소한 유지해야 합니다.

6) 효과적인 반론 방법

좋은 분위기, 긍정의 분위기로 시작한다.	먼저 상대방의 주장 가운에 동의하거나 일치되는 의견에 대해 칭찬 혹은 동조를 한다.
반론 내용을 명확히 한다.	상대방 주장의 약점이나 모순점 등을 질문의 형태로 지적한다. 답변을 경청한 후 자신의 의사를 명확히 설명한다.
반대 이유를 설명한다.	상대방의 주장과 자신의 의견을 대비시키면서 자신의 생각에서 상대방의 주장보다 우월한 점을 찾아 설명한다. 더 나은 점 때문에 상대방의 주장을 받아들일 수 없다고 설명한다.
반론을 요약해서 말한다.	논증이 끝나면 다시 한번 반론의 내용을 요약해서 말한다. 반론의 내용을 되풀이함으로써 호소력을 강하게 표현한다.

〈쌍방이 만족할 수 있는 효과적인 협상을 위한 4가지 원칙〉

① 사람과 문제를 별개로 생각하라.

협상을 하는 사람이 아니라 협상을 하는 주제에 대해 협의하는 것이 효과적이다.

② 지위가 아니라 이익에 초점을 맞추어라.

쌍방은 각자 무엇인가를 원하고 있기 때문에 목표를 달성하는 방법보다 목표 자체에 초점을 맞추는 것이 효과적이다.

③ 상호이득을 위한 선택안을 세워라.

원하는 것을 얻어내겠다는 목표가 아닌 쌍방에 이득이 되는 것을 목표로 삼는 것이 효과적이다.

④ 객관적인 기준을 사용하라.

자신이 생각하는 가치보다 시장가격이나 전통적인 관례에 입각하여 협상하는 것이 효과적이다.

주로 겸손과 양보의 미덕을 강조해 온 우리나라에서는 협상은 조금 낯설고 불편한 단어일 수 있습니다. 하지만 현대의 비즈니스에서는 많은 협상이 이루어지고 있으며, 이는 일상에서도 마찬가지입니다. 또한 협상은 자신의 제약조건하에서 최대한의 유리한 결과를 얻기 위해 상대방을 설득하는 것을 공식화하는 것이므로 오히려 객관적인 하나의 과정으로 여겨질 수 있습니다.

서비스 현장에서 많은 고객들이 서비스 제공자에게 다양한 요구를 하기도 합니다. 하지만 이러한 고객의 요구가 수정되거나 거절될 수 있는데, 이 과정에서 고객이 인정하고 동의할 수 있어야 하므로 효과적인 협상의 과정을 거치는 것이 중요합니다. 무조건적인 요구나 반론보다는 협상이 공평하고 정당하다는 인식이 형성되고 있으므로 협상은 당사자 상호 양보와 인내를 강요하는 보이지 않는 힘을 갖고 있어 서비스 현장에서도 중요한 의미를 가지게 됩니다.

- **커뮤니케이션의 정의 :** 두 사람 이상의 사람들이 공통의 상징체계를 사용하여 지식과 정보를 전달함으로써 의미를 공유하고 서로에게 영향을 미치는 과정이다.

- **커뮤니케이션의 기능 :** 정보전달 기능, 동기유발 기능, 통제 기능, 정서 기능

- **커뮤니케이션의 요소 :**
  기본 요소 – 전달자, 메시지, 채널, 수신자, 효과
  추가 요소 – 소음(잡음), 피드백

- **조직 커뮤니케이션 네트워크 :** 쇠사슬형, 수레바퀴형, Y형, 원(circle)형, 완전연결형

- **비즈니스 커뮤니케이션의 이해 :** 기업과 고객을 연결하는 중요한 교량 역할로서의 서비스에서 커뮤니케이션의 중요성과 역할이 강조된다. 고객에게 필요한 정보와 조언을 제공하고 설득하며 적절한 시점에서 행동을 유도하고 고객 만족을 향상시킨다. 과거에 비해 그 중요성이 커지고 능력 향상의 노력이 요구된다.

- **비즈니스 대화 :** 언어적, 비언어적 상징들에 의해 의미가 전달되는 과정으로 메시지를 통해 이루어지는 사회적 상호작용이다.

- **언어적, 비언어적 커뮤니케이션 :** 가장 중요한 커뮤니케이션의 요소인 언어는 표현을 상호 교환하며 일정한 상징을 통한 체계이다. 비언어 커뮤니케이션은 언어를 제외한 비언어적 신호를 통한 정보교환으로 언어 사용 없이 이루어지는 생각과 감정 소통의 상태를 의미한다.

- **비언어 커뮤니케이션 :** 언어가 아니지만 의사전달의 기능을 가진다. 의미해석의 주관적 신뢰도가 높으며 감정적, 정서적 정보 전달에 용이한 수단이다. 커뮤니케이션의 이해 과정에서 핵심적인 역할을 수행한다.

- **커뮤니케이션의 장애요소 :** 인식과 경험의 차이, 관계성의 차이, 상황변화에 따른 차이, 가치 기준의 차이, 역할/성격/문화/성별/나이 등의 차이. 그리고 자기중심적인 커뮤니케이션을 하거나 커뮤니케이션 스킬이 부족하면서 발생하기도 한다.

- **공감 :** 다른 사람의 심리적 상태를 그 사람의 입장이 되어 느끼는 것을 통해 지각하는 방식으로, 비즈니스에서는 고객의 상황과 입장을 이해하고 함께 해결책을 모색하여 상황을 긍정적으로 발전시키는 반응 혹은 능력을 의미한다.

- **경청 :** 공감대 형성과 신뢰의 기반. 경청은 태도로만 이해하여서는 실행하기 어려우며 방법의 관점으로 이해해야 한다.

- **질문** : 고객의 심리적 방어를 해소하고 정보를 발견할 수 있으며 고객 스스로 이점을 발견할 수 있도록 하는 중요한 요소

- **커뮤니케이션 스킬의 구조** : 질문과 경청의 결합, One Cycle Flow(질문–경청과 칭찬 –따라하기 및 정리하기–재질문)

- **Ice Breaking 스킬** : 서비스 제공자가 고객과의 첫 만남에서 오픈마인드를 목표로 하는 준비된 서비스 과정으로, 고객의 신뢰를 얻고 주도적인 상담을 진행할 수 있으며 전문가로서의 이미지를 형성시킬 수 있도록 준비해야 한다.

- **경청의 5단계** : 눈맞춤과 끄덕임, 감탄사, 동의 및 추가이야기, 따라하기 및 정리기법, 공감적 경청의 각 단계를 이해하고 적용할 수 있도록 한다.

- **질문의 오류** : 대답하기 애매한 질문, 이후 설명이 연결되지 않거나 의도가 파악되는 질문, 처음부터 결론에 가까워 대답을 회피하게 되거나 강요하는 듯한 질문, 너무 장황하거나 이해하기 어려운 질문

- **감성 지능** : 인간의 감정에 대한 정보를 처리하는 능력으로 자신과 타인의 감정을 명확하게 인지하고 이를 적절하게 표현할 수 있는 능력

- **감성 지능의 5가지 구성 요소** : 자기 인식, 자기 조절, 자기 동기화, 감정이입, 대인관계 기술

- **감성 커뮤니케이션 관련 이론** : 피그말리온, 낙인 효과 / 플라시보, 노시보 효과 / 호손 효과

- **설득의 기본 원칙** : 상대방에 대한 이해, 3가지 행동 수칙(질문, 경청, 멈추기), 칭찬과 감사의 표현, 분명하고 명확한 메시지의 전달

- **효과적인 설득의 중요 요소** : 믿음, 권위, 매력

- **협상의 기본 원칙** : 시작 단계의 중요성, 우호적 분위기, 좋은 첫인상, 명확한 의사전달, 말하는 순서의 중요성

- **협상의 프로세스** : 시작, 탐색, 진전, 합의의 4단계

- **AREA 법칙** : 효과적인 주장을 위한 방법. 주장(Assertion)–이유(Reasoning)–증거(Evidence)– 주장(Assertion)

- **효과적인 반론의 방법** : 좋은 분위기, 긍정적 분위기로 시작. 반론 내용을 명확히 한다. 반대 이유의 설명. 반론을 요약해서 전달.

사례형, 통합형 문제 대비하기

- 커뮤니케이션의 기능이 일반적인 대화 속에서 어떻게 발휘되는가에 대한 상황 제시

- 커뮤니케이션의 장애 요소를 구체적인 상황 안에서 밝혀내어 이해도를 측정

- 냉정, 동정, 공감의 상황을 서비스 현장에서의 응대 등을 예시로 하여 판단하고 이에 대한 적절한 응대 방안을 질문한다.

- 서비스 현장에서의 걸음걸이, 방향안내 및 물건 수수 자세가 현장 예시 형태로 제시될 수 있다.

- 질문과 경청의 결합으로 이루어지는 기본적인 대화의 맥락을 사례를 통해 확인하고 이해도를 측정한다(One Cycle Flow에 대한 이해).

- 고객맞이 혹은 고객 첫 방문 시의 고객의 부담감을 다양하게 표현하고 그 이유와 해결방안을 찾아낸다. Ice Breaking의 효과와 방법을 이해하고 있는가를 확인하는 문제

- 구체적인 경청과 질문의 방법을 특정한 상황 예시 속에서 발견하거나 서비스 응대의 방법을 찾도록 하여 이론적인 부분을 현장에서 적용할 수 있는가를 확인한다.

- 고객과의 현장 대화에서 고객을 이해하는 감성적 커뮤니케이션의 상황을 판단, 적절히 응대할 수 있는가를 확인하는 문제

- 효과적인 설득의 주요 요소가 반영된 경우를 찾는다(믿음, 권위, 매력).

- 협상과 반론 방법에 대한 구체적 상황 제시 후 과정과 해석을 이해한다.

≫ 실력평가 문제

01~16 선다형

01 다음 중 커뮤니케이션에 대한 설명으로 가장 적절하지 못한 것은?

① 커뮤니케이션이란 두 사람 이상의 사람들이 공통의 상징체계를 사용하여 지식과 정보를 전달함으로써 의미를 공유하고 서로에게 영향을 미치는 과정이다.

② 정보가 한 곳에서 다른 곳으로 이동하는 것으로 정보를 신속하고 정확하게 전달하는 데 초점을 맞춘 것은 커뮤니케이션의 구조적 관점으로 볼 수 있다.

③ 커뮤니케이션을 의미론적 관점으로 해석하면 상징체계를 통해 의미를 공유함으로써 전달자의 전달내용을 수신자가 해독하는 과정으로 이해할 수 있다.

④ 어떤 의도를 가지고 정보를 전달하여 상대에게 영향을 미침으로써 전달자의 의도와 결과로 나타나는 효과에 초점을 맞춰 해석한 것은 기능주의적 관점이다.

⑤ 커뮤니케이션은 시작과 끝이 보이는 선형적인 것으로 이해할 수 있다.

해설 커뮤니케이션은 순환적, 역동적이며 계속 이어지는 하나의 과정이다.

02 비즈니스 커뮤니케이션을 설명한 것이다. 바른 설명은 무엇인가?

① 비즈니스 현장에서의 커뮤니케이션을 교육적인 방향의 커뮤니케이션으로 해석하는 것은 고객의 반발을 살 수 있으므로 유의해야 한다.

② 비즈니스 커뮤니케이션은 고객이 기업의 상품, 서비스 구매의 만족도가 균일하기 때문에 단순하면서도 획일적으로 표현할 수 있는 장점이 있다.

③ 고객의 욕구가 다양, 복잡, 개별화 되어가고 있으므로 과거에 비해 단순하면서도 일방적인 커뮤니케이션이 좀 더 효율적인 것이 사실이다.

④ 비즈니스 커뮤니케이션이 필요한 이유는 서비스 제공자가 자신의 지식과 스킬을 통해 고객의 만족스러운 구매 및 서비스 이용을 도와주어야 하기 때문이다.

⑤ 비즈니스 커뮤니케이션은 일반적인 커뮤니케이션에 비해 설득이나 조언의 역할이 상대적으로 적기 때문에 좀 더 명확하게 이해하고 실행할 수 있다.

해설 ① 비즈니스 커뮤니케이션은 교육적인 경우가 많다.

② 고객과 기업이 어떻게 커뮤니케이션 하는가에 따라 만족도가 달라지므로 커뮤니케이션의 역할이 더욱 중요하다.

③ 고객의 욕구가 다양, 복잡, 개별화되어가므로 과거와 같은 획일화된 응대로는 효과가 없다.

⑤ 일반적인 커뮤니케이션에 비해 설득, 조언 등의 목적이 더 명확하다.

03 다음 중 비언어의 유형이 아닌 것은?

① 동작학
② 신체 접촉
③ 신체적 특성
④ 상징 및 기호체계
⑤ 유사 언어

해설 ④의 설명은 언어적 커뮤니케이션에서의 언어에 대한 해석이다.

04 다음 중 커뮤니케이션의 장애요소가 아닌 것은?

① 관련 주제 및 문제를 어떻게 받아들이냐에 대해 인식과 경험의 차이에서 오는 오류
② 사람마다 생각의 틀이 다르다고 인식하는 경우
③ 타인도 나와 같은 수준이라는 생각
④ 확고한 자기 고정 관념에 의한 판단
⑤ 커뮤니케이션 스킬의 부족에서 오는 오류

해설 ②의 설명은 자기중심적 사고에서 오는 커뮤니케이션의 오류를 해결하기 위한 해결방안이다.

05 감성지능과 조직성과의 관계에 대한 설명으로 적절하지 않은 것은? [기출문제]

① 감성은 동료와 상사 간의 높은 신뢰를 형성하여 조직의 효율성을 극대화한다.
② 감성은 업무수행에 대한 동기를 유발시켜 직무에 대한 헌신과 몰입을 하게 한다.
③ 직장에서 느끼는 개인의 긍정적인 감성은 업무를 향상시켜 직무에 대한 만족도를 높인다.
④ 긍정적인 감성은 구성원의 자발적인 이타행동을 증가시키며, 구성원들에 대한 리더십을 발휘하게 한다.
⑤ 감성은 어려움을 찾아내고 자신의 성취를 위해 노력하며 자신의 감정을 다스리고 스스로 동기를 부여하는 능력이다.

해설 ⑤ 자기 동기화에 대한 설명이다.

Answer　　1. ⑤　　2. ④　　3. ④　　4. ②　　5. ⑤

06 효과적인 경청방법으로 가장 적절하지 않은 것은? [기출문제]

① 질문한다.

② 온몸으로 맞장구를 친다.

③ 말하는 사람과 동화되도록 노력한다.

④ 전달하는 메시지의 요점에 관심을 둔다.

⑤ 상대방의 이야기를 자신의 경험과 비교하며 듣는다.

해설 ⑤ 사람들은 다른 사람의 이야기를 들으면서 자신과 비교하거나 판단을 내리느라 전적으로 집중하지 못한다.

07 경청 방법의 5단계에 대한 설명이다. 가장 부적절한 설명은?

① 경청의 가장 기본적인 예의이자 매너인 눈맞춤은 고객의 이야기에 적절한 끄덕임과 함께 표현하여 가장 간단하면서도 효과가 좋은 경청의 분위기를 연출할 수 있다.

② 고객의 이야기를 들으며 공감대가 느껴지는 대목에 공감적 감탄사를 표현하는 것도 매우 효과적인 경청의 방법이다.

③ 고객의 이야기에 적극적인 동의와 긍정의 표현을 하게 되어 서비스 제공자의 설명을 이어갈 수 있도록 하는 것은 경청의 고급 단계에 해당하는 효과이다.

④ 고객이 사용한 단어 중 대화에 있어 중요하다고 생각되는 핵심 단어를 조금 낮은 목소리로 따라해 주는 기법은 간단하지만 효과가 높은 고급 단계의 경청 방법이다.

⑤ 정리하기 기법은 고객에게 서비스 제공자가 경청을 하고 있음을 적극적으로 알림과 동시에 전문가라는 이미지를 전달할 수 있는 매우 효과적인 경청의 고급 방법이다.

해설 적극적인 동의와 함께 고객에게 더 많은 이야기를 할 수 있는 질문을 통해 경청의 효과를 높일 수 있다.

08 고객의 장황된 설명을 듣고 서비스 제공자가 고객의 상황, 생각, 의견 등을 알기 쉽게 풀어서 다시 정리하고 고객이 계속 이야기를 할 수 있도록 도와주면서 동시에 고객의 추가적인 정보와 속마음 등을 확인할 수 있는 질문법은 무엇인가?

① 재설명법 　　　　　　　　② 유도질문법

③ 동의 및 추가 이야기 　　　④ 간접형 질문

⑤ 가정형 질문

해설 재설명법 질문에 대한 설명이다.

09 경청의 장애요인에 대한 설명으로 적절하지 않은 것은? [기출문제]

① 메시지 내용에 대한 무관심

② 듣기보다는 말하기를 선호하는 경향

③ 메시지 내용 중 동의할 수 있는 부분을 찾는다.

④ 상대방의 말을 들으면서 머릿속으로 다른 생각을 하는 행위

⑤ 상대방의 말을 들으면서 잘못된 점을 지적하고 판단하는 것에 열중하는 행위

해설 ②는 효과적인 경청을 위한 방법 중의 하나이다. 경청의 장애요인은
- 상대방의 말을 들으면서 머릿속으로 엉뚱한 생각을 하는 행위
- 상대방의 이야기를 들으면서 머릿속으로는 이야기에서 잘못된 점을 지적하고 판단하는 것에 열중하는 행위
- 듣기보다는 말하기를 선호하는 경향 • 메시지 내용에 대한 무관심

10 다음은 효과적인 커뮤니케이션 스킬 중 하나인 질문에 대한 설명이다. 적절하지 않은 것은?

① 질문은 경청과 결합되어 효과적인 대화의 기본 구조가 된다.

② 개방형 질문은 고객을 존중하는 느낌을 주면서 자유로운 대답을 할 수 있게 한다.

③ 질문 이후 설명이 연결되지 않거나 동의를 얻기 위해 의도가 파악되는 수준의 질문 등은 대화를 이끌어감에 있어 오히려 비효과적인 질문이다.

④ 직접형의 질문은 고객이 이해하기 쉬우면서 직접적인 답을 찾기 위한 질문이지만 자주 사용하게 되면 고객을 압박하고 있다는 느낌을 줄 우려가 있다.

⑤ 고객이 힘들거나 불편한 질문도 대화를 이끌어가는 효과를 지니므로 질문은 어떠한 경우에도 설명보다 더 큰 효과를 거둘 수 있다.

해설 비효과적인 질문은 오히려 대화의 방해요소가 될 수 있다.

11 효과적인 비즈니스 커뮤니케이션 스킬에 대한 설명으로 가장 바른 것은?

① 비즈니스 커뮤니케이션에서 질문은 명확한 목표를 향해 진행하기 보다는 고객의 자유로운 생각을 다양하게 물어보면서 진행하는 것이 가장 효과적이다.

② 적절한 Ice Breaking이 진행되지 않으면 고객은 어색함과 방어적 태도를 유지하여 서비스 제공자의 이후 서비스 제공에서의 심리적 부담이 지속, 강화될 수 있다.

③ Ice Breaking은 방문 세일즈에서 유용한 스킬이며, 인바운드 서비스 현장에서는 활용되기 어렵다.

④ 고객의 이야기를 평가, 판단함으로써 효과적인 경청의 구조를 형성할 수 있다.

⑤ 고객의 생각을 확장시키는 회귀형 질문은 고객의 의견을 보다 명확하게 확인하기 위해 사용한다.

 ① 비즈니스 커뮤니케이션에서의 질문은 명확한 목표를 향해 연속적으로 진행될 때 가장 효과적이다.
③ 인바운드 서비스 현장에서도 고객맞이 등으로 활용하게 된다.
④ 경청의 장애 요인이다.
⑤ 고객의 생각을 확장시키는 확장형 질문은 고객에게 새로운 관점을 제시하면서 간접적으로 서비스 제공자의 의견을 반영할 수 있는 질문이다.

12 다음 중 감성 지능에 대한 설명 역할이 아닌 것은?

① 상대와 자신의 감정을 빠르게 인식함으로써 상황에 신속히 대응할 수 있다.
② 상대방의 감정을 이해할 수 있는 역량을 통해 인간관계 형성에 도움이 된다.
③ 자신의 감정을 존중하고 이해함으로써 감정을 억제하지 않고 자유롭게 표현할 수 있게 된다.
④ 상대방의 사고, 감정, 행동에 자신의 상상력을 전이시켜 타인의 의도를 파악하거나 상황을 추정, 조망할 수 있다.
⑤ 개인 간, 조직 내부에서의 상호작용을 활발하게 하여 개인과 조직 전체의 만족감을 높인다.

 자신의 감정을 존중, 이해함으로써 보다 객관적인 상태에서 감정을 조절할 수 있게 된다.

13 다음 중 감성 지능의 5가지 요소가 아닌 것은?

① 자기 인식   ② 자기 조절
③ 자기 동기화   ④ 감정 이입
⑤ 자기 보호

 감성 지능은 단계를 거치면서 대인 관계의 기술로 발전하게 된다.

14 다음 서비스 제공자의 이야기와 현장 상황은 어떤 이론으로 설명할 수 있는가?

> 저는 어떤 고객이 방문하던, 이 고객이 우리 제품을 아주 좋아해 줄 것이라고 생각합니다. 그래서, 고객을 응대하면서 고객의 안목이나 합리적인 소비 결정에 대해 기대하는 마음을 잊지 않으려 하고 가능하면 고객에게 이 부분을 표현하려 애씁니다. 그래서인지 다른 매장에 비해 저희 매장의 고객들은 훨씬 더 너그럽고 긍정적인 마음으로 저희 제품을 이해하고 구매하는 것 같습니다.

① 피그말리온 효과   ② 플라시보 효과
③ 호손 효과   ④ 낙인 효과
⑤ 노시보 효과

해 설 긍정적 기대를 받은 대상자는 그 기대에 부응하고자 노력하는 효과가 서비스 현장에 적용된 사례로 볼 수 있다.

15 비즈니스 커뮤니케이션에서 설득의 기본 원칙이 아닌 것은?

① 상대방에 대한 이해가 필요하다.
② 질문, 경청, 멈추기는 효과적 설득의 세 가지 행동 수칙이다.
③ 대화의 목표는 설득의 과정에서 변할 수 있으므로 유연함이 필요하다.
④ 감사의 말과 어우러진 칭찬으로 고객을 긍정적인 방향으로 유도한다.
⑤ 효과적인 설득을 위해 믿음, 권위, 매력의 요소들을 적용한다.

해 설 대화의 목표를 분명하게 하여 원하는 결과를 명확히 생각하여 메시지를 전달한다.

16 비즈니스 커뮤니케이션에서의 협상의 4단계를 가장 잘 설명한 것은?

① 협상은 상대의 말과 행위에 대한 대응 기술이므로 이러한 기술들을 표현한 것이다.
② 협상의 시작 단계는 정보를 교환하며 탐색하는 것에서 시작된다.
③ 협상의 탐색 단계에서는 협상 상황을 분석하고 전략을 수립한다.
④ 협상의 4단계는 탐색-진전-시작-합의의 단계별 과정을 의미한다.
⑤ 협상을 과학적인 프로세스로 바라보고 준비하는 것이 협상의 4단계 의의이다.

해 설 협상 4단계는 시작-탐색-진전-합의이며 개별적인 기술보다 프로세스로 바라보는 것이 중요하다. 시작단계에서는 상황을 분석하고 전략을 수립하며 탐색에서 정보를 교환한다.

17 다음 중 효과적인 반론 방법이 아닌 것은?

① 반론을 시작하기 전에 상대방의 주장 가운데 동의하거나 일치되는 의견에 대해 칭찬한다.
② 긍정적인 분위기를 형성한 후에 반론을 펼치는 것이 좋다.
③ 상대방 주장의 약점이나 모순점 등을 질문의 형태로 지적한다.
④ 반대의 이유를 이야기하기 위해 상대방의 주장과 자신의 의견을 대비하며 설명한다.
⑤ 논증이 끝난 후 반론을 되풀이 하는 것은 반발을 일으킬 수 있으므로 적절치 않다.

해 설 논증이 끝난 후 반론의 내용을 요약하고 다시 되풀이 하여 호소력을 강하게 표현한다.

Answer   12. ③   13. ⑤   14. ①   15. ③   16. ⑤   17. ⑤

18 대인 커뮤니케이션은 대체로 대면적이며 비형식적이고 메시지의 흐름은 쌍방향적이다. 또한 피드백이 충분하고 즉각적이다. (① O, ② X)

해설 대인 커뮤니케이션의 특징이다.

19 공감은 타인의 감정을 본인과 같이 느끼며 타인이 이미 경험한 감정에 대해 동정심을 느껴 그 상황을 최우선으로 생각하는 것이다. (① O, ② X)

해설 동정에 대한 설명이고, 공감은 타인의 감정과 감정을 유발한 원인을 이해하는 것이다.

20 고객에 대한 인구 통계학적, 사회문화적, 심리적 요인의 이해를 통해 설득의 과정을 효과적으로 구성할 수 있다. (① O, ② X)

해설 고객은 설득의 과정에서 능동적 참여자이므로 고객을 이해하는 것은 매우 중요하다.

21~25   연결형

※ 다음은 서비스 현장에서 고객과 관계형성에 도움이 되는 다양한 커뮤니케이션 스킬이다. 보기에서 다음의 설명과 사례에 가장 가까운 항목을 연결하라.

① 공감적 경청   ② 질문 스킬
③ 청유형 표현법   ④ 쿠션 화법
⑤ Ice Breaking 스킬

21 고객에 대한 진실한 관심, 공감, 배려의 개념으로 고객 내면을 깊이 이해하여 고객이 표현하는 내면을 이해하고자 하는 능력과 표현법

(   )

해설 서비스 제공자가 높은 수준의 서비스 활동을 추구하게 하는 원동력

22 서비스 상담의 목적에 부합하는 방향으로 대화를 이끌어가면서도 고객의 부담감을 해소하고 호기심을 자극하며 신뢰감을 형성해 내는 초기 대화의 중요한 커뮤니케이션 스킬

(   )

해설 고객과의 첫인사에서부터 회사소개, 자기소개, 특별한 철학, 서비스 및 상담 목적을 밝히는 순서로 진행한다.

23 고객의 심리적 방어를 해소하고 고객 스스로 필요한 점이나 서비스 제공에 따른 이점을 발견하고 강화할 수 있도록 돕는 방법

(   )

해설 일방적인 설명에 비해 효과적으로 대화를 주도할 수 있는 방법

24 고객의 요구사항을 들어줄 수 없거나 상대방에게 부탁을 해야 하는 경우 거부감을 줄일 수 있는 표현을 사용하면서 커뮤니케이션을 전개하는 방법

(   )

해설 죄송합니다만, 실례합니다만 등의 완충 화법을 통해 대화를 전개한다.

25 간결한 메시지이지만 고객에게 명령하는 듯한 느낌으로 인해 발생할 수 있는 오해와 논쟁의 여지를 없애고 부드럽고 완곡한 표현으로 바꾸는 방법

(   )

해설 고객의 의사를 존중하면서 메시지를 전달하는 방법으로 '~해 주시겠습니까?' 등으로 표현을 바꾼다.

Answer   18. ①   19. ②   20. ①   21. ①   22. ⑤   23. ②   24. ④   25. ③

26 다음은 화장품 매장에서 고객의 첫 방문 시 서비스 제공자의 응대 화법이다. 각 화법의 역할을 설명한 것으로 적절치 않은 것은?

> A. 요즘은 화장품 종류들이 정말 다양합니다. 그렇지요? 혹시 고객님께서는 화장품을 고르시는 특별한 기준이 있으신지요?
>
> B. 네. 고객님께서는 브랜드를 중요하게 생각하고 계시네요. 그 밖에 또 특별히 궁금하거나 고민되는 부분이 있으신가요?
>
> C. 제조 기업의 신뢰도가 궁금하시군요? 그렇습니다. 투자한 만큼의 효과를 중요하게 생각하시기 때문일 것 입니다. 그래서 화장품 선택시 충분한 정보와 상담이 필요합니다.
>
> D. 00화장품에 대해서는 알고 계시나요? 화장품에 세포과학을 접목해서 최근 많은 호응을 얻고 있는 회사입니다. 화장품의 기능과 효능에 집중하여 투자하고 있죠.
>
> E. 저는 20여 년간 화장품 업계에서 전문적으로 고객님들께 '아름다움'을 권해드리는 일을 하고 있습니다.
>
> F. 고객님께서 원하고 또 필요로 하는 제품을 잘 구매하실 수 있게 도와드리는 게 제 역할입니다. 충분한 정보와 고객님께 잘 맞는 제품으로 도와드리니 편안하게 물어보시고 상담 받으시면 됩니다. 혹시 피부 관리에서 특별히 염려되시는 점이 있으신지요?

① A,B – 구매를 강요함
② C – 상담의 필요성 부각
③ D – 회사 소개를 통한 신뢰감 형성
④ E – 서비스 제공자의 자기소개를 통해 전문가 이미지 부각
⑤ F – 본격적인 상담으로의 진입

해설 구매의 기준과 원칙을 질문하는 자연스러운 첫 만남에서의 대화

27 은행에 방문하여 금융 상품을 상담 받는 고객과 서비스 제공자의 대화이다. 서비스 제공자의 응대를 공감적 커뮤니케이션의 측면에서 해석할 때 가장 적절한 것은?

> **직원** : 고객님, 노후 준비는 하고 계시나요? 노후 준비에 딱 맞는 상품이 있어 소개해 드릴까 하는데 어떠십니까?
>
> **고객** : 노후 준비요? 하긴 해야 되지만.
>
> **직원** : 그럼요, 100세 시대이니까 노후 준비는 필수입니다.
>
> **고객** : 알긴 해도 지금 당장 생활비도 빠듯해서요. 지금은 노후 준비를 생각하기 힘들어요.
>
> **직원** : 지금 소득이 있는 상태에서도 생활이 빠듯하신데 나이가 들어 은퇴하시면 소득이 없어질 텐데, 그럼 어떻게 하시려구요?
>
> **고객** : 그러게요.
>
> **직원** : 게다가 나이가 들어 병원에도 많이 다니셔야 될 테구요, 지금 무대책으로 지내시면 큰일 납니다. 당장 준비하셔야죠.

① 직원은 고객이 스스로 동의할 수 있도록 연속적으로 질문의 흐름을 구성하고 있다.

② 전달하고자 하는 메시지를 강하게 강조함으로써 고객의 동의를 이끌어 낼 수 있었다.

③ 고객의 상황에서 한발 떨어져 고객에게 문제 해결의 방법을 제시하는 공감적 대화를 이끌어 내었다.

④ 고객의 염려나 장애 요소를 적극적으로 경청하지 못해 추가적인 고객 상황을 끌어내지 못했다.

⑤ 고객의 입장에 몰입되는 동정의 태도로 해결안을 제시하는 공감적 대화에는 실패하였다.

해설 ① 연속 질문을 진행하지 못하고 곧바로 목표 질문에 도달하여 고객의 부담감과 방어적 태도를 강화시켰다.
② 메시지를 강조하였으나 고객의 동의를 이끌어내지 못하는 일방적인 설명의 구조이다.
③ 고객에게 문제해결의 방법을 제시하지 못하였다.
⑤ 고객의 입장을 이해하거나 배려하는 응대가 없었으므로 동정의 태도보다는 냉정의 태도를 보인 것이다.

28 다음은 고객과 서비스 제공자의 대화이다. 질문과 경청의 구조로 효과적인 대인 비즈니스 커뮤니케이션을 완성한다고 볼 때 괄호 안에 들어갈 내용과 그에 대한 설명이 올바르지 않은 것은?

> **상담원** : 고객님, 어떤 것을 도와드릴까요?
>
> **고 객** : 네. 선물을 하나 구입하려고 하는데요, 어떤 걸로 해야 할지 잘 모르겠네요.
>
> **상담원** : 네. 어떤 선물을 구입할지 알아보고 계시는군요.
>
> **고 객** : 네.
>
> **상담원** : 어느 분께 어떤 일로 선물하고 싶으신가요?
>
> **고 객** : 아들이 이번에 대학에 입학해서요. 좋은 게 있을까요?
>
> **상담원** : 정말 자상한 아버님이시네요. 축하드립니다. 아드님 대학 입학 선물을 하시려는 거네요. 기념이 되길 원하시나요? 아니면 실용적인 것을 찾으시나요?
>
> **고 객** : 기념이 되는 선물이었으면 좋겠어요. 오래 간직하면서 쓸 수 있으면 더 좋겠구요.
>
> **상담원** : (   )

① 적절한 칭찬과 추가 정보의 수집 : 정말 기억에 남는 선물이 되겠네요. 혹시 예산은 어느 정도 생각하십니까?

② 정리하기 기법의 경청과 추가 정보의 수집 : 대학생이 될 아드님께서 오래 간직할 소중한 기념 선물을 고르시는 거네요. 정말 멋진 선물을 잘 고르고 싶으실 것 같은데요, 혹시 생각해 보신 제품이 있으신가요?

③ 정리하기 기법 및 본격적인 상담으로의 진입 : 아드님께서 오래 기억할 소중한 선물을 고르시니 고민이 많으실 것 같습니다. 제가 여러 가지를 감안하여 몇 가지 제품을 추천해드리고 싶은데 어떠십니까?

④ 칭찬하며 경청의 태도로 적절한 상품 제안하기 : 그렇다면 저희 매장에 잘 찾아오신 것 같습니다. 여기 정말 적절한 제품이 있습니다. 아마 가격도 마음에 드실 것 같네요. 어떠십니까?

⑤ 적절한 칭찬과 본격적인 상담 진입 : 고민을 이미 많이 하신 것 같네요. 그럼 제가 대학생이 되는 아드님께 기념이 될 만한 제품 몇 가지를 추천해 드릴까 하는데 어떠십니까? 분명 멋진 선물을 고르실 수 있으실 것 같습니다.

해설 고객의 이야기를 경청하는 내용은 아니다. 고객의 동의를 얻어내고, 다음 단계의 질문이나 추가적인 정보나 고객 의견을 들을 수 있는 적절한 질문이 효과적으로 구성되어야 한다.

29 다음 대화는 세일즈맨이 고객을 만나기 위하여 전화를 걸어 방문약속을 잡으려 했으나 실패한 대표적인 사례이다. 다음 지문 중 방문약속이 실패할 가능성이 많은 것을 고르시오. [기출문제]

> **세일즈맨** : 안녕하십니까? 김대리님! 전화로 인사드려 죄송합니다. 저는 갑을엔지니어링 박춘식대리라고 합니다. 새로운 신제품을 가지고 귀사를 방문하려는데 오늘 시간이 되시겠습니까?
> **고　　객** : 죄송합니다만 오늘은 시간이 안 되겠는데요.
> **세일즈맨** : 그래도 꼭 뵙고 저희 제품을 소개하고 싶은데요.
> **고　　객** : 오늘 선약도 있고 회의도 있고 해서 도저히 불가능합니다.
> **세일즈맨** : 그럼 언제 찾아뵙는 것이 좋겠습니까?
> **고　　객** : 쉽게 시간이 나지 않아 약속하기가 어렵겠습니다. 꼭 귀사 제품을 소개하기를 원하신다면 카탈로그나 제안서를 우편으로 보내주시기 바랍니다.
> **세일즈맨** : 아, 알겠습니다. 그렇게 하겠습니다. 감사합니다.

① 세일즈맨이 분명하고 자신에 찬 어조로 고객을 주도하고 이끌어야 한다.
② 약속시간은 세일즈맨이 정하되 시간단위보다 분단위로 약속시간을 제안한다.
③ 신제품이 고객사에게 어떤 이익과 혜택을 줄 수 있는지를 간단히 소개해야 한다.
④ 카탈로그나 제안서를 직접 전해주고 제품설명을 해야 한다고 설득해야 한다.
⑤ 고객이 편한 시간에 약속을 정하게 하고 고객의 입장에 무조건 따라야 한다.

해설　고객과의 방문약속은 고객의 입장에서 접근하기보다는 세일즈맨의 입장에서 주도권을 가지고 시간 약속을 정해야 한다. 자신의 시간계획에 맞게 방문시간을 조율하는 능력이 필요하다.

30 강남호텔의 판촉부장인 김부장은 협상의 달인이라고 해도 과언이 아닐 정도로 협상을 잘 하기로 소문이 나 있다. 그가 어떻게 협상을 하는가 협상테이블 옆에서 지켜보았더니 특히 반론을 제기하는 것이 인상적이어서 그 내용을 정리해 보았다. 다음 중 효과적으로 반론을 하기 위한 순서대로 올바르게 나타낸 것은 어느 것인가? [기출문제]

> 가. 지금까지의 상대방 주장 가운데 우선 동의할 수 있는 점과 일치점이 무엇이 있는지 찾아내어 말하면서 긍정적으로 시작한다.
> 나. 상대방의 주장과 김부장 자신의 의견을 대비시켜 상대방의 주장보다 더 나은 점을 차근차근 설명하여 반대이유를 분명히 한다.
> 다. 김부장 자신이 생각하기에 상대방 주장의 허점이나 모순점이라고 생각되는 것에 대한 반론 내용을 명확히 질문한다.
> 라. 협상을 하면서 김부장 자신이 반론을 제기해도 상대방이 감정적으로 반발하지 않을만한 절호의 기회를 탐색한다.
> 마. 논증이 끝나면 다시 한번 반론내용을 요약해서 간략히 말함으로써 호소력이 커지게 한다.

① 라 – 나 – 마 – 다 – 가 　　② 라 – 가 – 다 – 나 – 마
③ 라 – 나 – 다 – 가 – 마 　　④ 다 – 가 – 마 – 라 – 나
⑤ 다 – 나 – 가 – 라 – 마

해설 협상에서 반론의 제기는 상당한 스킬이 요구된다. 협상이 잘 진행되다가도 반론 제기를 잘못해서 일을 그르치게 되는 경우가 의외로 많다. 효과적으로 반론을 하기 위해서는 반론기회 탐색, 긍정적으로 시작하기, 반론내용 질문, 반대이유 설명, 반론내용 요약해서 말하기 등의 순서로 하는 것이 좋다.

31~36 통합형

※ [31~32] OO백화점이 고객 1천명을 대상으로 한 설문조사의 내용 중 서비스 응대에 대한 의견들이다.

A. 매장에 들어가면 인사를 하긴 하지만 곧바로 어떤 제품을 찾느냐고 물어와서 부담스럽습니다. 그냥 제가 혼자 조용히 둘러보는 게 나을 것 같아요.

B. 망설이고 있는데 자꾸 결정하라는 듯한 느낌으로 이야기하면 재촉하는 것 같아서 불편해요. 그래서 마음에 들어도 마음에 든다는 이야기를 못하겠어요. 사야 될 것 같아서요.

C. 제가 처음부터 요청한 건이었는데도 중요한 것들은 나중에 다시 이야기하고 확인해야 해요. 바빠서 그런 지 잊어버리거나 잘못 이해하는 경우가 있어요.

D. 제가 관심 없는 제품에 대해서 장황하게 설명하면 중간에 끊을 수도 없고 좀 그래요. 궁금한 게 있어도 진짜 관심 있는 제품이 아니면 물어보기 겁이 나요.

E. 말로는 친절하신데 제가 구매하지 않을 것 같은 느낌인지 왠지 무시하는 듯이 대강 응대하는 경우가 많아요. 그냥 불편해서 백화점 보다는 할인매장이 오히려 편합니다.

31 위의 다양한 고객 설문 조사를 커뮤니케이션의 관점으로 설명하였다. 부적절한 설명은 무엇인가?

① A : 고객의 부담을 줄여야 하는 고객맞이가 오히려 고객의 부담을 증가시켰다.
② B : 고객이 서비스 제공자와 함께 결정할 수 있는 분위기를 만들어야 하는데 고객은 구매의 압박이라고 여겨지면 불편을 느끼게 된다.
③ C : 고객은 서비스 제공자들이 집중적 경청을 하지 않는다고 생각한다.
④ D : 설명을 하기에 앞서 적절한 질문 등을 통해 고객의 관심과 욕구를 확인하는 대인 커뮤니케이션이 필요하다.
⑤ E : 고객들은 필요 이상으로 민감한 경우가 많아 언어 커뮤니케이션을 더욱 단련하여 명확하고 친절한 언어 구사 능력이 필요하다.

해설 비언어 커뮤니케이션의 영역에서 고객의 호감이나 신뢰를 얻지 못하고 있는 경우이다.

32 이러한 고객들의 반응에 대해 ○○백화점은 서비스 응대 지침을 설정하고자 한다. 가장 적절한 지침은 다음 중 무엇인가?

① 고객의 부담을 줄이기 위해 고객맞이를 생략하고 자유로운 쇼핑이 가능하도록 한다.
② 고객들과 공감대를 형성할 수 있는 대인 커뮤니케이션 스킬을 배양하고 특히 효과적인 질문과 경청의 방법을 구사할 수 있어야 한다.
③ 고객이 질문하는 경우에만 응대하도록 하여 장황한 설명을 하는 실수를 방지한다.
④ 고객에 대한 정형화된 화법을 준비하여 친절한 태도와 함께 이를 완벽하게 실행하게 한다.
⑤ 고객의 구매 과정 프로세스를 점검하여 서비스 제공자들의 대고객 메시지를 더욱 강화해야 한다.

해설 효과적인 고객맞이와 질문을 통해 메시지를 명확하게 하면서도 고객에게 부담이나 구매 압박을 주지 않고 서비스를 진행할 수 있다.

※ [33~34] 다음은 가격 협상을 위해 고객사인 ○○건설을 방문한 김철수 과장의 대화 중 일부이다.

A : 부장님, 매년 저희 회사를 믿고 거래해 주셔서 감사합니다.

B : 말씀하신대로 앞으로도 좋은 품질로 ○○건설의 품질경영에 기여할 수 있도록 최선을 다하겠습니다. 그래서 부장님, 이번 사업 연도의 납품가는 작년보다는 최소 5% 인상이 필요한 상태입니다.

C : 작년에는 프로젝트 물량도 있었고 특별 요청에 의해 최종 견적 가격에서 10% 이상을 할인해서 계약이 진행되었던 것입니다.

D : 여기 보시는 견적서가 작년에 제시되었던 최종 견적서입니다. 올해 5%를 인상한다고 하더라도 작년의 최종 견적보다 저렴한 상태입니다.

E : 게다가 최근에 원가율이 상승하여 좋은 품질의 제품을 생산하기 위해서는 최소한의 가격이 보장되어야 합니다.

F : 여기 품질 테스트 결과와 공업용 자재 가격 인상에 대한 통계자료입니다.

G : 저희 회사 제품을 믿고 구매해주시는 만큼 좋은 품질의 제품을 공급해야 하고 또 그로써 ○○건설의 품질 경영에도 기여하고자 하는 것을 이해해 주셨으면 합니다.

H : (   )

33 고객사에게 효과적으로 가격 인상을 설득하기 위해 전개한 김철수 과장의 응대를 설명한 것으로 적절치 않은 것은 무엇인가?

① 김철수 과장은 A,B 화법을 통해 긍정적이고 부드러운 분위기에서 원하는 부분의 결론을 제시하였다.

② 김철수 과장은 효과적인 주장의 AREA 법칙에 따라 자신의 의사를 명확하게 전달하였다.

③ C,E 화법은 주장에 대한 이유를 제시하는 화법에 해당된다.

④ C,D,E,F는 가격 인상이라는 주장에 대한 이유와 증거 제시를 위한 화법으로, 주장을 강화시키고 지지하는 사실적 근거이다.

⑤ G 화법을 통해 김철수 과장은 가격 인상의 주장을 고객사의 입장과 대비시켜 주장을 설득하고자 하고 있다.

해설 G 화법은 가격 인상의 결과가 결국 고객의 이점이 되고 있음을 납득시키는 것으로 비즈니스 커뮤니케이션에서의 설득적 관점의 중요한 부분이다. 고객사의 입장과 대비시키는 것은 아니다.

34 김철수 과장은 괄호의 화법으로 자신의 주장을 마무리 하고자 한다. 논리적이고 강한 인상을 주기 위해서는 어떻게 마무리 하는 것이 가장 적절한가?

① 부장님, 이러한 상황으로 이번 사업 연도 가격에 대해 검토 부탁드립니다.

② 부장님께서 이해하셨으리라 생각됩니다. 적절한 방안이 나오리라 기대하겠습니다.

③ 부장님, 이러한 상황으로 이번 가격 인상은 최소 5% 이상 실행되어야 합니다.

④ 어떻게 하는 것이 좋을지 모르겠습니다.

⑤ 함께 성장할 수 있는 좋은 파트너가 되었으면 합니다. 부장님께서 잘 판단해 주시기 바랍니다.

해설 AREA법칙에 의거하여 명확하게 핵심의 부분을 강조하는 주장으로 마무리 한다.

※ [35~36] 건강검진 예약 및 상담 과정에서 발생한 상황이다. 다음을 읽고 문제에 답하시오. [기출문제]

고객

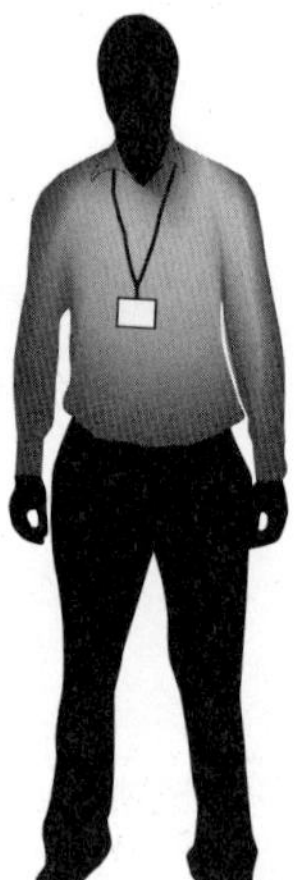

상담원

35 상기 상담원의 대응을 공감적 커뮤니케이션의 측면에서 해석할 때 가장 적절한 것은?

① 핵심적인 메시지 전달에 집중하여 간결하고 정확한 커뮤니케이션이 가능했다.

② 고객이 궁금한 사항에 대해 적절히 대답을 하지 못해 공감적 경청에 실패하였다.

③ 고객 건강 검진 예약이라는 상담의 목적을 달성하지 못해 커뮤니케이션에 실패한 것이다.

④ 고객의 상황에 대한 객관적이고 냉정한 반응으로 고객의 문제점을 밝혀냄으로써 커뮤니케이션의 목적을 달성했다.

⑤ 고객의 염려나 장애 요소를 적극적으로 경청하지 못하였으며 효과적인 질문도 활용하지 못해 공감적 커뮤니케이션에 실패하였다.

해설 ① 공감적 커뮤니케이션에 실패. 공감적 커뮤니케이션은 간결함이 목적이 아니다.
② 공감적 경청은 고객의 이야기에 적절한 응대와 호응, 정리 및 효과적 질문 등으로 이루어진다.
③ 상담의 목적 달성은 공감적 커뮤니케이션의 목적과 다르다.
④ 냉정한 반응으로는 공감대 형성을 할 수 없고 커뮤니케이션의 목적에 부합하지 않는다.

36 고객의 이야기에 대한 상담원의 응대를 다음과 같이 변경해 보았다. 공감적 경청의 측면으로 볼 때 가장 적절치 않은 것은?

① A - 네. 사실 귀찮은 일이긴 하죠. 하지만 그래도 해야겠다고 생각하시는 이유가 있으시죠?

② B - 네. 바쁘시기 때문에 예약을 하시면 실행에 옮기시는 데에도 도움이 되실 겁니다. 예약을 하지 않으시면 바쁘셔서 자꾸 미루게 되시지 않을까요?

③ B - 네. 예약을 하셔야 합니다. 예약을 하셔야 바쁘시더라도 실행에 옮기실 수 있을 것이라고 생각되는데, 어떠신지요? 이번 기회에 꼭 검진을 받으셔야 겠다 생각되시면 예약을 하시는 게 좋지 않을까요?

④ C - 한 번도 해보지 않으셔서 걱정되시는 겁니다. 걱정되시면 일반 내시경도 가능합니다.

⑤ C - 수면 내시경이 위험하다고 생각하셔서 염려되시는 군요. 그런 부분을 걱정하시는 고객분도 계십니다. 내시경은 수면과 일반으로 결정하실 수 있습니다. 예약을 진행하시게 되면 제가 상세히 안내해 드릴 것이니 잘 선택하셔서 진행하시면 됩니다.

해설 고객의 염려를 이해해 주는 공감적 경청의 태도는 아니다.

Answer　　35. ⑤　　36. ④

PART 05

회의 기획 및 의전 실무

Chapter 01_ MICE의 이해

Chapter 02_ 회의 운영 기획, 실무

Chapter 03_ 의전 실무 기획, 운영

Chapter 04_ 프레젠테이션 작성

서비스 산업은 과거와 달리 각 개별 산업이 상호간에 영향을 주고 융합하며 발전하고 있다. 최근 기업 회의나 컨벤션의 대규모 유치가 서비스 산업 전반은 물론 국가나 지역의 경제적 부가가치 전반에 걸쳐 있어 많은 영향을 끼치며 중요한 영역이 되고 있다. 기업의 대내 · 외적 업무에 있어서도 기업 간, 부서 간 역할의 경계가 모호해지고 상호 협업과 시너지가 중시되는 만큼 '회의'의 역할과 위상이 커지고 있다.

이렇듯 서비스 산업 전반에서 중요한 역할을 담당하게 되는 회의, 행사, 의전과 관련된 서비스 분야를 학습합니다.

이번 Part에서	서비스 산업의 기업 내·외부 활동에서 그 역할이 중시되고 있는 회의 및 의전에 대해 알아보고 관련한 MICE 산업 전반을 이해한다.
학습목표	1. MICE 산업의 전반적인 의미와 중요성을 이해하게 된다. 2. 회의, 컨벤션 행사의 성공적인 수행을 위한 구조와 기획을 이해한다. 3. 회의, 컨벤션의 실질적인 운영과 수행에 필요한 지식 절차 등을 알 수 있다. 4. 공식 행사를 진행함에 있어 의전의 의미와 준비에 필요한 기본 지식과 기획의 방향 및 구체적인 준비, 점검 내용을 알 수 있다. 5. 비즈니스 현장에서의 프레젠테이션의 의미와 구체적인 진행 방법, 준비 요소 등을 익힌다.
이번 Part를 학습하고 나면...	• 서비스 산업의 확장과 부가가치의 증대로서 MICE 산업을 이해하고 관련 용어 및 기본 개념을 이해한다. • 대규모 행사의 기본적인 운영 구조를 사전에 학습함으로써 실제 서비스 현장에서의 적용력을 높인다. • 기업 내·외의 다양한 규모의 회의 및 행사를 원활히 수행할 있는 서비스 기본 개념을 이해한다. • 의전의 개념을 이해하여 서비스 제공자의 수준과 품격을 향상하고 업무에 실제 반영할 수 있다. • 프레젠테이션을 기획, 준비, 지원함에 있어서 필수적으로 적용하고 이해해야 하는 요소를 학습하고 실무에서 활용할 수 있다.

Chapter 01 MICE의 이해

2009년 한국의 미래를 이끌 17대 신성장 동력 산업 중 하나인 핵심 서비스 산업으로 선정된 MICE 산업은 우리나라 뿐 아니라 구미 각국은 물론 중국, 홍콩, 싱가폴 등 아시아 경쟁국에서도 국가 전략 산업으로 지정하여 각종 지원 정책을 통해 집중 육성하고 있는 산업이다. 서비스 산업의 파격적인 확장과 부가가치를 생산하게 될 산업을 이해하는 것은 서비스 제공자의 기초 역량에 매우 중요한 부분이다.

1 MICE의 정의와 중요성

1) MICE란?

MICE란 기업회의(Meetings), 포상관광(Incentives Trip), 컨벤션(Conventions), 전시박람회와 이벤트(Exhibitions & Events)의 영문 앞 글자를 딴 단어이다. 좁은 의미에서 국제회의와 전시회를 주축으로 한 유망 산업을 뜻하며, 광의적 개념으로 참여자 중심의 보상관광과 메가 이벤트 등을 포함한 융합, 복합 산업을 뜻한다.

2) MICE 산업의 위상과 중요성

① MICE 산업은 정보 및 지식교류 인프라로서 산업 및 무역 발전에 근간을 제공하는 미래성장 동력산업으로 부상하고 있으며 미국, 유럽은 물론 중국, 홍콩, 싱가포르 등 아시아 경쟁국도 국가 전략산업으로 지정하여 각종 지원 정책을 통하여 집중적으로 육성하고 있다.

② 우리나라도 2009년 한국의 미래를 이끌어갈 17대 신성장 동력산업 중 하나인 핵심 서비스 산업으로 선정하여 집중 육성하기로 결정했다.

③ 활발한 지역별, 국가별 교류와 협력으로 국제적인 연대와 협력 활동이 크게 늘어나게 되어 컨벤션산업의 수요가 증가 추세이며, 주요국들은 전시, 컨벤션을 해외 마케팅의 핵심 수단으로 활용하고 있어 교역량이 높은 국가일수록 전시, 컨벤션 시설 규모도 상대적으로 크다.

④ 전시, 회의 등을 유치하여 운영하게 되면 대규모 그룹을 대상으로 고소비, 양질의 관광객을 대량 유치할 수 있으므로 고용창출 및 지역 경제 활성화 효과의 고부가가치 산업이다.

⑤ 국제회의 개최를 위한 인프라 구축, 개최지 이미지 제고, 정치적 위상 증대, 사회, 문화 교류 및 교역 확대 등의 효과가 발생하는 대표적인 국가(지역) 브랜딩 산업이며 호텔, 쇼핑, 이벤트 등 관광 및 다양한 분야와의 연계성 있는 부가가치를 창출해 낼 수 있다.

3) MICE 산업의 분류

① Meeting

- 일반적으로 10인 이상의 참가자가 4시간 이상 진행하는 회의를 의미하며 교육, 정보교환, 토론 등의 다양한 목적으로 진행된다.
- 회의 주체에 따라 협회, 학회, 정부, 공공기관, 기업회의로 구분되며, 내용과 규모면에서 국제화, 대형화가 진행되며 컨벤션과 구조적, 생태적으로 유사하다.

② Incentive Trip

- 구성원의 성과에 대한 보상 및 동기부여를 위해 비용의 전체 또는 일부를 부담하는 순수 포상여행으로 상업용 숙박시설에서 1박 이상을 체류하는 경우를 말한다.
- 휴양 및 교육을 포함하고 오락적인 부분이 강조되면서 목적지, 개최지 선택에 중요한 결정 요인이 되며 고객 맞춤의 볼거리, 먹을거리, 즐길거리를 포함한 상품 개발이 중요하다.
- 대규모 관광 인원에 따른 수익이 발생되며 비수기 유치의 장점이 있다.

③ Conventions

- 3개국 10명 이상의 외국인이 참여하여 정보 교환, 네트워킹, 비즈니스 등의 목적이 있는 회의로 Meeting에 비해 규모가 크고 국제적 성격이 강한 행사이다.
- 주최자에 따라 협회, 학회, 정부 공공기관, 기업회의 등으로 나누어지며 ICCA(세계 컨벤션 협회)는 정기적인 개최 여부, 3개국 이상의 개최지, 참가자 50명 이상을 기준으로 한다.
- 회의장 시설을 비롯하여 관광, 레저, 숙박, 식음료, 교통 등 제반 시설을 활용한 토털 서비스 산업이다.

④ Exhibitions & Events

- 제품 생산자 및 판매자들이 제품의 홍보 및 판매를 위해 정해진 장소에서 관람객과 잠재적 바이어에게 제품을 전시, 홍보, 거래 등의 활동을 하는 것이다.
- Conventions, 목표 대상, 진행 목적이 유사하여 협업과 시너지가 발생된다.

4) MICE 산업의 특징

MICE 산업은 그 연계성이 폭넓고 복잡해서 그 만큼 다양한 산업에 걸쳐 미치는 영향이 크다. 그 밖에도 인적 교류, 정보 교류, 문화 교류를 촉진시키며 사회전반에 기여한다.

공공성	• MICE 산업의 개최에 있어 정부와 지역사회의 적극적인 참여가 필요함을 의미 • MICE 산업의 대표적인 시설인 컨벤션센터의 경우 이를 건립하는데 막대한 비용이 필요하며 건립 이후에도 꾸준한 지원이 필요 • MICE 산업을 활성화 시킬 수 있는 교통이나 통신, 법적인 지원 등이 필요
지역성	• MICE 산업은 그 지역의 고유한 관광, 문화, 자연자원 등의 특성을 바탕으로 지역의 다른 산업들과의 연계를 통하여 이루어지게 된다. • MICE 산업은 지역의 고유한 특성을 바탕으로 독특한 문화적 이미지와 브랜드를 창출 • 지방정부가 MICE 산업을 지역 홍보수단으로 활용하여 발전할 수 있다.
경제성	• 단체 관광객을 동시에 유치하므로 경제적으로 높은 파급효과를 가져올 수 있다. • 계절에 구애 받지 않고 개최가 가능하므로 관광비수기 타개책으로 활용 가능하다. • 1차적 파급효과는 관련시설의 투자, 생산 및 고용 유발 등의 효과 • 2차적 파급효과는 일반 관광객보다 긴 체제 일수와 높은 평균 소비액을 가진 참가자들이 지역에 머무르면서 숙박, 음식, 관광레저 등을 이용하여 생겨나는 고용 및 소득의 증대, 세수 증대 등 경제 활성화에 도움을 준다.
관광 연계성	• 회의기간 전, 중, 후에 실시되는 관광행사를 통해 기존 관광 상품 및 신규상품 홍보 • 컨벤션 참가자들은 주로 항공편을 이용하므로 항공 교통망의 확충이 일어나고 호텔 등 숙박시설, 유흥업소 등을 이용하며 레크리에이션, 관광, 쇼핑 등을 하기에 관광관련 분야의 산업발전과 활동 촉진 및 신규시장 개척에도 기여한다. • 국제회의 관련 사항의 국내·외의 보도나 방송매체 등을 통한 미래의 관광시장에 대한 홍보효과

플러스 tip

국내 MICE 산업 현황

• 2012년 기준 24.8조원 정도로 추정되며 회의(meetings)부문 규모가 18.9조원, conventions(4조원), exhibitions(1조원), incentives trip(0.9조원) 순으로 기록되었다.

• 국내 전시회 개최규모는 2000년에서 2011년까지 연평균 약 3.72%씩 성장세를 유지하고 있다.

• 서울은 세계 5위권 컨벤션 도시로 발돋움하였다. 국내·외 MICE시장에서 기업회의, 인센티브 여행 등 증가 추세

• 국제회의와 전시회의 병행개최 추세는 확산될 것으로 예측되며 이를 통해 행사의 양적, 질적 성장이 이루어지고 회의 및 전시회 참관객의 만족도가 증대될 것으로 보인다.

1) 컨벤션의 이해

① **정의(어원)** : 라틴어의 'cum' + 'venire'에서 유래되었으며 '함께 와서 모인다'라는 의미이다.

   ㉠ 사회단체 및 정당 회원 간의 회의, 사업 및 각종 무역에 관련된 회의와 정부 간에 이루어지는 모든 회의를 칭한다.

   ㉡ 특정한 목적을 달성하기 위하여 일정한 장소에 모여, 직접 또는 간접적인 정보교환과 인적교류를 목적으로 하는 행사의 총체로서 부대 행사로서의 이벤트, 전시회를 포함하는 회의를 말한다.

② **컨벤션의 중요성**

- 고부가가치 창출의 신종 관광 산업이자 지식 기반 관광 산업
- 국가별 교류와 협력으로 국제적인 연대와 교류 활동의 증가로 수요 증가
- 국민 소득 증대, 내수 경기 확대, 개최지역의 경제 활성화 및 PR

③ **컨벤션의 효과**

경제적 효과	• 참가자 및 주최자의 소비로 인한 직·간접적 경제 효과 • 개최국과 도시의 세수 증대 • 선진국의 기술이나 노하우의 벤치마킹으로 국제 경쟁력 강화 • 각종 시설물의 정비, 교통망 확충, 환경 및 조경 개선, 고용증대 등 산업 발전에 영향
사회, 문화적 효과	• 지역 문화 발전 • 고유문화의 세계 진출 기회와 국가 이미지 향상의 기회 • 세계화와 질적 수준 향상
정치적 효과	• 개최국의 국제 지위 향상 • 문화 및 외교 교류의 확대 • 국가 홍보의 극대화
관광 산업 발전 효과	• 관광 비수기 타개 • 대량 관광객 유치 및 양질의 관광객 유치 효과 • 관광에 대한 다양한 홍보

2) 다양한 컨벤션 산업

① 성격별 컨벤션 회의

회의 분류	주최자	참가자	주제
정부회의	정부/정부산하 기관	정부/준정부 기관 대표	국제/정치/사회/경제 등의 주제로 각종 회의나 연수회, 두 국가 이상이 참여하는 회의
협회/학회 회의	각종 협회/학회	협회/학회 회원	학술적/사회적인 공통된 관심사를 교환하거나 새로운 정보를 제공, 공유
기업회의	단일 기업/ 기업관련 조직	기업 내부직원/ 국내 · 외 업계 인사	직원들의 지식수준 향상, 사기진작, 상품 판매 촉진, 신상품 개발 및 발표회, 세미나와 워크숍, 경영자회의, 주주총회, 인센티브회의 등

비영리조직(보이스카우트 연맹의 세계 잼버리 대회 등)의 회의는 협회회의에 포함시켜 분류하였다.

② 개최 목적에 따라

지식과 상품의 교류, 전문가의 강의, 문제해결, 협상, 제품이나 회사의 홍보, 대중홍보 및 설득, 정책결정 및 결과보고, 사교 및 관광 / 여흥 / 스포츠 등 행사 참여

3) 컨벤션 산업의 구성 3요소

① 주최자

정부회의 주최자	• 국제기구 본부 및 해당 개최국가의 정부가 주최자가 되고 참가자 역시 정부 및 정부 관련 기관, 학계, 업계 등의 대표자가 주류를 이룬다. • 의전에 의해 초청되며 사전 주제가 정해지고 비공개 개최인 경우가 많다.
협회회의 주최자	• 협회 회원들에게 혜택을 제공하기 위해 진행된다. • 협회의 재정적 수입과 협회 및 회원의 인지도 향상의 목적이 있다.
기업회의 주최자	• 영리 추구 조직에서 특별한 목적을 가진 모든 회의를 말한다. • 종업원의 사기 진작, 지식수준 향상, 신상품 소개 등의 목적으로 의무적 참가가 많고 외부적으로는 쉽게 알려지지 않는다. • 동일 개최지 및 서비스와 안정성이 보장되는 장소를 선호하며 대부분 전시회는 포함하지 않는 특성이 있다.
비영리 조직	비영리 단체, NGO 종교 및 예술 단체 및 노동자회의, 종교 단체 회의, 예술, 문화, 스포츠 등의 조직에 가입한 회원들에 의한 회의

② 참가자

컨벤션 참가자들은 다양한 특성과 성격을 지닌 소비자들로, 이들의 욕구를 이해하고 만족시킬 수 있는 서비스와 마케팅을 제공하는 것은 무엇보다 중요하다.

비자발적인 참가자	회의 참가를 일의 연장선으로 여김. 자신이 속해있는 집단의 가치를 높이고 경험으로부터 배울 것을 기대
자발적이며, 정보를 얻고자 하는 참가자	사람들과의 친교나 회의 프로그램을 통하여 많은 것을 얻고 배우고자 하는 열의가 높은 사람들
자발적이며, 여흥을 즐기기 위한 참가자	회의 개최지에서 제공하는 사교 프로그램, 관광, 이벤트 등을 통하여 여흥을 즐기려는 사람들로서 회의를 인센티브로 인식하는 경향

최근에는 고객만족이 기업의 목적이며 이윤은 그에 따른 보상이라는 기업 경영철학의 변화가 협회나 학회에도 영향을 미쳐서 회원의 만족을 제고시키고자 노력하고 있다. 이는 고객의 욕구에 부응하는 서비스를 시기적절하게 제공함으로써 고객을 더 만족시키고, 그래서 행복해진 고객들의 충성도가 높아지면 협회는 고객을 유지하게 되고, 회원의 추천을 통해 신규 회원을 창출함으로써 협회의 장기적인 이익 확보가 가능해지기 때문이다. 이에 각종 협회에서는 가장 중요한 업무 중 하나인 컨벤션 개최에 있어 서비스 품질을 매우 중시하게 되었다.

③ 개최지

㉠ 컨벤션 개최지의 선정

개최지 선정 과정	• 회의의 목적 설정 및 확인 • 회의의 형태 및 형식 개발 • 회의에 필요한 물리적 요구사항 결정 • 참가자의 관심과 기대 정의 • 일반적 장소와 시설의 종류 선택 • 평가 및 선정
컨벤션 개최지 선정시 고려 사항	• 교통의 편의성 • 숙박시설과 회의장 • 제반시설 접근성 • 도시 및 이미지 • 인적자원의 우수성 • 이벤트 프로그램 • 전시장의 이용 가능성 • 기후의 적정성

ⓛ 개최 시설

컨벤션 센터	• 대규모 국제회의 개최를 목적으로 설계된 건축물로 동시통역이나 프레젠테이션 설비, 대회의실, 소회의실, 연회장, 전시실 등 원활한 회의 진행을 위해 필요한 설비를 갖춘 종합시설 • 숙박 시설을 포함하지 않으므로 인근의 숙박 시설과 연계하여야 한다.
컨퍼런스 센터	• 20~50명 정도의 회의 참가자들이 중·소규모의 회의를 개최하기에 적합한 곳 • 컨벤션 센터와 달리 객실을 제공하며 회의 이외의 기타 오락, 휴게, 식당 등이 포함되는 통합적 회의 환경을 제공한다. • 센터 내에 컨퍼런스 룸과 예약 시스템 및 각종 지원이 24시간 운영된다. • 컨퍼런스 콘시어지가 있어 팩스, 번역, 메일 서비스, 각종 회의 관련 자료에 대한 서비스 제공 • 호텔의 객실과 달리 가격 산정이 센터 이용 1일당, 혹은 1인당으로 책정되며 객실 내에서도 학습, 회의 등을 위한 책상 등이 구비된다.
컨벤션 호텔	• 호텔 본래의 기능에 컨벤션 기능을 추가 • 숙박시설, 회의장, F&B 서비스가 좋은 장점
리조트	• 컨벤션 참가와 관광을 함께 즐기려는 참가자들의 증가로 리조트에서 컨벤션을 이용하는 빈도수의 증가 • 편의시설과 휴양시설을 함께 제공하여 수익 창출
기타 시설	대학 및 연구소의 준회의실, 문화센터, 크루즈 등

ⓒ 서비스 제공자

지역 컨벤션 대행 업체 (DMC: Destination Management Company)	개최지에 대한 많은 정보로 기획, 준비, 운영, 관리 등을 원활하게 수행하는 장점
호텔 내의 컨벤션 서비스 관리자	• 호텔 내 모든 행사를 계획하고, 각 행사의 호텔측 업무를 관리, 감독 • 회의나 전시를 위한 모든 사항을 점검하고 이를 위해 필요한 부서와의 회의 등을 소집하여 진행 • 호텔의 컨벤션 유치를 위한 협상단계에서부터 개입 • 개최지에 대한 전반적인 지역 정보(관광, 교통, 정책, 사회문화적인 특징 등) 제공
통역, 번역업	• 국제회의 및 컨벤션에서 참가자들의 원활한 의사소통의 체계를 구축 • 순차통역, 동시통역 등의 방식으로 운영
A/V 장비 임대업체	• 음향, 영상 등에 관련한 설비를 대여하여 진행 • 컨벤션 개최 장소의 자체 설비와 장비 부족시 필요 • 동시통역기, 빔 프로젝트, 실물투사기, LCD, VCR, 멀티큐브, 각종 음향 기기 등
기타 컨벤션 관련 서비스업	• 장식 및 간판, 전시부스 시공업, 인쇄업, 회의장 소도구 및 기념품 제조업, 사진, VCR 전문업 등 • 행사도우미들 의상 제공업체, 운수업체, 통신업체, 청소업체

국제회의를 뜻하던 컨벤션은 호텔, 관광, 전시, 박람회, 공연, 이벤트 협회, 기구의 운영 등과 관련되어 이제 하나의 산업군 – MICE 산업으로 발전되어 이해해야 합니다.

2010년 개최되었던 여수 세계 박람회의 경우 총 개최기간이 3개월이었으며 생산 유발 효과가 약 12조원으로 추산되었으며, 부산의 전시컨벤션센터인 벡스코 역시 2010년 기준 생산유발효과가 9천 83억여원에 달하고 있습니다. 세계적 추세 속에서 급성장하는 부가가치 산업으로 독일의 경우에는 전시컨벤션 산업이 GDP의 약 1%(약 40조원)에 달하는 주요한 경제적 부가가치를 지니고 있으며, 우리나라 역시 2012년 기준 25조 8천억원 정도의 규모로 추산되고 있습니다.

우리나라의 경우에도 국제회의에 참가한 외국인의 1인당 소비액은 반도체 970개, 승용차 0.22대, TV 8.33대를 수출하는 것과 같은 효과를 가지며 2007년 기준 국제회의 참가자들의 1인당 직접 지출은 일반 관광객의 1.95배에 달했던 것으로 조사되었습니다.

컨벤션 산업의 확대는 서비스 제공자들에게 다양한 산업 진출의 기회를 가져오며 국제회의 전문 기획업체, 국제회의 통역, 컨벤션 기획사, 컨벤션 마케터 등 직접적인 서비스 산업의 확대는 물론 호텔, 관광, 항공사, 리조트 및 카지노, 여행사 등에서의 수요도 넓어지게 될 것입니다. 컨벤션에 대한 이해와 본질적인 행사 및 회의 기획과 운영을 이해하는 것은 미래의 MICE 산업 시대의 서비스 역량을 준비하는 기초가 될 것입니다.

4) 컨벤션의 유치와 기획 진행

① 컨벤션 뷰로(CVB: Convention and Visitors Bureau)

- 국제회의 유치에 필요한 모든 업무를 지원하는 전담팀으로, 국제회의 유치 추진 절차에서부터 행사장 선정, 소요예산 분석, 유치 제안서 작성, 현지 설명회 개최, 마케팅, 국제기구 임원을 대상으로 한 홍보활동까지 모든 업무를 지원한다.
- 컨벤션 + 관광홍보, 비영리 목적으로 운영

② 컨벤션 기획사 : PCO(Professional Convention Organizer)

국제회의 업무를 행사 주최자로부터 위탁받아 대행하는 업으로 국제회의 개최를 사전에 준비하고 실제 국제회의 개최의 기획과 분과위원회를 구성, 진행한다. 실무적으로는 효율적인 회의 준비와 운영을 위해 회의 기획가, 통역사, 속기사 등 국제회의 또는 전시회 행사와 관련한 각종 전문 용역을 제공한다.

③ 컨벤션 행사 유치, 기획 단계

컨벤션 행사 유치를 위한 방침의 결정 → 행사 유치 운영위원회 결정 → 행사 유치 신청서 제작 → 본격적인 행사 유치 활동 → 행사 유치 최종 결정

④ 회의 기획 단계

행사 사무국 구성 및 스태프 배치 → 회의 개최 계획서 작성 → 행사 세부 추진계획서 작성 → 행사 소요 예산 편성 → 회의 주요 프로그램과 이벤트 결정 → 예상 참가자 데이터베이스 관리 → 회의 장소 및 숙박업체 선정 → 초청 인사 섭외 및 의제 구성

⑤ 컨벤션 행사 준비 단계

행사 준비 조직위원회 결성 → PCO(Professional Congress Organizer) 선정 → 행사 대비 예산 추정 작성 → 행사 기본 프로그램 구상 → 분과별 업무 분장 수립 → 등록 방법과 정책 수립 → 세부 행사 계획 수립(등록, 숙박, 학술 프로그램, 사교 행사, 인쇄, 출판, 관광, 수송, 인력운용, 홍보, 전시, 예산 등)

3 Incentive Trip

1) 개념과 효과

① 기업 등 단체에서 전부 혹은 일부 비용을 부담하여 구성원의 성과에 대한 보상 및 동기 부여를 위해 시행하는 순수 포상여행으로 상업용 숙박시설에 1박 이상 체류하는 행사이다.

② 생산성 향상, 이직률 감소, 팀워크 강화 등의 긍정적 효과로 인해 점차 여타의 포상 방법(상여금 지급)보다 효과가 높아 많은 기업에서 활용하고 있다.

③ 일반적인 관광 비수기의 수요를 대체할 수 있는 효과가 있어 관광업계의 주요한 신규 수입이 되고 지역 경제는 단체 관광객의 기타 추가 소비의 효과로 부가가치를 기대할 수 있다.

2) 다양한 프로그램 종류

㉠ 순수 포상여행 : 일정 성과를 달성한 직원에 대한 보상

㉡ 판매 포상여행 : 업무와 휴가를 겸하며 일부 회의가 포함된다. 여행과 함께 신상품 소개, 신기술 견학, 생산설비 견학 등의 업무적 목적의 활동이 다수 포함된다.

㉢ 시찰초대 여행 : 항공사, 호텔, 관광사업자 등이 새로운 관광 상품을 효과적으로 알리고 호의를 유발하기 위해 시행하는 여행으로 매체 관계자를 초대한다.

㉣ 사원 인센티브 여행 : 성적 우수자 혹은 전 직원 대상, 장기근속 여행, 재충전 휴가 등으로 활용된다.

㉤ 소비자 인센티브 여행 : 소비자에게 상품 홍보, 판매 촉진 등을 위해 활용되는 여행으로 기업 이미지, 상표 이미지 향상 등으로도 확대 적용되고 있다.

㉥ 딜러 대상 혹은 판매직원 대상 여행 : 기업의 유통 채널 중 외부 채널인 딜러(거래상)를 대상으로 하거나 내부 판매 조직원을 대상으로 판매 촉진 혹은 포상 등의 성격이다.

1) 개념 및 효과

① 무역, 산업, 교육 혹은 상품 및 서비스 판매 기업들이 대규모 상품을 진열을 하는 것으로
회의를 수반하는 경우도 있다.

② 일정한 기간 동안 전문 전시장 등의 특정 장소에서 특정한 상품, 서비스 혹은 기술
등을 전시함으로써 홍보, 마케팅 활동을 통해 일반 소비자는 물론 유통업자, 무역업자,
관계자들에게 경제적 목적을 달성하기 위해 시행한다.

③ 다양한 형태

- 무역 전시회 : 순수 상거래와 무역을 목적으로 바이어 및 업계 종사자 위주의 전시회

- 일반 전시회 : 일반인을 대상으로 제품과 서비스를 소개하고 홍보하는 활동 위주의 전시

- 무연, 일반 전시 : 무역 전시와 일반 전시의 특성과 목적이 혼합된 전시

2) 전시의 기획, 실행

① 전시회 구성원

시설 분야(전시장), 전시 주최자, 전시회 출품자(상품, 서비스 판매를 목적으로 하는 기업),
용역 및 하청업체(광고, 홍보, 식음료 등), 전시회 참관자(참관 및 구매 목적 바이어 등)

② 전시회 실행

- 구매 : 전시회는 잠재적 판매자와 구매자의 만남이 이루어지는 장이다.

- 판매 : 목표 시장을 선정하고 실제 판매 환경을 조성하여 판매가 이루어지도록 한다.

- 신상품 소개 : 제품의 접근성을 높여 신상품에 대한 관심도가 높은 참관자들이 실제
신상품을 조사하고 관련 산업의 흐름을 이해할 수 있다.

- 최신 정보와 추세 습득 : 상품 간 비교, 경쟁 업체의 동향과 정보 등을 파악하여 다양한
최신 정보를 습득할 수 있다.

- 상호 교류 : 동종 업계 및 업계에 관심을 가지는 사람, 기업들 간의 네트워크가 형성되고
협업 등을 이루어낼 수 있는 기회를 갖는다.

플러스 tip

회의 준비 단계	준비 완료 단계
• 행사 포스터 및 1차 안내서 제작 및 발송 • 각 분과별 업무 매뉴얼 작성 • 회의 일정 및 행사 세부 운영프로그램 구성 • 초청인사 및 의제 확정 • 회의 2차 안내서 제작, 발송(각종 양식 포함) • 후원기관 및 서비스 업체 선정 • 각종 사교행사 장소 선정 및 여흥 프로그램 기획 • 사전 등록자 데이터베이스 관리 • 중요사항 접수 및 분류 • 예비 프로그램 작성 • 회의장 배치도와 유형별 확정 • 각 분과별 세부업무 추진	• 최종 행사 프로그램 확정 및 제작 • 사전등록 및 숙박 예약 마감 • 등록 확인서 발송 • 회의장 제반시설과 기자재 점검 • 각종 사교행사장 점검 • 회의 소요물품 제작 및 점검 • 행사 진행요원 확보와 운영방안 결정 • 등록자 데이터베이스 관리 • 유관기관 업무협조 요청 및 확정 • 각종 인쇄물 및 제작물 제작 완료 • 언론 및 매스컴 홍보

02 회의 운영 기획, 실무

MICE 산업은 물론 기업 내·외부에서 진행되는 주요 회의를 운영, 기획하고 실제 이를 지원하고 실행함에 있어 필요한 세부적인 지침 등을 이해해야 한다. 서비스 산업에 종사함에 있어 기업의 의사결정, 시장 확대, 대내·외 홍보 마케팅 등 주요한 회의의 기본적인 구조와 실무 내용을 이해하도록 한다.

1 회의 개요

1) 회의의 개념과 목적

① 회의의 개념

- 2명 이상이 모여 특정 안건을 의논, 교섭하는 행위로 일정한 형식이나 규칙을 준수하고 개별 의제를 능률적으로 결정, 협의하는 진행 절차
- 협력적이고 우호적인 분위기에서 모든 구성원의 의견과 정보 교환을 통해 최선의 방안을 강구하는 것을 목표로 한다.

② 회의의 목적

- 정보 공유 : 회의 주최자 혹은 참가자가 보유한 정보를 집중적, 집단적으로 공유
- 업무 진행상황 점검 : 주요한 업무 사안들의 진행 정도를 점검
- 의견 취합 및 아이디어 발굴
- 문제 해결과 사업 기획 : 단기적, 중장기적 문제에 대한 해결 방안을 함께 모색, 기획
- 집단의식의 고취 : 주체가 되어 사안에 대해 검토하여 참여와 관심을 유도

③ 회의의 기능

- 문제 해결 : 특정한 사안에 대한 해결점을 함께 모색하거나 상호간의 견해 차이를 줄여 전략을 구축하고 실행 계획을 세울 수 있다.
- 자문 기능 : 전문가에 의해 해당 사안의 결정을 돕고 자문을 얻을 수 있다.
- 의사소통 기능 : 전체 공동의 목표를 위한 활발한 의사소통의 장으로써 각자의 역할과 의사를 존중하여 공동의 이익을 추구할 수 있도록 한다.

– 교육훈련 : 특정한 이슈를 통해 참가자들이 생각을 하게 하고, 다양한 의견과 생각을 통해
참가자 개인의 간접적 경험의 폭을 넓히는 교육적 효과를 지닌다.

2) 회의의 구성과 형태

① 회의의 조건

– 2명 이상의 구성원이 있어야 한다.

– 사전에 미리 정한 회의의 규칙과 형식이 있어야 한다.

– 어떤 주제로 진행할 것인가에 대한 회의 안건이 있어야 한다.

– 회의를 통해 안건에 대한 최종적 의사결정, 즉 회의의 결과가 있어야 한다.

– 회의를 리드하고 최선의 결과를 도출 할 수 있는 리더, 즉 의장을 결정한다.

② 회의의 형태

㉠ 시기별

정기회의	회칙이나 규약 등에 의해 정해진 시기에 소집되는 회의로, 다양한 안건을 처리한다.
임시회의	조직이나 의장 등이 필요하다고 판단될 때 소집하는 회의이며, 특정 안건을 심의하기 위해 소집되는 경우이다

㉡ 회의 목적별 형태

정보 전달 회의	참석자에게 특별한 정보나 지식을 전달하는 설명회의
토의회의	참석자들의 지식과 경험을 통해 서로 의견을 교환하는 회의
문제 해결 회의	참석자들이 상호 동등한 입장에서 문제 해결을 위해 격식 없이 진행하면서 전원이 납득할 수 있는 결론을 찾아내는 회의
조정회의	상호 의견이나 이해관계가 엇갈리는 경우 각자의 주장을 내세우며 상대방과 타협이 가능한 부분을 찾아 상호 양보와 해결을 찾는 회의
훈련회의	이미 결정이 난 문제에 대해 내용을 납득하고 실행으로 옮기는 데 있어 필요한 훈련을 진행함으로써 개선의 단계로 이끄는 회의

㉢ 회의의 구분과 분류

구분	명칭	내용
회의	컨벤션 (convention)	• 가장 일반적인 회의 • 정보전달을 주목적으로 하는 정기집회에 많이 사용하는 용어로 전시회를 포함하는 경우가 많다.

	컨퍼런스 (conference)	• 학술회의, 사업회의처럼 특정한 분야에 주제를 가지고 관련자들이 벌이는 회의이다. • 컨벤션에 비해 토론회가 많은 것이 특징이고, 참가자에게 토론 기회가 주어지는 것이 일반적이다.
	콩그레스 (congress)	• 친교라는 의미가 가미된 회의 • 유럽에서 사용되는 국제회의 용어로 대표자들의 회합, 집회, 회담 등을 뜻하며, 사교행사와 관광 등 프로그램이 동반되는 회의를 뜻한다.
토론	포럼 (forum)	사회자의 지도 아래 한 사람 또는 여러 사람이 간략한 연설을 한 다음, 청중이 그 내용에 대하여 질문하면서 토론을 진행하는 방식이다.
	심포지엄 (symposium)	• 어떤 논제에 대하여 다른 의견을 가진 두 사람 이상의 전문가가 각각 의견을 발표하고 참석자의 질문에 답하는 형식의 토론회이다. • 포럼에 비하여 진행 등이 격식에 맞게 진행되고, 질문자도 제한되는 경향이 있다.
	패널 토론 (panel discussion)	• 토론 참여자들이 토론하고 청중의 질문에 답변하는 형식의 회의이다. • 토론 주제와 토론자가 미리 정해지고, 어떤 문제에 대하여 풍부한 지식, 경험, 흥미를 가진 4~6명의 대표자가 청중 앞에서 자유롭게 토론한 후에 청중들이 참여하여 질문을 하거나 의견을 말하는 공개 토론회이다.
교육	렉쳐 (lecture)	• 강연. 한 명의 전문가가 청중들에게 특정 주제를 강연하는 형식이다. • 강의 후 질문을 받는 것이 일반적이다.
	세미나 (seminar)	• 전문인 등이 특정한 과제에 대하여 행하는 연수회나 강습회 • 교육, 연구 등의 목적을 가진 소규모의 회의로, 한 사람의 지도하에 정해진 주제에 대해 발표하고 토론하는 형태를 갖춘다.
	워크숍 (workshop)	• 문제를 함께 생각하고 해결해 나가기 위한 합동 연구 모임으로 새로운 지식을 창출하고 개발하는 것이 주된 목적이다. • 기업에서 특정 이슈에 대하여 많이 행해진다.

2 회의 진행 실무

1) 회의 준비

① 회의실 선정 시 고려사항

㉠ **회의실 규모** : 개 · 폐회식 등 전체 회의에 사용될 다양한 공간의 규모(대회실, 사무국, 기자실, 대기실, 소회의실, 리셉션, 참가 등록 장소 등) 및 수용 인원을 고려한다.

㉡ **회의실의 유형별 배치와 기능** : 회의실의 층별 배치 및 복수 회의실의 경우 동선 등에 대한 고려와 의자, 환기, 조명의 상태 및 연단, 무대 등의 유용성, 회의 특성을 고려한 동시통역 시스템이나 음향 시설 등의 기자재 부분을 검토한다.

ⓒ **전시장 활용도 :** 전시회가 병행되는 경우 전시회 참관과의 인접성을 고려한다. 전시공간에 대해서도 다양한 활용도 및 시설 등을 검토하여야 한다.

ⓔ **회의실 대관료 :** 전체 예산에서 차지하는 비중이 높은 만큼 상황에 맞게 선정한다.

ⓜ **위치 및 접근성과 인지도 :** 참가자 성향, 회의의 성격과 함께 공항, 숙박시설 등과의 거리, 이동을 위한 교통편 등을 고려한다. 대중적 인지도의 여부도 판단할 수 있다.

ⓗ **서비스 제공자의 서비스 역량 수준 :** 회의 관련 서비스의 질과 서비스 제공자의 서비스 수준 역시 중요한 선택의 기준이 될 수 있다.

ⓢ **제반 규정 :** 기타 회의 운영에 있어 제약이 될 수 있는 규정이 있는가 등에 대해 사전에 사용 규정을 확인하여야 한다.

② 회의실의 배치 설계

좌석 배치	극장식 배치, 강당식 배치, 암체어 배치
테이블 배치	• 교실형 배치, U자형 배치, 편자형 배치 공백 • 사각형 배치와 공백 다원형 배치 • E형 및 T형 배치 • 이사회형 배치와 I형 배치 • 원형 테이블 배치

③ 회의 준비를 위한 시간 배정 및 관리

회의 시작 전 운영팀의 준비 시간을 배정하고 준비 사항에 따른 서비스 인적 자원을 효율적으로 배정하여 시행하기 위한 부분이다. 회의 장소 사전 답사 등을 통해 준비되어야 한다.

㉠ 회의 준비 배치 시간

– 회의 유형과 참가자의 수에 따라 회의 준비 배치 시간을 보다 정확히 예측한다.

– 배치 시간과 복합적으로 발생하는 기타 서비스 부문의 인력까지 감안하여 배정한다.

㉡ 효율적인 공간 배치

– 회의실 배치와 관련된 현 상태와 회의 진행시의 배치 설계 내용을 숙지하여 좌석배치 또는 테이블 배치시에 대한 효율적인 공간활용이 가능하도록 한다.

– 운영 담당자는 회의 성격에 적합하도록 인력과 장비의 활용을 예측하여 회의장을 선정하는 것이 중요하다.

④ 회의 준비 자료

㉠ 전체 회의 프로그램

– 효과적인 회의 운영과 회의 목적 달성을 위해 회의의 전체 구성요소들을 통합적으로 조정, 기획하여 준비한다.

- 참가를 유도할 수 있도록 다양하고 효율적으로 구성되어야 한다.

- 참가자 행동요령의 지침이자 행사의 취지 등을 이해할 수 있는 안내문의 역할을 수행하게 된다.

- 전체 일정이 한눈에 보기 쉽도록 작성되어야 한다.

- 휴대가 간편하고 파손되지 않도록 제작한다.

- 프로그램의 표지 : 전체의 행사명, 주제, 장소, 기간, 주최자, 주관사, 후원기관 등

- 프로그램의 주요 내용 : 회의장 안내, 회의 일정, 관련된 행사 일정, 발표자 소개 및 발표 내용 소개, 숙박호텔 안내, 메모란 등

ⓒ 회의 취지 요약과 참가자 명부 작성

- 회의 취지를 알릴 수 있는 안내문 고지

- 행사의 참석자와 참가자 수가 달라질 수 있어 예상 참가자 명단을 작성

ⓒ 기타

- 성명, 국적, 소속, 주소, 투숙 호텔 등의 정보가 수록된 참가자 명단

- 회의장 안내를 위한 표지판 및 도면 제작

- 관련 행사들에 대한 설명 자료 제작 및 배포 방법

- 행사 관련 전화번호

- 전시회 및 지역 관광 안내자료

- 명패와 명찰 준비

⑤ 회의 진행 절차의 이해

㉠ 회의의 통지

- 회의 소집 통지는 10일 전에 상대에게 전달되도록 하며, 급히 개최되는 경우라 하더라도 최소 2~3일 전에는 상대방이 알 수 있도록 한다.

- 통지는 간단, 명확하게 작성하되 회의의 명칭, 의제, 일시, 장소를 빠짐없이 기재하며 참석 여부에 대한 회신 마감일을 정하여 회신을 요청하고 주최자, 담당자의 이름과 연락처를 기재한다.

- 참석자에게 회의의 진행 순서 및 프로그램, 준비물 및 기타 주요 사항 등을 통지한다.

- 참석자 명부를 미리 작성하고 회의 통지 후 참석 여부 회신을 통해 참석자를 정확히 파악해 둔다.

㉡ 회의의 기본적인 진행 단계

기본적인 진행 단계이며 회의의 규모, 목적, 참석 대상 등에 따라 변경될 수 있다.

개회 및 개회 선포	개회식의 진행은 진행자가, 개회 선포 후 회의 진행은 의장이 한다.
보고사항 및 회의록 승인	전(前) 회의 때의 심의·자문사항과 처리 결과 등이 포함된 내용을 보고 한다.
안건 상정	의장이 안건을 의사일정에 따라 토의할 수 있도록 회의에 회부하는 것을 의미한다.
제안 설명	안건 제안자가 안건의 취지 및 주요 골자 등을 설명
질의·답변	제안 설명의 내용이나 안건에 대해 의문사항의 질의, 응답
토론	반대토론, 찬성토론, 반대토론의 순으로 교대로 진행하여 수정안을 채택하거나 원안으로 처리할 수 있다.
표결 및 표결결과 선포	최종 결정을 위해 가부를 묻고 결과를 선포한다. 다음 안건이 있는 경우 다시 안건 상정에서 의사진행 절차를 되밟는다.
산회 및 폐회	• 산회 : 당일 의사 일정이 종료되었음을 공식 선언(산회 전 다음 회의 일시 통보) • 폐회 : 전체 회의 일정이 끝난 경우 폐회

ⓒ 회의 종료 후 처리 사항

　– 회의결과의 이송 : 보편적으로 회의 의장이 주최자에게 결과를 이송한다.

　– 회의 결과 통보시에는 회의록 사본도 첨부한다.

ⓔ 회의록의 작성

회의록은 지명된 서기가 작성한다. 작성방법에 따라 「속기에 의한 회의록」과 「약식 회의록」으로 나뉜다. 정확성을 기하기 위하여 발언내용을 녹음하여 회의록을 보충하면 편리하다.

플러스 tip

회의 용어

① 의제 : 당일의 회의에서 논의하기 위해 의사일정에 상정된 심의·자문 대상의 제목

② 안건 : 의사일정 상정여부와 관계없이 논의대상이 되는 모든 사안

③ 의안 : 특별한 형식적 요건을 갖춘 안건. 수정안 제출이 가능한 것

④ 의사일정 : 회의개시 일시와 안건의 순서 등 회의진행 상황을 기재한 예정서

⑤ 동의(同議) : 의안이나 발언에 대한 찬성의 뜻을 표하는 것

⑥ 동의(動議) : 회의에서 안을 제출하는 것을 말한다. 안건의 상정에서 사용되는 용어

⑦ 질의 : 의제가 된 안건에 의문사항이나 문제점에 대하여 제안자에게 답변을 구하는 안건 심의절차

⑧ 표결 : 투표 또는 거수로 안건을 가결할 것인가 부결할 것인가를 결정하기 위한 절차

⑨ 의결 : 표결에 부친 안건에 대해 찬성 또는 반대 위원의 수에 따라 가결 혹은 부결여부를 최종적으로 결정하는 것을 의미

3 등록 및 숙박관리

1) 등록 관리

① 등록 신청서 관리

- 국적, 소속, 지위, 성명 등 참가자의 주요 인적사항과 연락처, 참가목적 등의 정보를 관리한다.
- 등록 신청서는 주최측의 본부 보관용, 조직위원회의 사무국 보관용, 참가자의 등록 보관용으로 구분하여 보관한다.
- 등록자 명단, 참가자 숙박정보 등을 데이터베이스로 구축하여 관리한다.

② 등록 절차

- 등록 자격의 기준 및 등록 자격증의 발부 등
- 등록비용의 산정 : 등록 자격별로 차등하기도 한다.
- 사전 등록 : 원활한 진행을 위한 일정 기간 내에 사전 등록을 권장하고 등록서 작성 제출 및 등록비 송금에 관한 지침, 마감 시한 등을 결정하여 안내한다(등록서 제출 주소 및 연락처).
- 현장 등록 : 보편적으로 사전 등록을 권장하므로 등록비, 내용, 절차 등에서 차등을 두게 되며 현장 등록 시행시 등록 장소 및 시간 등의 사항을 결정하여 안내한다.
- 등록비 : 등록비 안에 포함될 서비스, 내용 등을 결정하여 안내하고 취소, 환불에 관한 규정을 정한다(수표, 환, 외국 화폐 사용 정책).
- 현장 배포가 아닌 경우 최종 프로그램의 발송
- 등록자 명단, 참가자 숙박정보 등을 데이터베이스로 구축

2) 숙박 관리

① 숙박 관리는 행사 성공의 매우 중요한 요소이다.

② 숙박에 대한 모든 계획은 비용적인 측면을 고려하여 효율적으로 수립한다.

③ 숙박에 대한 계획 수립 시 고려할 사항

숙박 장소	• 회의장과의 편리한 접근성 • 행사 참가자의 특성과 기호 등을 고려하여 선정하도록 한다. • 참가자들의 기대 및 성향에 적합한 숙박장소 선정 • 충분한 부대시설의 확보
숙박 관련 지원	• 원활한 행사 진행을 위한 인적자원의 확보 • 편리한 교통 체계 확보 • 안전 관리 체계 확립 • 행사 개최에 대한 사전 지식 및 주요 사항 숙지

④ 객실 확보 및 배정

객실 확보	• 예상 참가자의 수와 객실 수요를 충분히 예측하여 객실을 미리 확보 • 객실 요금과 요금 지불 방법, 객실 블록의 해체일자 등 협의
배정 및 예약	• 참가자들을 대상으로 하여 객실을 사전 신청, 예약하도록 한다. • 숙박 신청서에 회의장과의 거리, 호텔의 등급, 객실 유형과 요금, 부대시설 현황 등의 주요 내용을 기재하여 제작, 발송한다. • 접수된 숙박 신청서에 따라 우선순위로 객실을 배정하고 참가자에게 예약 확인을 고지한다.

4 기자재 장비 관리

주요한 기자재의 사항들을 세심하게 체크하여 관리한다.

음향 시스템	오디오 소스, 마이크, 믹싱 보드, 이퀄라이저, 앰프, 스피커 등의 작동 유무 및 점검
연설대	테이블 연설대, 플로어 연설대 등
조명	조명의 위치, 밝기, 조정, 고장 유무 등 확인, 점검
스크린	스크린 위치, 상태 등 확인, 점검
영사기	영사기의 기본 상태, 위치, 연결 상태 등의 확인, 점검
동시 통역기	동시 통역이 필요한 경우 사전 확인
원격회의	• 음성 원격 회의, 음성 그래픽 원격 회의, 화상 원격 회의 등 • 원격회의시 통신을 포함한 전문 회의 장비 점검
기타	• 칠판, 차트 등의 기타 기자재의 필요 여부 확인 후 점검 • 포인터 준비 및 상태 점검

Chapter 03 의전 실무 기획, 운영

의전은 대규모 회의, 컨벤션을 진행함에 있어 세심한 완성에 매우 중요한 역할을 담당한다. 특히, 국가적 행사나 목적이 정확한 경우에는 의전은 단순한 절차나 형식이기보다는 하나의 전략이자 목표 달성을 위한 지원으로 볼 수 있다. 의전이 이러한 역할을 수행하기 위해 어떻게 기획, 운영되어야 하는가를 이해하여 다양한 서비스 현장 업무에 적용할 수 있다.

1 의전의 이해

1) 의전의 의미

① 사전적 의미 : 의전(儀典, Protocol). 국가 간의 공식 의례에서 통용되는 예법을 말한다. 국기, 국가원수, 서열, 국제회의, 축의와 조의, 상훈 등 여러 종류가 있다.

② 일반적으로 예절이 개인 사이의 것이라면, 의전은 조직이나 국가 간에 이루어지는 것으로서 국가행사, 외교행사, 국가원수 및 고위급 인사의 방문과 영접시 행해지는 국제적 예의라고 할 수 있다.

③ 기업에서는 대내·외적 업무지원 활동 중 임원 및 사외이사 등에게 행해지는 예절활동이라 할 수 있다. 기업에서의 의전업무의 대상은 각 기업의 내부규정으로 정하기도 하지만, 통상 최고의사결정권을 가진 전·현직 임원 및 사외이사와 동등한 위치에 있는 자에게 적용되며, 보통 의전업무는 총무 관련 부서에서 담당한다.

2) 의전의 중요성

① 의전은 개인 간, 조직 간, 국가 간의 관계에 있어서 상호 간 원활히 지낼 수 있도록 하는 장치로 단순한 형식의 의미를 넘어 특수한 목적 달성을 위한 전략적 측면의 의미를 지닌다.

② 효과적인 의전을 통해 국가행사나 외교행사 등 모든 일정이 원활하게 진행되며 이로써 국내·외 사회를 활력 있게 유지시킬 수 있다.

③ 의전은 상대에 대한 배려와 예의(good manners)를 바탕으로 진행되므로 국가 혹은 기업의 수준과 품격을 나타내게 된다.

행사의 의미와 의전

① 행사란 '일정한 계획에 의해 어떤 일을 진행하는 것, 또는 그 일'이라고 정의한다.

② 행사는 그 목적과 관련된 특정한 메시지를 전달하고, 이를 통해 참석자들 간에 하나의 공감대를 형성하는 것을 목표로 하므로 상호간의 배려와 예절 및 규범이 필요하다.

③ 이를 위해 준비하는 다양한 형식과 함께 모두가 인정할 수 있으면서 상대를 배려하고 있음을 나타내는 의전의 역할이 중요하다.

3) 의전의 5R

① Respect(상대방에 대한 존중)

상대 문화와 상대방에 대한 존중과 배려를 바탕에 두어야 한다. 의전은 세계 각국이 보유한 다양한 문화와 행동 양식의 차이를 인정하고 효과적으로 조율할 수 있어야 한다.

② Reciprocity(상호주의)

상호주의는 상호 배려의 특면으로 국력과 관계없이 모든 국가가 1대1의 동등한 대우를 받아야함을 의미한다. 따라서 의전상의 문제는 외교 경로를 통해 그에 상응하는 조치로 검토되기도 한다.

③ Reflecting Culture(문화의 반영)

의전의 격식과 관행은 시대적, 공간적 제약을 가지므로 영구한 것이 아니라 시대의 변화에 따라 변화됨을 의미한다.

④ Rank(서열)

참석자들 간의 서열은 의전행사의 기본으로 공식적인 서열에 어긋나거나 무시되는 것은 상대 국가나 조직에 대한 모욕으로 볼 수 있다.

⑤ Right(오른쪽)

단상 배치 기준에서 차석은 VIP(No.1)의 오른쪽에 위치한다. 사진을 찍었을 때에는 No.1의 왼쪽이 상석, 즉 No.2의 자리가 된다.

① 준비위원회

행사 개최를 위한 세부계획이 구체화되면, 본격적인 준비활동을 추진해 나갈 준비전담반을 발족시키고, 세부 업무별 팀을 조직한다. 정기적으로 국제행사를 개최하는 국제기구의 경우에는 기구본부측의 준비위원회(organizing committee)와 그 행사를 유치한 국가 내의 개최준비위원회(host committee)가 준비업무를 분담하여 상호협의 조정관계를 유지한다.

② 사무국(secretariat)

행사 준비 및 진행에 필요한 예상 업무량을 파악하여 단계별 추진 계획에 의한 조직적 활동계획을 세우고 그에 따라 사무국을 조직한다.

플러스 tip

사무국의 일반적 기능

- 행사 준비 기본 계획 수립(사업 및 예산)
- 회계 및 행정절차의 수립
- 각 팀과의 행사준비 추진협조 조정 및 행정사무 지원
- 준비 및 진행사항에 대한 보고
- 소요물자의 종합조정 및 조달
- 행사준비용 사무장비, 비품, 집기, 사무용품의 확보 및 관리
- 각종 준비를 위한 실무진 행사 개최 및 결과처리 업무
- 행사준비 추진일지 및 각종 행사의 기록유지
- 국제기구 본부와의 연락업무 및 행정처리

---

③ 반(team)의 구성

준비위원회의 결정에 따라서 구체적인 행사준비 및 운영을 하는 것이 각 반(team)의 일이다. 행사의 규모에 따라 다르지만 대체로 홍보, 예산, 수송, 숙박, 사교, 관광, 등록, 의전, 행사 및 행사장, 시설, 전시팀 등으로 구성하여 각각 업무를 분담하게 된다.

3 의전 기획

1) 행사계획

① 행사 현장 답사

- 행사의 목적에 맞는가에 대한 적합성 검토

- 기후, 이동 수단, 보유 차량, 주차 계획 등의 점검

- 행사 장소에서 보유한 비품 점검

- 행사 장소의 안내 및 서비스 지원 여부 및 능력 점검

② 행사 계획 작성

- 행사 개요의 작성 : 행사명과 일시, 장소, 참석대상 등을 요약하여 기술한다.

- 주요 내용 : 행사의 종류, 식순 소요시간 등의 구체적인 행사 진행에 관한 사항

- 세부 사항 : 행사 전체 진행 시간 및 참가자 행동 요령, 실측하여 작성하는 이동 시간

- 기타 : 관계 기관 합의 및 행사장 배치 계획 도면

2) 행사장 준비사항

① 식장

- 선정 : 행사장 전체의 위치와 진입도로의 여건, 조망과 일조 등을 고려하여 선정

- 배치 : 산만하거나 답답해 보이지 않도록 배치한다.

- 중계석, 촬영대 및 의무실, 간이화장실 등의 설치

- 행사 요원의 복장 등의 점검(가급적 통일함)

② 식단(式壇)

- 참석인원에 비례하여 식단의 크기 등을 결정

- 식단 뒤에는 VIP용 임시 화장실과 대피소를 설치하고 비품 준비

③ 행사장식물 설치

- 식장 내·외만 설치하는 것이 원칙

- 옥외행사 : 현수막과 홍보탑 등 최소한의 홍보물 설치

④ 단상비품

- 연설대와 의자, 마이크, 탁자 등

- 좌석별 좌석 명찰의 부착 및 행사 유인물 미리 배포

⑤ 테이프 절단

- 장소 선정 : 건물 주 출입구 앞쪽에서 시행하는 것이
  일반적이다.

- 5가지 색(적색, 청색, 황색, 흑색, 백색)의 인조나
  견사 등으로 만든 천 테이프 사용

- 가위와 흰 장갑은 쟁반에 담아 참가인사에게
  전달(가위와 장갑은 여유있게 준비)

3) 의전 행사의 세부 계획 점검

내빈 안내	• 안내를 담당할 직원의 숫자, 위치별 배치 및 행동 요령 수립 • 이동로와 이동 시간 등을 고려하여 이동시 서비스의 방법 계획 • 내빈의 행사장 도착 후 조치 사항에 대한 세부 계획 • 내빈의 지위에 상응하는 직위의 직원으로 배치 • 숙소 배정 내용과 유의사항 및 전체 일정 안내
입장 및 퇴장	• 행사 참가자의 입장, 퇴장에 대한 시간, 통로, 출입문, 주차장, 출발지 및 시간을 입·퇴장의 시간 순으로 상세히 계획하여 기록 • 귀빈 도착 30분 전 모든 참가자 입장 완료를 목표로 계획
참가자 및 차량	• 참가자 구성과 인원수, 차량 등의 집결 시간을 간략히 구성하여 작성 • 행사용 공식 차량은 운행 시간 및 대기, 주차 위치 등에 대해 구체적으로 명시
업무 분장	• 주관 부서 및 관련 부서간 업무 협조와 분장 업무를 명확히 정리, 작성 • 전체 일정 계획별 준비사항 체크리스트를 제작하여 활용
우천시	• 우천을 가정한 추가 및 변동 사항을 확인하여 별도의 행사계획을 수립 • 옥외 행사의 경우 옥내 행사로의 대체에 따른 전반적인 추가 계획 별도 수립을 준비

4) 행사 진행의 준비

① 시나리오 작성

㉠ 행사 진행에 참여하는 모든 행사요원의 말과 행동을 시나리오 형식으로 작성

㉡ 실제 사용할 구어체로 적당한 경어 사용과 모든 직위는 공식 명칭을 사용하여 작성

② 행사 전 안내

㉠ 본 행사 전 대기시간이 길어지게 될 경우 간단한 식전 행사 준비

㉡ 사회자가 행사 시작 전 전체 진행 순서와 이동 사항, 주빈에 대한 환영방법 등을 공지

③ 행사의 진행 순서

행사의 목적이나 현장여건을 고려하여 순서와 내용을 변경할 수 있다.

플러스 tip

우리나라는 의전의 수준이 매우 높은 것으로 유명하며 많은 사례들을 가지고 있다. 그 정확성과 치밀함을 드러내는 사례로는 2000년 10월 서울에서의 ASEM 정상회의 시 여러 호텔에 분산 투숙되어 있는 25개국의 외국 정상들의 차량을 회의장에 1분 간격으로 정확하게 도착시킨 이야기가 있으며 우리 의전의 정확한 측면을 대표하는 것으로 회자되고 있다. 또한 우리나라의 '세일즈' 외교의 목표와 방향에 잘 부합되는 의전 대상에 대한 배려와 이해의 측면에 관한 사례도 많다. 1993년 7월 방한한 클린턴 당시 미국 대통령은 녹지원에서 조깅과 수영을 하고 샤워를 하게 되는데, 외교부 의전에서는 클린턴 대통령의 애창곡을 사전에 파악하여 스피커를 통해 틀어주었다. 클린턴 전 대통령은 이를 회고록인 "My Life"에서 "Korea's famous hospitality"에 감사한다는 말과 함께 기록하고 있다. 외교의 본질적인 목표를 위한 의전의 전략적 측면을 잘 보여주는 사례이다.

행사의 기획과 준비의 여러 부분에서도 의전의 역할이 돋보일 수 있다. 2007년 평양에서의 남북 정상회담 시 답례 만찬 주메뉴로 전주비빔밥을 준비하게 되는데, 이는 남과 북이 하나됨을 상징함으로써 정상회담의 분위기 조성에 한몫하게 된 것으로 평가된다. 식사메뉴의 선정에 있어서 상대를 배려하고 행사의 취지와 목표를 잘 살려내겠다는 의전의 기획력이 돋보이는 사례이다.

4 의전 분류

1) 의전 분류

국가원수 및 고위급 인사의 방문과 영접에 따른 외빈영접 의전의 경우 그 목적과 방문의 형식에 따라 의전을 달리 진행한다.

㉠ 국빈 방문(State Visit)

초청국의 국가 원수가 직접 영접하며 특별 예복을 입고 만찬도 베푼다. 공항에서 예포 21발 발사 등 환영 및 환송식을 가장 엄숙한 의전행사로 예우 받으며 국립묘지 참배, 국가원수와의 정상회담 및 공식만찬 등이 필수적으로 포함될 뿐만 아니라 방문자의 관심에 따라 국회본회의 연설, 저명인사와의 면담, 첨단 산업단지와 사적지 방문 등이 일정에 포함되는 수가 있다.

㉡ 공식 방문(Official Visit)

국빈 방문에서 진행하는 의전절차가 여러모로 생략되며, 행정부 수반이 오찬을 베푸는 것이 보통이다.

㉢ 실무 방문(Working Visit)

공식방문보다 의전행사가 더욱 생략되는데, 격식없이 만나서 의논하며 때로는 간이 음식으로 끼니를 때우면서 회의를 하는 경우도 있다.

ⓔ 사적 방문(Private Visit)

개인적 이유의 방문이기 때문에 특별히 정해진 격식이 없다.

2) 의전 준비하기

① 사전 정보 확인하기

㉠ 의전의 핵심은 상대방에 대한 이해를 바탕으로 하는 배려이다.

㉡ 대상자에 대한 기본 정보의 확인

– 이름과 직급, 기호, 선호 음식, 음료, 건강 상태 등 확인

㉢ 대상자의 행사 관련 정보 확인

– 방문 예정 및 소요 일정 확인

– 방문지별, 일별, 시간대별 스케줄 및 사전 정보의 확인

– 통역이 필요한 경우 통역자 확인

– 경호원 수행 필요 여부 확인

– 차량 탑승자 및 차량 이동 경로 확인

② 방문지별 의전

구분	내용
공항 영접	공항 VIP라운지 예약, 환영인사 대상과 인원수 결정, 의전 차량 결정 및 확인, 카메라 기사 동반 여부
호텔/숙소	행사장과의 거리 및 의전 편이성 및 대상자의 기호 등을 고려, 호텔측 관계자의 협조 확인, 객실 상태 예약 확인 및 제반 시설 확인
환영 리셉션	오프닝 시간 확인, 리셉션 홀의 준비사항 체크, 좌석 안내, 좌석 명패 및 서열 확인, 전체 행사 시간 조율, 선물 준비 및 여흥 삽입 여부 확인
연회	환영 문구, 선호 메뉴와 식사량, 의전에 적합한 음료 선택과 준비, 통역 및 수행원 위치
기타	환송 후 전달 선물의 결정 및 확인, 행사 기간 중 특이사항 및 History Card, 의전 결과 체크

플러스 tip

정부 의전행사 주요 착안사항

- 초청인사 배포용 안내팸플릿 제작(식순, 애국가, 식사, 축사 등 포함)
- 주차장 확보 및 배치계획 : 주차장별 수용대수 판단 및 입·퇴장로 결정, 안내입간판 설치
- 표창장, 감사장 등 사전준비(필요시)
- 단상, 간이화장실 등 시설물 설치(옥외행사인 경우)
- 단상 인사용 의자, 음향시설(주빈용, 사회자용), 화분 설치
- 주빈 휴게실 확보 및 음료수 등 준비
- 비상전원, 구급차, 통신망 구성 등 비상대책(야간인 경우, 조명시설 설치)
- 악대 및 합창단석 의자, 지휘대석 설치(시간대별 연주 및 합창곡목 선정, 사전연습)
- 기상예보 상황
- 진행 시나리오 작성
- 초청인사 안내요원 선발 및 사전교육
- 행사 보도자료 배포, TV중계 등 홍보 협조(필요시)
- 옥외인 경우 우천시 대책 : 우비, 우산의 준비 및 옥내 행사 전환의 복수 계획 수립
- 기타 부대행사와의 연계 여부 등

5 연회(만찬) 서비스

연회는 축하, 환영 등의 의미에서 여러 사람이 모여 베푸는 잔치를 뜻하며 컨벤션, 회의의 근본 목적을 달성할 수 있도록 준비된 최상의 서비스 진행을 목표로 한다.

1) 연회(만찬) 준비

① 연회 선정

연회의 목적, 주빈의 직위, 기호, 피초청자의 범위, 시간, 장소, 예산사정 등을 고려하여 적절한 종류를 결정한다.

② 시간 및 장소

초청자 및 피초청자의 사정과 다른 중요행사와의 중복 여부를 사전 검토하여 일자를 선정하며, 연회 장소는 그 위치, 수용능력, 분위기, 설비 등을 사전에 신중히 검토한다.

③ 초청범위

피초청자의 인선에 있어서는 주빈의 직위를 고려하여야 하며, 참석자가 외국인인 경우 관계국가 간의 친소(親疏)관계, 언어소통 등에도 각별한 배려가 필요하다.

④ 초청장

초청장은 특별한 사정이 없는 한 10~20일 전에 인편이나 우편으로 전달하며, 우송시엔 등기우편으로 하는 것이 안전하다.

2) 연회 행사의 진행

① 영접

손님 입장 전 연회장 입구 정렬 대기 및 손님의 입장 순서에 따라(지정 좌석제의 경우 좌석명 확인 후) 연회장 안으로 안내한다.

② 진행 서비스

- 늦게 참석한 손님은 성명 확인 후 조용히 좌석으로 안내한다.
- 일찍 퇴장하는 손님은 사전에 부탁 받은 시간에 서비스 담당자의 안내를 받을 수 있도록 한다.
- 연회장 내부의 온도, 공기, 음향, 조명 등의 세심한 상황 변화 등을 확인, 지원한다.
- 시간의 지체, 연기, 주최자의 요청에 의해 연회 진행 시간을 유연하게 조정하여 지원한다.
- 연단에 나가게 되는 스피치 대상자 등의 객석과 순서를 미리 파악하여 서비스 지원한다.
- 주최자 및 연회 진행의 사회자를 보좌하여 원활한 연회가 진행될 수 있도록 서비스 한다.

③ 테이블 셋팅

㉠ 점검사항

- 테이블 중심의 카스터(caster) 정돈
- 접시, 나이프, 빵, 포크, 냅킨, 린넨류 등의 점검 및 정렬
- 헤드 테이블을 구별할 수 있도록 준비한다.

㉡ 린넨 및 사이드 테이블(고객 서비스용 스테이션) 준비 점검

- 린넨의 종류 : 냅킨, 암타월(arm towel), 테이블 크로스(table cloth) 드레이프(drape), 트레이 크로스(tray cloth) 등
- 사이드 테이블(고객 서비스용 스테이션) 준비물 : 워터 피처(water pitcher), 이쑤시개, 코스터(coaster) 받침대, 빨대(straw), 소스, 나이프와 포크, 티 스푼, 버터 나이프, 냅킨 등
- 종류별 글라스(glass) 준비

3) 연회 서비스의 종류

① 칵테일 파티

    ㉠ 여러 가지 주류와 음료를 중심으로 오드블(hors d'oeuvre: 차가운 전채요리), 핑거푸드 (finger food) 등의 간단한 음식을 곁들인 연회로 좌석을 따로 마련하지 않고 자유롭게 스탠딩 형식으로 대화를 즐기는 형식이다.

    ㉡ 3~4종류의 칵테일 및 음료수를 서비스 트레이에 담아서 출입구 주위에 대기하여 손님에게 서브 (serve)하며, 간단한 음식 종류는 테이블에 세팅 한다.

    ㉢ 예산과 정확한 초대인원을 확인하여 파티의 성격 등에 따라 적절한 메뉴를 구성하고 그 형식도 일부 변할 수 있다.

② 뷔페 파티

    ㉠ 뷔페 테이블에 각종 요리와 서비스 스푼, 포크 또는 집게 등을 준비하여 고객들이 직접 덜어서 식사할 수 있도록 준비된 파티이다.

    ㉡ 손님들의 이동이 많으므로 연회 서비스 제공시 음료 서비스에 각별한 주의가 필요하다.

③ 스탠딩 뷔페 파티

뷔페 파티의 형식과 구성으로 음식을 준비하지만 좌석 없이 진행하는 파티이다.

④ 테이블 뷔페 파티

    ㉠ 뷔페 테이블이 아닌 고객용 테이블에 종류별로 다양한 음식을 작은 용기에 담아 세팅하여 고객이 원하는 음식을 좌석에서 직접 덜어서 먹는 형식이다.

    ㉡ 많은 손님을 서비스 하는 데 용이한 뷔페의 형식과 정찬의 조용하고 품위있는 분위기를 결합한 형식이다.

⑤ 리셉션 파티

칵테일 파티와 형식은 거의 흡사하지만 원칙적으로는 국가적, 공공적, 반공공적 행사로서 베푸는 공식 파티로서, 사적인 파티는 결혼 피로연을 제외하고 리셉션이라는 이름으로 열지 않는다. 따라서 리셉션 파티는 칵테일 파티에 비해 주최측의 파티 목적에 상응하는 복장 등을 갖추어 진행된다.

⑥ 티파티

각종 차와 과자 등을 차려 놓고 손님들을 초대하는 소규모의 파티로 술과 식사를 제공하지 않는 파티이다.

⑦ 출장연회 파티

호텔측 음식을 호텔 외부의 장소에서 준비하는 형식의 파티로 연회 책임자는 주방 책임자와 함께 행사 장소를 사전 답사하여 연회의 원활한 진행을 준비하여야 한다.

플러스 tip

정부 의전 행사의 일반적인 식순

식순은 행사의 종류에 따라 달리 하나 일반적인 공식식순은 다음과 같으며, 식순은 의식의 의의나 진행상 편의에 따라 적절히 신축성 있게 조정할 수 있다.

① 개식

② 국기에 대한 경례(국기에 대한 맹세 포함)

③ 애국가 제창(1~4절)

④ 순국선열 및 호국영령에 대한 묵념

⑤ 경과보고(필요시)

⑥ 식사(행사주관기관의장)

⑦ 유공자 포상(필요시)

⑧ 치사(행사성격에 따라 기념사, 축사 등으로도 할 수 있으며, 일반적으로 행사주빈이 함)

⑨ 식가합창

⑩ 폐식

---

6 의전 서열

1) 국가 의전 서열

의전서열에 있어서 공식서열과 비공식 서열을 정함에 명문의 규정은 없으나 각국마다 관행적으로 적용하고 있다.

① **우리나라 공식 국가 의전 서열**

서열	직위	서열	직위
1위	대통령	11위	국가정보원장
2위	국회의장	12위	국가안보실장
3위	대법원장	13위	부총리 겸 기획재정부 장관
4위	헌법재판소장	14위	부총리 겸 교육부 장관
5위	국무총리	15위	미래창조과학부 장관
6위	중앙선거관리위원장	16위	여당 원내대표
7위	여당 대표	17위	야당 원내대표
8위	야당 대표	18위	대통령 비서실장
9위	국회부의장	19위	외교부 장관
10위	감사원장	20~33위	통일부 장관~국민안전처 장관 (장관급)

② **기타 주요국의 서열**

나라별 의전 서열은 각 나라의 문화나 공식적인 가치의 질서 등을 반영하는 측면이 있다.

　㉠ 미국 : 대통령–부통령–하원의장–전직대통령–국무장관–UN사무총장–외교대사–전직대통령 미망인–공사급 외국 공관장–대법관

　㉡ 영국 : 여왕–왕족의 서열–컨터베리 대주교–대법관–요크 대주교–수상–하원의원–국새상서–각국대사–장관–대법원장

2) 서열의 적용

① **기본적인 관례상 다음의 서열 기준이 적용되는 것이 보편적이다.**

　– 지위가 비슷한 경우 남자보다 여자가, 연소자보다 연장자가, 내국인보다 외국인을 상위로 한다.

　– 여자들의 서열은 기혼부인, 미망인, 이혼부인 및 미혼자의 순위로 하여 기혼부인 간의 서열은 남편 지위에 따른다.

　– 공식적인 서열을 가지지 않은 사람이 공식행사 또는 연회에 참석할 경우의 좌석은 그 사람의 개인적, 사회적 지위와 연령 등을 고려하여 결정한다.

　– 원만하고 조화된 좌석배치를 위해서는 서열결정상의 원칙은 다소 조정되지 않아도 좋다.

　– 남편이 국가를 대표하는 지위에 있는 경우 lady first의 원칙은 적용되지 않아도 된다.

- 한 사람이 2개 이상의 사회적 지위를 가지고 있을 때에는 원칙적으로 상위직을 기준으로 하되, 행사의 성격에 따라 행사와 관련된 직위를 적용하여 조정 등의 일반원칙이 존중된다.

② **공식 의전에서 관례상의 서열을 따르는 경우**

- 공식적인 서열로 정할 수 없는 경우의 지위 : 정당의 당수나 기업의 임원
- 사회적, 문화적 지위를 고려해야 하는 경우 : 문인, 기업가, 기타 저명한 인사
- 행사 성격에 따라 높은 지위가 부여되어야 하는 경우 : 협회장, 단체의장 등
- 공식 서열과 달리 전통적 서열이 인정되어야 하는 경우 : 옛 왕족 등

플러스 tip

호칭, 경칭의 매너

- 상급자에게는 성과 직위 다음에 '님' 존칭을 붙여서 사용 / 김철수 부장님
- 상급자 이름을 모를 경우 직위에 '님' 존칭 사용 / 부장님
- 상사에게 자신을 지칭할 때 '저'라고 표현
- 문서에는 존칭을 생략 / 1월3일 발표자 : 김철수 부장
- 하급자, 동급자는 성과 직위 혹은 이름 뒤에 '씨'를 붙여 호칭 / 김영수 대리, 김영수씨
- 최상급자에게 상급자 호칭시에는 압존법을 사용

   예 김철수 부장님, 김영수 대리의 보고서입니다. (○)

   사장님, 김철수 부장님께서 작성하신 보고서입니다. (×)

   사장님, 김철수 부장이 작성한 보고서입니다. (○)

Chapter 04 프레젠테이션 작성

서비스 제공자는 고객에게 상품, 서비스의 주요 특성과 장점 그리고 고객에게 어떠한 혜택이 있는가 등에 대해 설명하게 된다. 효과적인 프레젠테이션의 방법을 이해함으로써 고객에게 효과적으로 정보를 제공하는 서비스가 가능해 진다.

1 프레젠테이션의 이해

1) 정의

① 정보 전달 수단의 일종으로 청중에 대해서 정보, 기획, 제안을 제시하고 설명하는 행위

② 컴퓨터나 기타 시청각 자료, 멀티미디어를 이용하여 한정된 시간 안에 각종 정보를 사용자 또는 대상자에게 전달하는 행위

③ 자신의 생각이나 의견, 아이디어, 경험, 노하우 등의 정보를 상대방에게 이해시키고 설득시켜 의사결정이 되도록 하는 양방향 커뮤니케이션의 수단

2) 프레젠테이션의 중요성

① 경쟁이 치열한 현대를 살아가고 있는 사회인의 필수적인 능력이다.

② 학생들의 조사발표에서부터 직장인의 업무보고, 회사나 기관, 정부의 중요한 설명회 등 다양한 형식과 내용으로 이루어진다.

③ 프레젠테이션은 효율적인 정보 전달이 가능해 설득을 극대화시킬 수 있다.

④ 외부 조직과의 경쟁이나 기업 PR, 세일즈 프로모션 등 직·간접적으로 조직의 실적과 관계되어 조직의 업무 효율을 증가시키게 된다.

⑤ 조직 구성원간 효율적인 정보 공유를 가능하게 하여 업무 효율을 증가시키며, 능력을 평가하는 중요한 역할이 되고 있다.

3) 서비스 현장 프레젠테이션의 유형

① 1:1 프레젠테이션

- 출장, 인터뷰 등 방문고객에 대한 전문적이고 정형화된 설명의 과정
- 보고자료 또는 노트북 사용
- 방문판매에 따른 설명

② 1: 多 프레젠테이션

- 다수의 고객을 대상으로 소개, 설명(소개, 홍보, 세미나, 회의)
- 규모가 클수록 행사성에 가깝다.
- 비교적 중요도가 높은 프레젠테이션

③ 원격 프레젠테이션

- 인터넷이나 컴퓨터 화상을 통해 프레젠테이션 하는 최근 형태
- 시간, 공간적 제약이 적다.
- 발표자, 진행자, 청중의 수가 가변적

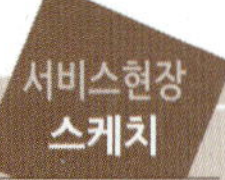

과거와 달리 많은 상품, 서비스에서 서비스 제공자의 프레젠테이션이 중요한 역할을 하고 있습니다.

고객은 상품, 서비스에 대한 정보를 과거에 비해 쉽게 수집할 수 있으나 오히려 너무 많은 정보들로 인해 판단과 결정에 어려움을 겪는 경우가 많기 때문입니다. 게다가 고객의 욕구는 더욱 다양해지고 있어서 서비스 제공자의 전문가적이고 신뢰감 있는 프레젠테이션을 통해 의사결정을 하고자 하는 경우가 많습니다.

특히 고관여 구매 결정의 경우 그렇습니다. 고객은 고객의 상황에 맞는 상품, 서비스를 원하며, 이는 구매 결정 뿐 아니라 서비스 진행시의 만족감에 영향을 미치게 됩니다. 따라서 고객의 질문에 대답을 하는 단순 응대의 차원에서 1:1 프레젠테이션, 즉 전문적인 상품, 서비스 설명의 역량이 더욱 중요해 졌습니다.

2 프레젠테이션의 3요소

다음과 같은 과정을 철저히 분석하고 계획할수록 성공적인 프레젠테이션을 할 수 있는 가능성을 높일 수 있다.

1) Planning(기획과 구성)

① 3P 분석

㉠ People(사람, 청중) : 사람을 분석하라

- 누구에게 프레젠테이션 할지를, 그들은 어떤 사람인가에 대해 분석하는 것이다.
- 청중이 무엇을 듣고 싶어 하는가를 분석하는 것이다.
- 청중의 연령, 교육 수준, 참석 이유, 규모 등 청중에 대한 전반적인 이해와 배경 지식을 확보했을 때 프레젠테이션의 효과는 증가한다.

구분	내용
청중의 수와 성격	• 소수일 경우 테마가 구체적이고 콘셉트를 압축하기가 쉽다. • 다수일 경우 테마가 일반적이고 콘셉트를 압축하기가 어렵다. • 단일 모임일 경우 상호 안면이 있기에 긴장감이 있지만 혼합 모임일 경우 상호 안면이 없기에 청중 사이에 긴장감이 떨어진다.
청중의 지식	프레젠테이션 주제 및 내용에 대해 알고 있는 정도, 강의 진행 내용을 해석할 수 있는 능력의 정도
청중의 태도	주제에 대한 태도와 견해, 청중의 흥미나 관심사, 가치관이나 판단기준, 주제에 대한 관여도 등

플러스 tip

AIKAPP란,

청중(Audience)의 흥미(Interest), 지식(Knowledge), 태도(Attitude), 포지션(Position), 정치적 경향(Politics)의 머리글자를 딴 것으로서, 이 다섯 가지 항목의 분석을 통하여 청중의 이미지를 포착한다.

구분	분류
청중의 흥미	열광적, 흥미 있음, 중립, 흥미 없음, 싫어함
청중의 지식	전문가, 지식 있음, 어느 정도, 조금 있음, 전혀 없음
청중의 태도	매우 호의적, 호의적, 중립, 비호의적, 매우 비호의적
청중의 포지션	적극 찬성, 찬성, 중립, 반대, 적극 반대
청중의 정치적 경향	매우 혁신적, 혁신적, 중립, 보수적, 매우 보수적

ⓛ **Purpose(목적) : 목적을 파악하라**

- 발표자는 프레젠테이션을 하는 이유와 청중이 무엇을 얻고자 하는지에 대해 명확하게 인지하여야 한다.
- 프레젠테이션의 목적에 따른 분류

(합계 100%)

프레젠테이션의 목적	사례	비중
정보전달	예 새로운 제품의 정보 전달 및 소개	
설득	예 신규 사업 진행을 위한 고객 설득	
의례	예 주기적으로 진행되는 설명회	
동기부여	예 직원이나 팀원들의 사기 진작을 위한 동기 부여	
엔터테인먼트	예 행사나 기념식	

- 프레젠테이션의 목적이 두 가지 이상의 복합적인 경우에는 각 비중을 분석하고 내용을 적절히 안배하여 비중에 따라 전달할 내용을 기획한다.
- 가장 대표적인 프레젠테이션의 목적인 정보전달과 설득에 따라 중점 사항을 구분할 수 있다.

구분	정보전달 프레젠테이션	설득 프레젠테이션
핵심 콘셉트	상대방을 이해시키는 것	신념을 바꾸고 태도의 변화를 촉구
중점사항	• "그걸 몰랐군!"하고 생각하게 만든다. • 청중이 알고자 하는 니즈를 파악하고 있을 것 • 이해하기 쉽게 정보를 가공할 것 • 비주얼을 많이 사용하는 것이 효과적 • 핵심을 강조하는 것이 효과적	• 정보제공과 아울러 가치를 인식시켜 의도한 행동을 취하게 한다. • 신뢰를 가지고 논리적으로 청중의 편익을 강조한다. • '아 그리고 보니까 그런 것 같군'에서 '과연 그렇군.'으로, 그리고 '자 그렇게 해 보아야겠다!'로 흐름을 진행한다.

ⓒ **Place(장소) : 장소와 환경을 파악하라**

가장 소홀하기 쉬운 요소가 장소를 파악하는 것이다. 효과적인 프레젠테이션을 하기 위해서 사전에 장소와 환경을 분석해 두는 것은 필수이다.

- 장소 파악을 위한 3가지 항목 : 회의장, 실내환경, 실내의 배치
- 진행 장소에 대한 사전답사를 통해 장소에 대한 이해가 필요하다.
- 진행하는 장소나 환경, 좌석 배치 등에 따라 프레젠테이션의 **효과**나 청중들의 반응, 결과 등이 달라질 수 있다.
- 장소의 크기, 좌석이나 가구 배치, 스크린이나 마이크 연단 등의 설비, 인터넷 연결 상태, 조명상태와 조절 방법, 난방과 냉방의 작동 여부, 방음 여부, 창문의 시선 분산 여부 등 세부적인 부분까지 점검할 필요가 있다.

– 프레젠테이션의 목적에 부합하는 레이아웃을 찾는 것이 중요하다.

주요 목적 및 형식	type	그림
청중과의 커뮤니케이션 중시	반원형 세팅 (semicircle type)	
청중이 다수. 정보전달 중시	스쿨형 세팅 (school type)	
테이블이 필요하고 쌍방향 커뮤니케이션이 필요한 경우	ㄷ자형 세팅(semi square type), V자형(V type), U자형(U type)	U자형 ㄷ자형 V자형
청중 상호간의 토의도 진행할 경우	섬형 세팅 (dispersed type)	

② 프레젠테이션 핵심 3요소

구분	핵심	필요 능력	내용
내용	contents (무엇을 전달할 것인가)	전문지식 (knowledge)	• 목적/목표 설정, 전달 메시지에 대한 판단 • 3P 분석 • 기본 구성 및 기획형태 레이아웃
전달방법	delivery (어떻게 전달하려 하는가)	프레젠테이션 스킬(skill)	• 컬러화/시각화/그래프화 • 단순 명료화/변화 부여/일러스트화 • 전달 매체 설정/전개 단계/화술 및 기법 • 인용, 예시, 예화, 사례 활용 • 전달자의 신념과 의지의 표현, 대의명분 등 • 이해하기 쉬운 언어, 적절한 유머, 직·간접 체험 및 실습 활용

전달자 태도	personality (어떠한 태도로, 누가 말하는가)	마음자세 (attitude)	• 프레젠터의 인품 • 주제를 다룰 능력과 자격이 있는 사람 • 청중에게 호감을 줄 수 있는 사람 • 신뢰감 • 기타환경

③ 효과적인 내용 전달을 위한 구성

구분(흐름)	내용
도입부 introduction	• 도입 부분에 해당하며 청중의 흥미를 유발시키고, 신뢰감 형성 및 주의 집중력을 높여야 한다. • 프레젠테이션의 제목, 이야기 방향, 진행 개요, 화두 제시 • 배경, 목적, 필요성 등 프레젠테이션의 결론 암시. 본론의 주요 내용 언급 • 프레젠테이션은 도입부가 전체에 영향을 미치는 정도가 크기에 초기 주도권을 갖는 것이 중요하다.
본론부 body	• 서론에 제시한 요소들을 보다 상세하게 기술 • 중요한 내용을 논리적으로 구성하고 메인 포인트와 서브 포인트로 구분 • 메인 포인트와 서브 포인트가 바뀌지 않도록 유의 • 중요 메인 포인트는 3개 정도가 적합하다. • 발표자료는 자료의 적합성, 간결성, 일관성, 효과적인 색채와 디자인을 고려한다.
결론부 conclusion	• 논리의 마무리에 해당되며 핵심을 재요약한다. • 청중에게 기대하는 바와 이후 행동을 제시한다. • 청중의 요구나 질문의 대응 및 청중의 행동을 유발한다. • 마무리 시 이성과 감성에 호소하여 강한 인상을 남기는 것이 효과적이다.

2) Creation(제작과 디자인)

① 프레젠테이션의 구성 준비

프레젠테이션은 효과적인 내용 전달이 가장 중요한 목적이다.

ㄱ **주의 집중을 위한 요소** : 짧게, 필요성 부각, 연관성

ㄴ **관심 집중을 위한 요소** : 유머, 화제, 경험

② 시각자료 작성원칙

ㄱ **단순화** : 내용과 문장의 단순화

ㄴ **일관성** : 슬라이드의 방향, 크기 등 포맷, 번호, 모양, 색깔 위치 등의 일관성

ㄷ **이미지화** : 문자보다는 그림, 삽화, 클립아트, 도형, 도표, 그래프 등 시각화한 자료를 통해 이미지화

ㄹ **컬러화** : 임팩트를 주어 시선의 집중과 색체에 따른 연상을 통해 이미지 통합

ㅁ **효과성** : 각종 애니메이션 기법 등을 활용하여 전달 및 이해의 효과를 향상시킨다.

③ **효과적인 PPT 작성 스킬**

ㄱ PPT 작성시 고려사항 : 간단하고 명료하게 요약하여 제작하라/글씨는 크고, 읽기 쉽도록 제작하라.

ㄴ 적절한 이미지 활용으로 이해를 높이고, 분위기를 환기시켜라.

ㄷ 메시지를 결정하고 가장 적절한 차트를 활용하라.

ㄹ 창의적인 디자인으로 설득력을 높인다.

ㅁ 창의적인 그래프를 활용하라.

ㅂ 적절한 애니메이션을 활용하라.

3) Delivery(발표와 전달)

① 효과적인 프레젠테이션을 위한 마음의 준비

'전달'은 발표자의 전달 테크닉을 말한다. 전달의 스킬(skill)에 따라 프레젠테이션의 성공과 실패가 판가름 나기도 한다.

ㄱ 프레젠테이션의 궁극적인 목적은 현장에서 청중을 설득하여 원하는 바를 얻어내는 것이다.

ㄴ 어떠한 태도(personality)를 가지고 전달을 하느냐에 따라 프레젠테이션의 결과가 달라질 수 있다.

ㄷ 프레젠테이션 발표는 음성으로 전달하는 요소와 자세, 표정, 시선과 같은 비언어적 요소가 적절한 조화를 이루어야 한다.

ㄹ 프레젠터는 청중에게 자신감, 당당함, 전체적인 호감 이미지, 신뢰감 등을 전달할 수 있어야 한다.

② 언어(음성)적 전달 능력

- 청중이 잘 들을 수 있도록 하는 음성 전달 능력이 중요하다.

- **목소리의 6요소에 대한 고려** : 빠르기(speed), 크기(volume), 높낮이(고저, pitch), 길이(장단, duration), 쉬기(pause), 힘주기(emphasis, accent)

- 자연스러우면서 전문 용어 사용을 조심하고 인칭 대명사와 능동태를 활용한다.

- 쉬운 어휘를 사용하고 단어 선택에 주의를 기울여 불필요한 단어를 사용하지 않는다.

③ 비언어 전달 능력

언어적 요소로 표현할 수 없는 느낌이나 감정을 청중에게 전달함으로써 프레젠테이션의 효과를 증가시킬 수 있다.

㉠ 목소리의 크기 : 청중들이 듣기 편한 정도로 풍부해야 한다.

㉡ 말의 속도 : 청중들이 신뢰감을 느낄 수 있는 적절한 속도가 좋다.

㉢ 목소리의 높낮이와 장단 : 상황에 따라 약간 빨리 하거나 높낮이를 조절하는 다양성을 가져 리듬감과 집중력을 높인다.

㉣ 대화식 발표 : 발표자의 스타일을 유지하면서 웅변조가 아닌 대화식으로 풀어가라.

㉤ 겸손한 태도 : 자신 있게 그러나 겸손한 태도로 말하라. 청중을 무시하는 듯한 발표도 문제지만 지나치게 겸손을 가장해 "사실 저도 잘 모르긴 합니다만…"등의 화법을 쓰는 것은 금기사항이다.

㉥ 열정 : 열정을 가지고 진지하게 임하라. 열심히 자료를 찾고 논리적으로 구성해 그것을 제대로 전달하고자 하는 성의를 갖고 임할 때 그러한 열정은 청중에게 반드시 전달된다.

㉦ 제스처 : 손을 적절히 사용하고 몸의 자세는 당당한 자신감을 표현해야 한다. 효과적인 제스처는 메시지를 힘 있게 전달하거나 청중을 집중시키는 힘이 있다.

㉧ 움직이지 않는 부동의 자세보다 장소를 약간씩 옮겨가며 발표하는 것이 자연스럽다.

㉨ 시선처리는 청중과의 교감에 있어 중요한 요소이며 준비한 자료나 차트를 읽는데 50%, 청중을 보는데 50% 비율로 조정하는 것이 바람직하다.

㉩ 그 밖에 손동작, 걸음걸이, 움직이는 동선 등에 대해 고려한다.

효과적인 설명의 7가지 요소

서비스 현장에서는 서비스 제공자가 상품, 서비스를 설명하는 1:1 프레젠테이션의 상황이 더 자주 발생된다. 다음의 7가지 요소는 설명의 내용을 완성하는 주요 요소이다. 서비스 상황이나 업종 등에 따라 각 요소의 비중을 조절하여 진행함으로써 설명의 완성도와 설득력을 높이는 커뮤니케이션이 가능해진다.

① **설명의 이유 :** 왜 이 부분을 설명하는가에 대한 안내를 진행한다.

> 예 이 상품이 최근의 하와이 여행 패키지의 기본 모델입니다. 이 설명을 듣고 원하시는 내용을 더 추가하시거나 비용을 가감하실 수 있기 때문에 먼저 안내해 드리겠습니다.

② **특성, 장점, 이점 :** 상품, 서비스의 특성, 장점을 간결하게 설명하고 고객의 혜택인 이점을 핵심 메시지로 설명한다.

> 예 여행 상품 구성의 특성은~, 그래서 조금 저렴하지만 기본적인 관광은 모두 다 살펴보실 수 있습니다. 고객님께서는 하와이의 역사와 문화 그리고 아름다운 경치를 모두 이해하셔서서 완벽한 하와이 여행을 다녀오실 수 있게 됩니다.

③ **고객의 상황** : 서비스 제공자가 파악한 고객의 상황을 언급하여 이를 고려한 상품 설명임을 강조하여 언급한다.

　예 이미 휴양지 여행을 많이 다녀와 보셨기 때문에 화려한 리조트 시설보다는 다양한 볼거리와 색다른 경험이 더 의미가 있을 것 같습니다.

④ **가격 안내와 이해** : 가격(비용)에 대해 정확하게 안내한다. 단순한 지불 금액 이상의 가치를 인식할 수 있어야 하며, 가격이 고객에게 미치는 영향을 고려하여 설명한다.

　예 가격은 000원입니다. 보편적인 동남아 휴양지보다는 고가의 상품이지만 미주 여행으로 볼 때는 저렴한 편이지요.

⑤ **구매 및 서비스 제공시의 상황** : 고객의 만족감을 객관적 사실이나 근거를 가지고 표현한다.

　예 휴가철에 앞서 미리 선택하시는 것이니만큼 약 10% 정도 저렴하고 한가로운 관광도 즐기실 수 있습니다.

⑥ **구매 및 서비스를 제공받지 못할 경우의 상황** : 선택시의 만족감뿐 아니라 선택하지 않았을 경우의 손실 부분도 언급한다.

　예 하와이 여행은 이렇게 일정이 여유로울 때 선택하실 수 있습니다. 이번 기회가 아니면 쉽게 결정하기 어려우실 수도 있습니다.

⑦ **요청** : 서비스 제공자는 설명의 마무리에 비즈니스 목적을 분명히 밝혀 고객에게 요청할 수 있어야 한다.

　예 결정하시면 바로 예약을 하고 항공권을 구매하도록 하겠습니다. 후회하지 않는 여행이 되실 거라 생각됩니다.

- **MICE 산업의 개념** : 기업회의(Meeting), 포상관광(Incentive Trip), 컨벤션(Convention), 전시 박람회 및 이벤트(Exhibition & Event)의 영문 앞 글자를 딴 단어

- **MICE 산업의 위상** : 정보 및 지식교류 인프라로 산업 및 무역 발전의 근간이 되는 미래 성장 동력 산업으로 부상. 미국, 유럽 및 아시아 경쟁국도 국가 전략 산업으로 지정. 2009년 한국의 미래를 이끌어갈 17대 신성장 동력 산업 중 하나인 핵심 서비스 산업으로 지정

- **MICE 산업의 특징** : 공공성, 지역성, 경제성, 관광 연계성

- **회의의 기능** : 문제 해결, 자문기능, 의사소통 기능, 교육훈련 기능

- **회의의 목적** : 정보 공유, 업무 진행상황 점검, 의견 취합 및 아이디어 발굴, 문제 해결과 사업 기획, 집단의식 고취

- **컨벤션의 중요성** : 고부가가치 창출의 신종 관광 산업, 지식기반 관광 산업, 국가별 교류와 협력, 국민 소득의 증대, 내수 경기 확대, 지역 경제활성화와 PR

- **컨벤션의 효과** : 경제적 효과, 사회문화적 효과, 정치적 효과, 관광 산업 발전 효과

- **컨벤션 산업의 구성 3요소** : 주최자, 참가자, 개최지

- **컨벤션 개최지 선정과정** : 회의 목적, 형태, 회의에 필요한 물리적 요구, 참가자의 관심과 기대, 일반적 장소와 시설의 종류 선택

- **서비스 제공자** : 지역 컨벤션 대행 업체, 호텔 내의 컨벤션 서비스 관리자, 통역, 번역업, AV장비 임대업체

- **컨벤션 뷰로(CVB)** : 국제회의 유치에 필요한 모든 업무를 지원하는 전담팀. 컨벤션 및 관광 홍보로 비영리 목적으로 운영된다.

- **회의실 선정 시 고려사항** : 회의실 규모, 회의실의 유형별 배치와 기능, 전시장 활용도, 회의실 대관료, 위치 및 접근성과 인지도, 서비스 제공자의 서비스 역량 수준, 제반 규정

- **숙박 장소 선정 및 관련 지원 내용의 확인** : 접근성, 참가자 고려, 부대시설 등 교통체계 및 안전 관리

- **의전의 의미** : 국가 간 공식 의례에서 통용되는 예법으로 국가에서는 국가 간 교류에서의 국제적 예의이며, 기업 의전시에는 대·내외적 업무 지원 및 임원 등에게 행해지는 예절 활동

- **의전의 중요성** : 목적 달성의 전략적 측면. 국가 및 외교 행사의 원활한 진행, 국가 혹은 기업의 수준과 품격을 드러낸다.

- **의전 5R** : 상대방에 대한 존중(Respect), 상호주의(Reciprocity), 문화의 번영(Reflecting Culture), 서열(Rank), 주요 인물의 오른쪽(Right)

- **의전의 기획** : 행사계획, 행사장 준비, 의전행사 세부 계획의 점검, 행사 진행의 준비

- **의전의 분류** : 국빈 방문, 공식 방문, 실무 방문, 사적 방문

- **의전 준비하기** : 사전 정보 확인하기 및 공항, 호텔, 환영 리셉션, 연회 등 방문지별 의전

- **연회 준비** : 연회의 선정, 시간 및 장소 결정, 초청 범위, 초청장 발송

- **연회 행사 진행** : 영접, 진행 서비스, 테이블 세팅(점검)

- **연회 서비스 종류** : 칵테일 파티, 뷔페 파티, 스탠딩 뷔페 파티, 테이블 뷔페 파티, 리셉션 파티, 티파티, 출장 연회 파티

- **의전 서열의 적용** : 남자보다 여자, 연소자 보다 연장자, 내국인 보다 외국인을 상위로 함. 기타 의전의 서열

- **프레젠테이션의 정의와 유형** : 1:1 프레젠테이션, 1: 多 프레젠테이션, 원격 프레젠테이션

- **프레젠테이션의 3요소** : 기획과 구성(Planning), 제작과 디자인(Creation), 발표와 전달(Delivery)

- **3P 분석** : 사람/청중(People), 목적(Purpose), 장소(Place)

- MICE 산업의 성장이 서비스 산업의 전반에 미치는 영향을 폭넓게 이해하고 있는가를 측정하기 위한 사례가 제시될 수 있다.

- 컨벤션 기획에 있어 필요한 요소들을 사례를 통해 확인하는 문제

- 컨벤션의 효과를 서비스 현장의 사례를 통해 구체적으로 이해하고 있는가를 측정

- 컨벤션 구성 3요소인 주최자, 참가자, 개최지의 구체적인 내용을 이해하고 있는가를 컨벤션 현장 사례를 통해 확인한다.

- 컨벤션 기획에 있어 다양한 서비스 제공자들의 역할과 서비스 범위를 특정한 판단, 적절성 여부 등을 통해 이해하였는지 확인한다.

- 회의 준비의 구체적인 실무 단계의 유의사항 및 흐름을 이해하였는지와 이를 어떻게 적용할 것인지에 대한 판단을 묻는 질문

- 의전의 5R을 잘 이해하였는지를 이에 대한 적용 사례 등을 통해 측정

- 구체적인 행사 개요 혹은 시나리오를 제시하여 행사 진행을 위한 실무적인 서비스 진행의 세부 항목, 혹은 의전의 순서 등을 확인하거나 적절성 여부를 확인한다.

- 의전 준비에 있어서 사전 정보, 방문지별 영접, 연회 서비스 등을 특정한 상황이나 기존의 의전 사례 등을 통해 제시하면서 질문한다.

- 의전 서열의 적용에 관한 문제

- 프레젠테이션 상황을 이해하고 적절한 준비, 진행 여부를 확인하는 문제

≫ 실력 평가 문제

01~20   선다형

01 다음은 MICE 산업의 특징을 설명한 것이다. 적절치 않은 것은 무엇인가?

① 정부와 지역사회의 적극적인 참여가 필요하며 교통이나 통신, 법적인 지원을 요구하는 공공성

② 해당 지역의 고유한 특성보다는 다양한 참가자들의 이해관계나 기호를 중시하는 지역성

③ 단체 관광객을 동시에 유치함으로써 높은 경제적 효과를 가져올 수 있는 경제성

④ 관련 시설의 투자, 생산 및 고용 유발 효과의 1차적 파급 효과뿐 아니라 지역의 숙박, 음식, 관광레저 등에 관련한 고용 및 소득 증대 및 세수 증대의 2차적 파급 효과를 가져오는 경제성의 특징

⑤ 항공 교통망의 확충과 국제회의 관련 사항의 국내·외 방송, 보도 등을 통한 미래 관광 시장에 대한 홍보 효과를 가져오는 관광 연계성

(해설) 지역 고유의 특성을 바탕으로 지역의 다른 산업들과 연계를 통해 이루어지며, 이러한 독특한 고유의 특성이 그 지역의 문화적 이미지와 브랜드를 창출함으로써 지역성의 특징을 설명할 수 있다.

02 다음은 '컨벤션 산업의 이익' 대한 설명이다. 가장 거리가 먼 것은 무엇인가?

① 고부가가치 산업

② 지식기반 관광 산업

③ 국민소득 증대, 내수경기 확대

④ 개최지역의 PR

⑤ 비영리 산업 발전

(해설) 컨벤션이 비영리적 목적으로 개최되었다 하더라도 컨벤션 산업의 이익은 다양한 영리 산업의 발전으로 이어지게 된다.

Answer   1. ②   2. ⑤

03 다음은 MICE 산업 분류에 대한 설명이다. 틀린 것은 무엇인가?

① MICE 산업의 각 분류는 상호 명확한 영역으로 구분되어 정의할 수 있는 개별적이며 경쟁적인 영역이다.

② Meetings는 기업회의의 개념이며 일반적으로는 10인 이상의 참가자가 4시간 이상 진행하는 회의를 통칭한다.

③ Conventions는 3개국 10명 이상의 외국인이 참여하여 정보 교환, 네트워킹, 비즈니스 등의 목적으로 진행되는 회의이다.

④ Incentives Trip은 조직이 구성원의 성과에 대한 보상 및 동기 부여를 위해 비용의 전체 혹은 일부를 부담하는 것으로 상업용 숙박 시설에서 1박 이상을 체류하게 된다.

⑤ Exhibitions & Events는 제품의 생산 및 판매업자들이 제품의 홍보 혹은 판매를 위해 정해진 장소에서 관람객과 잠재적 바이어에게 제품을 전시, 홍보, 거래 등의 활동을 하는 것이다.

(해설) MICE 산업은 융합, 복합 산업이며 각 분류는 상호간에 중복 및 파생되어 영향을 미치게 된다.

04 다음은 컨벤션 중 한가지에 대한 설명이다. 무엇에 관한 설명인가?

> 유럽에서 사용되는 국제회의 용어로 대표자들의 회합, 집회, 회담 등을 뜻하며, 사교행사와 관광 등 프로그램이 동반되는 회의를 뜻한다(친교라는 의미가 가미된 회의).

① 포럼　　　　　　　　　　　② 컨퍼런스
③ 콩그레스　　　　　　　　　④ 심포지엄
⑤ 세미나

(해설) 콩그레스(congress)에 대한 해설이다.

05 다음 중 컨벤션 산업의 구성 3요소를 알맞게 표현한 것은?

① 주최자, 참가자, 서비스 제공자　　② 주최자, 참가자, 개최지
③ 주최 지역, 행사 목적, 주요 대상　　④ 주최 지역, 주최자, 주요 대상
⑤ 행사 목적, 참가자, 개최지

(해설) 주최자(정부/협회/기업), 참가자, 개최지(개최지, 개최 시설, 서비스 제공자)

06 다음은 컨벤션 사업 구성에 있어서 필요한 서비스 제공자에 대한 설명이다. 틀린 것은?

① DMC(Destination Management Company) : 지역 컨벤션 대행업체가 개최지에 대한 정보가 많아 행사 운영과 관리만을 전담하여 대행하며, 컨벤션 행사의 기획과 운영을 분리하여 효과를 극대화 한다.

② 호텔 컨벤션 서비스 매니저 : 호텔의 컨벤션 유치 협상 단계에서부터 개입하여 호텔 내 모든 행사를 계획하고 각 행사의 호텔측 업무를 관리, 감독한다.

③ 통역, 번역업 : 국제회의 및 컨벤션 참가자들의 의사소통 체계를 구축한다.

④ A/V 장비 임대업체 : 음향, 영상 등 관련 설비를 대여하여 진행하며 컨벤션 개최 장소의 자체 설비와 장비가 부족할 때 참여한다.

⑤ 기타 장식, 전시 부스 시공업, 인쇄업, 행사 도우미 의상 제공업, 운수업, 청소업체 등도 관련 서비스 제공자라 할 수 있다.

해설 기획, 준비, 운영 및 관리 전반을 진행하는 대행업체

07 다음 중 회의의 기능과 역할에 대해 설명한 것 중 거리가 먼 것은?

① 특정 사안에 대한 해결을 모색하고 상호 견해 차이를 줄임으로써 전략을 구축하고 실행 계획을 세울 수 있다.

② 전문가에 의해 해당 사안의 결정을 돕고 자문을 얻을 수 있는 자문 기능도 수행할 수 있다.

③ 개인 간, 조직 간의 관계에서 상호간 원활히 지낼 수 있는 의도된 장치로써 단순한 형식이 아니라 특수 목적 달성의 전략적 기능을 수행한다.

④ 특정 이슈를 통해 참가자들의 생각을 자극하고 다양한 의견과 생각을 교류하면서 자연스럽게 간접적 경험의 폭을 넓히는 교육적 효과를 지닌다.

⑤ 공동의 목표를 위해 사안을 검토함으로써 해당 사안을 해결하는 주체로써 참여와 관심을 유도하는 집단 위식 고취의 기능도 목적을 이루기도 한다.

해설 설명은 의전의 중요성과 기능에 해당한다.

08 회의실 선정 시 고려 사항이 아닌 것은?

① 회의의 규모와 수용 인원 등을 고려한 회의실의 규모

② 회의실의 층별 배치 및 동선과 회의실의 시설을 고려한 회의실 유형별 배치와 기능

③ 전시회가 병행되는 경우 전시회 참관과의 인접성을 고려하는 전시장 활용도 고려

④ 컨벤션의 홍보 및 주최자의 지원에 영향을 줄 수 있는 기업 및 정부 기관과의 관계성 고려

⑤ 회의 운영에 제약이 될 수 있는 규정 등에 대한 사전 사용 규정의 확인

해설 회의실 규모, 회의실의 유형별 배치와 기능, 전시장 활용도, 회의실 대관료, 위치 및 접근성과 인지도, 서비스 제공자의 서비스 역량 수준, 제반 규정 등을 고려한다.

09 다음은 회의 용어 중 어떤 것에 대한 설명인가?

> 의사일정 상정여부와 관계없이 논의대상이 되는 모든 사안을 말한다.

① 의제   ② 의안

③ 의사일정   ④ 안건

⑤ 의결

해설 ① 의사 일정에 상정된 심의, 자문 대상의 제목
② 특별한 형식을 갖춘 안건. 수정안 제출이 가능한 것을 의미한다.
③ 회의 개시 일시와 안건의 순서 등 회의 진행 상황을 기재한 예정서
⑤ 표결에 부친 안건에 대한 가결 혹은 부결 여부를 최종적으로 결정하는 것

10 회의 준비를 위한 다양한 업무 활동이다. 적절치 않은 업무 활동은 무엇인가?

① 회의 유형과 참가자의 수에 따라 회의 준비에 필요한 시간을 보다 정확하게 예측하고 배치하는 동시에 준비 시간에 필요한 서비스 부문 인력 수요를 감안하여야 한다.

② 회의 준비를 위해 현재의 회의실 상태 및 배치와 회의 진행시의 배치 설계를 숙지하여 좌석 배치 및 테이블 배치시의 효율적 공간활용이 가능하도록 해야 한다.

③ 효과적인 회의 운영과 목적 달성을 위해 회의의 전체 구성 요소들을 통합적으로 조정, 기획하여 준비한다.

④ 전체 회의 프로그램을 휴대가 간편하고 파손되지 않도록 제작하여 컨벤션 기간 중 참가자의 행동 요령 지침이자 행사 취지 등에 대한 안내문의 역할을 하게 한다.

⑤ 참가자의 정보 보호를 위해 참가자의 이름이나 국적을 표기하지 않고 투숙 호텔과 소속 등만 기재하여 참가자 명단을 작성한다.

해설 성명, 국적, 소속, 주소, 투숙 호텔 등의 정보가 수록된 참가자 명단을 작성해야 한다.

11 다음 중 의전에 관한 설명과 가장 거리가 먼 것은?

① 일정한 계획에 의해 어떤 일을 진행하는 것, 또는 그 일

② '조직이나 국가 간'에 이루어지는 예절

③ 국가가 관여하는 공식행사에서 지켜야 할 규범

④ 기업에서는 대 · 내외적 업무지원 활동 중 임원 및 사외이사 등에게 행해지는 예절활동

⑤ 예를 갖추어 베푸는 각종 행사 등에서 행해지는 예법

(해)(설) '일정한 계획에 의해 어떤 일을 진행하는 것, 또는 그 일'은 행사의 정의이다.

12 의전을 이해하기 위한 5R의 요소가 아닌 것은?

① Respect : 상대방에 대한 존중

② Reciprocity : 상호주의 원칙

③ Redesign Culture : 문화의 재해석

④ Rank : 서열

⑤ Right : 오른쪽 우선의 원칙

(해)(설) Reflecting Culture : 문화의 반영(의전의 격식과 관행은 특정 시대와 지역의 문화를 반영하므로 시대에 따라 변할 수 있다.)

13 다음은 의전 기획 업무를 설명하고 있다. 적절치 못한 것은?

① 행사를 계획하기 위해 행사 현장을 답사하고 보유 비품과 행사장의 서비스 능력을 점검하는 것이 필요하다.

② 효과적인 행사 계획 수립을 위해 행사명과 일시, 장소, 참석 대상 등의 개요와 함께 주요한 행사 진행 사항과 기타 세부 사항을 작성하여 둔다.

③ 행사장을 준비하기 위해 식장, 식단, 행사장식물 설치 및 단상 비품 등을 점검 및 설치 준비한다.

④ 행사의 주관 부서 및 관련 부서간 업무 협조와 분장 업무를 명확히 정리하고 각 계획별 체크 리스트를 제작하여 활용한다.

⑤ 행사 진행을 본격적으로 준비하는 단계에서 행사 실행력을 높이기 위해서는 정형화된 시나리오보다는 순발력을 강화하는 롤 플레잉을 도입하여 준비하는 것이 효과적이다.

(해)(설) 행사 진행을 준비하기 위해 행사 진행에 참여하는 모든 행사 요원의 말과 행동을 시나리오 형식으로 작성하여 준비하는 것이 좋다.

Answer   8. ④   9. ④   10. ⑤   11. ①   12. ③   13. ⑤

14 다음 중 의전 업무에 있어 설명이 바르지 않은 것을 고르시오? [기출문제]

① VIP 고객에 있어서는 사전 예약과 사후 관리에 보다 세밀한 응대가 필요하다.

② 의전은 의식을 갖추고 예(禮)를 갖추어야 함으로 보다 높은 강도의 매너를 필요로 한다.

③ 때에 따라서는 VIP고객을 위해 주차장에서부터 의전 서비스를 제공하고 전문 직원이 밀착 서비스를 제공할 수도 있다.

④ 행사 중 의전 업무에 있어 서로 이해관계가 있는 VIP고객은 자리 배석과 공간적 거리를 염두에 두고 사전 행사 준비를 하는 것이 좋다.

⑤ 의전(儀典)은 의식과 의례를 갖춘 행사를 의미하므로 절대로 규칙에서 벗어나지 않도록 하며, VIP 고객에게도 행사규칙을 따르도록 강요해야 한다.

해설 의전(儀典)은 의식과 의례를 갖춘 행사를 의미하지만 VIP고객의 사정과 전체 의식의 규칙을 잘 조율하며 균형을 이루어 진행하여야 한다.

15 의전 서열의 기본적인 관례상 적용에 대한 설명이다. 바르게 설명된 것은?

① 직위가 비슷한 경우 여자보다 남자가 상위 서열로 적용된다.

② 연장자가 연소자에 우선하며 내국인보다 외국인을 상위로 한다.

③ 한 사람이 2개 이상의 사회적 직위를 가지고 있는 경우에는 원칙적으로 본 행사에 가장 근접한 서열만을 인정한다.

④ 공식 서열을 가지지 않은 경우에는 개인적, 사회적 지위와 연령 등을 고려하기 어려우므로 평균 서열 정도에서 조정하는 것이 좋다.

⑤ 공식 의전에서는 어떠한 경우에도 공식 의전 서열을 따라야 하므로 관례상의 서열을 따르는 것을 엄격히 금지해야 한다.

해설 ① 여성이 상위 서열이다.
③ 상위직을 기준으로 하는 것이 원칙이며 행사와 관련 직위를 적용하여 조정한다.
④ 개인적, 사회적 지위와 연령 등을 고려하여 결정한다.
⑤ 공식 의전에서도 특수한 몇 가지 경우에는 관례상의 서열을 따르는 경우가 있다.

16 성공적인 프레젠테이션의 3요소를 가장 잘 표현한 것은?

① 제작, 디자인 → 기획과 구성 → 발표와 전달

② 제작, 디자인 → 발표와 전달 → 질문과 답변

③ 기획과 구성 → 제작, 디자인 → 발표와 전달

④ 기획과 구성 → 발표와 전달 → 질문과 답변

⑤ 기획과 구성 → 발표와 전달 → 제작, 디자인

해설 프레젠테이션 준비와 진행의 과정이다.

17 다음 중 프레젠테이션에 대해 설명한 내용으로 틀린 것은?

① 프레젠테이션은 정보 전달 수단의 일종으로 청중에게 정보, 기획, 제안을 제시하고 설명하는 행위이다.

② 경쟁이 치열한 현대를 살아가는 사회인의 필수적인 능력이다.

③ 학생들의 조사발표에서부터 직장인의 업무보고, 회사나 기관, 정부의 중요한 설명회 등 다양한 형식과 내용으로 이루어진다.

④ 외부 조직과의 경쟁이나 기업 PR, 세일즈 프로모션 등 직·간접적으로 조직의 실적과 관계되어 조직의 업무 효율을 증가시키게 된다.

⑤ 1인의 발표자와 다수의 청중으로 명확하게 구성되어야 하는 것이 프레젠테이션의 유형이다.

해설 1대1의 프레젠테이션도 가능하며, 원격 프레젠테이션의 경우에는 발표자와 청중의 수가 가변적일 수도 있다.

18 프레젠테이션의 기획에서 3P의 요소에 대한 설명이다. 바르게 설명한 것은?

① 사람, 청중(People) : 청중은 어떤 사람인지에 대해 분석하는 것이다.

② 목적(Purpose) : 발표자는 프레젠테이션의 목적을 한가지로 단일화하여 명확히 한다.

③ 비용(Price) : 발표에 필요한 비용, 예산 등을 확인하여 기획한다.

④ 공간(Place) : 기획단계에서 회의장의 크기와 좌석 배치 정도만 확인해도 된다.

⑤ 제품(Product) : 발표의 핵심 주제인 제품을 잘 이해하고 암기해야 한다.

해설 3P는 사람, 청중/목적/공간이다. 목적은 복합적일 수 있으며 비중을 조절하여 기획하고, 공간은 회의장, 실내환경, 실내의 배치를 확인하면서 다양한 설비, 인터넷 연결, 조명 상태, 방음 여부 등 세부적인 부분의 점검이 필요하다.

19~21　O/X형

19 컨벤션의 개최 시설 중 컨퍼런스 센터는 컨벤션 센터와 달리 숙박이 가능한 객실을 제공하고 회의 이외의 오락, 휴게, 식당 등이 포함되는 통합적 회의 환경을 제공한다. (① O, ② X)

해설 호텔과 달리 1일 혹은 1인당의 가격으로 책정되며 객실 내에서도 학습, 회의 등이 가능한 책상이 구비되는 것이 다르다(컨벤션 센터와 컨벤션 호텔의 기능이 합쳐진 상태).

Answer　14. ⑤　15. ②　16. ③　17. ⑤　18. ①　19. ①

20 의전의 분류상 공식 방문은 국빈 방문에 비해 여러 가지의 의전 절차가 생략되나 국립묘지 참배와 공식 만찬 등을 필수로 하여 첨단 산업단지나 사적지 방문 등은 방문자의 관심에 따라 포함될 수 있다. (① O, ② X)

> **해설** 국빈 방문의 필수적인 요소 : 국립묘지 참배, 국가원수와의 정상회담 및 공식 만찬. 공식 방문에서는 주로 행정부 수반이 오찬을 베푸는 것이 보통이다.

21 컨벤션의 개최는 개최국의 국제적 지위 향상과 문화 및 외교 교류의 확대 측면에서 정치적 효과를 가지고 있다. (① O, ② X)

> **해설** 정치적 효과를 설명(국가 홍보의 극대화)

22~26 연결형

※ 다음은 프레젠테이션의 목적에 따른 분류이다. 보기에서 다음의 설명과 사례에 적합한 목적을 연결하라.

① 정보전달의 목적	② 설득의 목적
③ 의례의 목적	④ 동기부여의 목적
⑤ 엔터테인먼트의 목적	

22 신상품 출시에 따른 상품 안내 및 소개

(   )

> **해설** 발표자가 청중에게 정보를 제공하는 프레젠테이션

23 창립 10주년 기념식을 위해 회사의 역사를 알리고 축하공연을 진행한다.

(   )

> **해설** 행사나 기념식을 위해 준비하는 프레젠테이션

24 신규 프랜차이즈 사업을 안내하고 투자자나 신규 가맹점주를 모집하기 위함이다.

(   )

해설 발표자가 청중을 설득하고자 진행하는 프레젠테이션

25 실적 우수자 발표 및 신규 인센티브 계획 안내

(   )

해설 사기 진작, 동기 부여에 관련한 프레젠테이션

26 매월 진행하는 우수 고객 초청 발표회

(   )

해설 정기적, 주기적으로 진행되는 행사 및 설명회. 설득적 메시지나 정보전달보다는 행사 진행 자체에 더 큰 무게가 있는 경우

27~28 사례형

27 다음은 컨벤션의 기본 프로그램 및 계획서 내용의 일부이다. 행사 기획에 관련한 설명으로 잘못된 것은 무엇인가?

> 1. 행사명 : 00전자 국내·외 협력단 연례 미팅
> 2. 일시 : 2015년 1월 10일~1월 15일
> 3. 주최 : 00전자
> 4. 참가 대상 : 00전자 연구소 임원단 및 기술 개발 관련 협력 업체 임원 및 대표(국내·외 약 30여개 업체 300여 명 참석 예상)
> 5. 장소 : 서울 강남 소재 00센터
> 6. 숙소 및 연회장 : 서울 강남 00호텔(숙박 인원 약 150여 명)
> 7. 특이 사항 : 관련 정부 부처 연설 및 참관 예정(1월 12일, 1월 14일)
> 8. 등록 방법 : 00전자 자체 인원 파악 후 2014년 11월 30일까지 최종 대상자 확정

Answer   20. ②   21. ①   22. ①   23. ⑤   24. ②   25. ④   26. ③   27. ③

① 상기 행사는 대규모 기업 회의의 성격을 띠고 있으며 동시에 매년 정기 개최되며 정보를 교환하는 형태인 컨벤션의 성격도 가지고 있다.

② 주 행사장인 OO센터는 숙박시설을 갖추지 않아 인접 지역의 호텔에 숙소와 연회장을 마련하였다.

③ 참가자는 주로 자발적이며 여흥을 즐기는 참가자로 분류되며 회의 개최지에서의 여흥, 사교 프로그램 등에 관심이 많을 것이다.

④ 본 행사를 기획하는 기획자는 특히 1월 12, 14일의 특이 사항에 맞는 의전 및 행사 실무에 따른 서비스 내용을 추가하여야 한다.

⑤ 호텔의 컨벤션 관련 매니저는 본 기획 내용의 객실 및 연회 부분에 깊이 관여하여 제반 사항을 지원하게 된다.

해설 참가자는 기업의 대표 및 임원이고 비즈니스 목적이면서 협력 업체 관계자이므로 비자발적 참가자로 회의 참가를 일의 연장선으로 여기게 된다.

28 다음과 같은 일정의 연회 행사를 진행하였다. 연회 행사 진행을 보고한 다음의 서비스 내용 중 적절치 못했던 것은 무엇인가?

- 행사 장소 : OO호텔 그랜드 볼룸
- 행사명 : 〈2014년 우수 납세자 대상 기념 리셉션〉
- 연회 서비스 종류 : 리셉션 파티
- 예상 인원 : 약 50여 명
- 손님 입장 시간 : 오후 6시
- 동영상 상영 : 오후 6시 ~6시 30분
- 공식 행사 시작 : 오후 6시 30분
- 사회자 인사 및 내·외빈 소개 : 오후 6시 30분~6시 40분
- 시상 및 수상 소감 : 수상자 총 5명. 6시 40분~7시
- 식사 : 7시~8시
- 대상 수상자 사례 보고 및 발표 : 8시 ~8시 30분
- 축하 연설 : 연설자 총 2명. 8시 30분~9시
- 축하 연주 및 여흥 : 9시~10시
- 행사 종료 : 오후 10시

① 연회 행사 진행 요원들은 오후 6시 손님 입장이 마무리 되는대로 연회장 입구에 정렬하여 이후 진행될 서비스를 위해 대기하였다.

② 공식 행사가 시작되어 사회자가 인사를 하는 동안 도착한 약 3명의 손님은 성명을 확인한 후 조용히 좌석으로 안내해 드렸다.

③ 수상자들의 좌석을 사전에 인지하여 수상자들이 연단에 나가는 때를 맞추어 연단으로 자연스럽게 안내하였다.

④ 축하 연설이 지체되어 마지막 연설이 약 9시 10분 경 마무리 되었기에 주최측에 행사 종료 시점을 확인하여 행사 종료 시기를 10여 분 연장할 수 있도록 조치하였다.

⑤ 축하 연설 이후 사회자가 연주자를 소개하는 동안 음향과 무대 장치 점검을 지원하여 원활한 진행이 될 수 있도록 서비스 하였다.

해설 연회 행사에서 손님 영접은 입장 시간인 6시 30분 이전에 입구 정렬 대기하여 손님 입장 순서에 따라 연회장 내부로 안내하여야 한다.

29~30 통합형

※ 다음은 최근 열린 대규모 철강 산업 박람회의 참가자들을 대상으로 한 설문조사에서 나온 의견들이다.

A. 저희 회사 제품을 전시하기 위해 일주일간 체류하였습니다. 생각보다 많은 바이어를 만나게 되어 무척 고무적입니다. 주최측의 다양한 이벤트와 홍보, 그리고 세미나와 무료 강좌 등으로 더 많은 관계자와 잠재 고객들의 방문이 가능했다고 생각합니다. 감사합니다.

B. 철강 관련 유통업을 하는 중소기업을 운영하고 있습니다. 해마다 꼭 참석하는 박람회입니다. 좋은 제품을 발굴하고 업계 동향도 얻게 됩니다. 업계 관계자 분들하고 인사도 나누는 기회가 되기도 합니다.

C. 해외 바이어를 모시고 동행하여 참석한 무역업체 직원입니다. 작년에 비해 행사 규모가 많이 커져서 좋았지만 그만큼 숙소가 부족해서 애를 먹었습니다. 바이어를 모신 만큼 객실 상태나 서비스가 신경이 쓰여서 체류 기간 동안 두 번 정도 숙소를 옮겨서 지냈습니다.

D. 행사 기간 중에 열린 세미나나 강좌가 매우 유익해서 직원들과 함께 업계 동향 연구차 방문하였습니다. 아쉽다면 좋은 세미나가 겹쳐있어 다양하게 참석하기는 어려웠습니다. 사전에 세미나 일정이 행사 안내문에 시간대별로 상세히 나와 있지 않아 놓치기도 하였습니다.

E. 이번 행사를 주최하는 협회의 지역 단위 조직을 통해 단체로 참석하였습니다. 혼자 참석하는 것보다 여러 가지가 편하고 좋습니다. 시간을 내어서 골프 라운딩도 하고 저녁 여흥 시간도 가질 수 있어, 일도 하고 업계 관계자 분들과 친목도 다지는 좋은 시간입니다.

29 이 행사의 특징을 가장 잘 설명한 것은?

① 철강 산업을 하는 기업 박람회이므로 주최자가 기업인 것으로 보인다.

② 매년 정기적으로 진행되는 대규모 행사로 전시, 회의, 세미나가 연계되었으며 주변 관광으로까지 부가가치가 생성되는 MICE 산업의 전형으로 이해할 수 있다.

③ 회의의 목적상 사교나 관광 및 인센티브가 핵심이 되는 것으로 볼 수 있다.

④ 제품의 전시가 목적이므로 기타 세미나 및 회의 등의 행사 기획 준비는 필요없다.

⑤ 비자발적 참가자는 없고 자발적 참가자 위주의 행사이므로 친교나 회의 등을 통해 배우고자 하는 열의를 만족시킬 수 있는 마케팅을 펼쳐야 한다.

해설 ① 협회회의 주최자로 볼 수 있다.
③ 회의의 목적상 지식과 상품의 교류, 홍보 등이 핵심이 된다.
④ 전시, 박람회가 주 주제이지만 여기에 다양한 세미나, 회의 등이 결합되어 진행되며 기획 단계에서부터 함께 준비한다.
⑤ 비자발적 참가자도 있다.

30 이러한 참가자들의 반응을 통해 컨벤션 주최자는 행사를 기획하며 다음과 같은 아이디어와 방향을 설정하게 된다. 적절치 못한 것은?

① 다양한 홍보와 고객 니즈를 반영한 기획, 마케팅은 성공적인 행사 진행에 도움이 된다.

② 기존에 참석한 참석자를 대상으로 하는 행사 홍보 등을 위해 데이터베이스 관리가 필요하다.

③ 숙소 문제는 규모가 큰 컨벤션 운영에 있어서 참가자의 만족도에 매우 큰 영향을 미친다. 개최지 선정 단계부터 숙소 확보 및 사전 신청 등의 운영 단계에 까지 좀 더 면밀한 준비가 필요하다.

④ 전시회 본연의 목적에 부합하여 바이어의 역할을 해줄 참가자가 아니므로 세미나 등의 부수적인 행사는 전체 프로그램에 삽입할 필요는 없다. 세미나 정보가 필요한 고객을 위해서 별도의 안내문을 제공하는 것으로 한다.

⑤ 주변 관광지와의 연계는 지역 경제 활성화는 물론 행사의 규모나 참가자의 만족도에도 직접적인 영향을 미치므로 주변 관광 및 지역에 대한 적극적인 발굴 및 홍보 등을 통해 행사 기획 단계에서부터 감안하도록 한다.

해설 행사 전체의 일정을 시간대별로 작성하여 전체 회의 프로그램을 제작해야 한다. 많은 참가자를 유도할 수 있도록 다양하고 효율적으로 구성해야 한다.

PART 06

실전모의고사

1~5파트까지 학습한 내용 중 출제비중이 높은 문제들로만 선별하였고, 실제 시험을 보는 것과 같은 난이도로 구성하여 최종적으로 실력을 점검할 수 있도록 구성하였습니다.

≫ 실전모의고사

01~24   선다형

01 다음은 예절과 매너 에티켓의 설명이다. 옳지 않은 것은 무엇인가?

① 예의범절은 사람과 사람 사이에 함부로 하지 않고, 때와 장소에 따라서 적절하게 행동하는 것을 뜻한다. 그리고 축약하여 '예절'이라고 한다.

② 매너는 사람이 수행하는 일을 위해 행동하는 구체적인 방식이나 습관이 외적으로 표현되는 것을 말한다.

③ 에티켓이란 '규범', '사회적 약속'이라고 불리면서 대인 관계 속에서의 합리적 행동 기준이며 사회적 불문율로 이해할 수 있다.

④ 유교사상 중심의 동양적 예의범절은 위계질서와 공동체를 중시하여 윗사람에 대한 공경, 부모에 대한 효도를 중심으로 구성된 반면, 서양의 예절은 평등을 중시하고 개인주의적 경향성이 강하다.

⑤ 매너와 에티켓은 예의범절과 유사한 개념이지만 에티켓은 일종의 형식의 개념이고, 매너는 일종의 규범이라는 의미로 볼 수 있다.

해설 에티켓은 약속 혹은 규범이므로 '있다', '없다'로 표현하고, 매너는 형식을 갖춘 표현이므로 '좋다', '나쁘다'로 표현하게 된다.

02 다음은 응대 매너 중 인사에 대한 설명이다. 잘못된 설명은 무엇인가?

① 자신의 인격과 교양을 외적으로 나타내며 서로의 마음을 열게 하는 첫 번째 단계로 볼 수 있다

② 상대방과 눈 맞춤을 하며 밝은 미소와 목소리로 하는 것이 좋다.

③ 인사는 때와 장소를 가리지 않고 늘 한결같은 목소리와 패턴으로 해야 한다.

④ 계단 아래에 윗사람이 있을 경우에는 아래로 내려가서 상대에게 정중히 인사한다.

⑤ 고개만 끄덕이거나 상대를 쳐다보지 않고 형식적으로 인사하는 것은 잘못된 인사법이다.

해설 인사는 때와 장소에 따라 다른 방식으로 해야 하는 경우가 있다.

03 서비스 응대에서 고객을 안내하는 방식이다. 가장 잘 설명한 것은 무엇인가?

① 복도에서는 고객의 바로 옆에서 함께 걸으며 안내한다.

② 특정한 곳을 가리켜야 할 때에는 오른손 검지로 가리키며, 나머지 한손으로는 오른팔 팔꿈치를 지지한다.

③ 갈림길이나 길이 바뀔 때는 방향을 먼저 유도하여야 한다.

④ 계단과 에스컬레이터 등 경사가 진 위치에서는 아래쪽이 상석이다.

⑤ 엘리베이터 조작은 고객이 하는 것이 원칙이다.

해설 ① 고객보다 2~3보 가량 비스듬히 앞서서 안내한다.
　　② 손가락은 가지런히 모아 손바닥을 하늘로 향하고 가려는 방향을 안내한다.
　　④ 위쪽이 상석이다.
　　⑤ 하급자가 조작한다.

04 다음 중 업무 시 걸려온 전화를 받는 경우 전화 예절에 어긋나는 행동은 무엇인가?

① 얼굴을 보고 응대하는 것 보다 더 상냥하고 친절하게 응대한다.

② 간단한 인사말과 함께 소속과 자신의 이름을 밝힌다. 상대를 확인하고 용건을 확인한다.

③ 고객이 찾는 담당자가 부재 중이면 부재 중인 이유를 밝히고 메모를 받는다.

④ 자신이 처리할 담당이 아닐 경우 담당자의 이름과 전화번호를 알려주고 끊는다.

⑤ 통화를 종료할 경우에도 인사말을 하고 상대가 먼저 끊은 뒤에 조용히 전화기를 내려놓도록 한다.

해설 담당자에게 연결하고 연결 중 끊어질 수 있으므로 전화번호를 안내한다. 연결이 어려운 경우에는 고객 전화번호를 물어 전화를 드릴 수 있도록 하는 것이 우선이다.

05 다음 중 글로벌 매너의 원칙의 우선순위를 맞게 구성한 것은?

① 상호존중의 원칙– 종교적 신념의 원칙 – 방문 지역 룰의 원칙

② 방문 지역 룰의 원칙 – 상호존중의 원칙 – 인본주의 원칙

③ 상호존중의 원칙 – 인본주의 원칙 – 종교적 신념의 원칙

④ 방문 지역 룰의 원칙 – 종교적 신념의 원칙 – 상호 존중의 원칙

⑤ 개성 존중의 원칙 – 방문 지역 룰의 원칙 – 종교적 신념의 원칙

해설 우월하거나 열등한 매너는 없다. 서로 상대방의 문화와 매너를 존중해야 한다(상호존중의 원칙). 이를 어기지 않으면서 상호합의하에 개인의 종교적 신념은 지켜지는 것이 원칙이다(종교적 신념의 원칙). 그리고 이 두 가지를 어기지 않으면서 방문한 '지역(local)'의 매너를 따른다(지역 룰의 원칙).

Answer　　1. ⑤　　2. ③　　3. ③　　4. ④　　5. ①

06 다음의 정의는 무엇을 뜻하는 것인가?

> 자신에게 가장 바람직하게 구상된 개념 혹은 설정된 목표에 다가가기 위해 자신의 이미지를 통합적으로 관리하는 것으로, 자신에게 잠재되어 있는 내면의 능력을 효과적으로 보여줌으로써 능력 있고 호감 있는 사람으로 인식되도록 하는 것이다.

① 에티켓
② 예의범절
③ 이미지 메이킹
④ 첫인상
⑤ 퍼스널 브랜딩

해설 이미지 메이킹에 대한 설명

07 첫인상에 대한 설명으로 옳지 않은 것은 무엇인가?

① 첫인상은 첫 번째 만남 후에 남는 상대방에 대한 느낌이다.
② 첫인상은 신속하게 결정된다.
③ 첫인상은 단 한 번에 전달되어 각인된다.
④ 첫인상은 개인의 내면을 확인하지 않고 보이는 모습을 통해 평가하는 사람의 일방적인 판단과 가치관에 따라 인식된다.
⑤ 첫인상은 순식간에 결정되고 오류도 많으므로 상대방의 머릿속에 그리 오래 남아 있지는 않는다.

해설 첫인상의 이미지는 그 영향력이 강력하여 오랫동안 상대방의 머릿속에 각인되어 쉽게 바뀌지 않는다. 특히 나쁜 첫인상의 이미지를 개선하는 데에는 상당한 시간과 노력이 필요하다.

08 이미지 메이킹 중 표정 이미지에 관한 설명이다. 잘못 설명한 것은 무엇인가?

① 내면의 의미가 외적으로 표현되는 것으로, 인간의 감정이 반영되는 부분이다.
② 표정으로 나타난 감정은 나만의 감정 표현이므로 다른 이들에게 전파되지는 않지만 다른 사람의 평가에 영향을 미치므로 중요하다.
③ 표정은 그 사람의 감정에 영향을 미치기도 한다. 따라서 웃음이나 밝은 표정은 그 자체로도 스스로의 감정에 더욱 긍정적인 영향을 미친다.
④ 밝고 건강한 표정은 타인의 마음을 얻고 나에 대한 좋은 이미지 형성에 도움이 된다.
⑤ 표정은 단순한 친절, 응대의 개념을 넘어 서비스 현장의 분위기와 고객 반응을 디자인하는 과정이라고 할 수 있다.

해설 표정은 다른 사람에게 심리적 영향을 미치게 된다. 특히 부정적인 감정일 경우 그 전파 속도가 더 빠르므로, 긍정적인 표정과 표현을 하려는 노력을 해야 한다.

09 다음 중 이미지 메이킹에 있어 필요한 다양한 자세를 설명한 것이다. 가장 잘 설명한 것은 무엇인가?

① 서 있는 자세에서 시선은 상대 얼굴로, 턱은 약간 당기며 한쪽으로 치우치지 않도록 하는 것이 중요하다.

② 걸을 때는 가슴을 펴되 어깨에 힘을 주고, 보조는 상대방보다 조금 느린 것이 예의이다.

③ 앉는 자세에서는 등받이 깊숙이 앉는 것은 예의에 어긋난다.

④ 방향을 안내할 때는 손바닥이나 손등이 정면에 보이게 하여 약 15도 각도를 유지한다.

⑤ 물건을 주고 받을 때는 오른손으로 하는 것이 원칙이다.

(해설) 걸을 때는 상대와 보조를 맞추며 어깨에는 힘을 뺀다. 앉을 때는 등받이 깊숙이 앉아 곧은 자세를 유지하며, 방향 안내시 손바닥이나 손등이 정면에 보이지 않게 약 45도 각도로 안내한다. 물건을 주고 받을 때는 양손이 예의이다.

10 다음은 효과적인 Voice 이미지 연출을 위한 다양한 요소에 대한 설명이다. 설명의 내용이 부적절한 것은 무엇인가?

① 말의 속도가 빠르면 논리적이고 스마트한 이미지를 줄 수 있지만 너무 빠르면 이해가 어렵거나 설득이 강하다는 느낌을 줄 수 있으므로 유의해야 한다.

② 말의 속도에 변화를 주어 전달능력을 향상시키기 위해 일정한 리듬을 만들면 효과가 있다. 리듬이 없는 일정한 속도는 전달력이 떨어지고 감정이나 느낌을 전달하기 어렵다.

③ 말을 하다가 중요한 단어 앞에서 호흡 없이 잠시 쉬는 의도된 쉼은 대화의 속도, 리듬, 강세 등을 조절하여 상대의 집중도를 높이고 핵심을 강조할 수 있는 효과가 있다.

④ 말은 핵심 메시지와 이를 보완하는 부분으로 구성되어 있는데, 핵심 메시지에 비해 부수적인 부분에서 집중력이 흐트러지므로 보완 메시지에서 힘을 주어 말하는 것이 의사전달의 효과를 높인다.

⑤ 발음과 발성은 기본적인 Voice 이미지의 재료이다. 따라서 꾸준한 연습과 좋은 자세 등을 통해 개선해야 한다.

(해설) 핵심 메시지에 강세를 주는 것이 일반적이며, 그렇지 않은 경우 말의 내용이 오해되거나 잘못 전달될 수 있다.

11 다음은 서비스 현장에서 이해해야 하는 '고객'의 개념이다. 적절치 않은 것은?

① 상품과 서비스를 구매하거나 이용하는 사람(고객)이고, 광의로 해석하면 상품과 서비스를 생산, 제공하고 이를 이용하는 일련의 과정에 관계된 자기 자신을 제외한 모든 사람이다.

② 반복적으로 이루어지는 어떤 행동을 수행하는 주체, 즉 기업의 입장에서는 '반복적인 구매를 하는 사람들'을 의미한다.

③ 어원은 관습을 의미하는 'custom'으로 '늘 반복적으로 이루어지는 습관'이라는 단어에서 기인하고 '돌아볼 고(顧)'와 '손님 객(客)'의 의미를 지닌다.

④ 수요보다 공급이 많아지는 수요, 공급의 불균형 상황은 고객의 중요성을 감소시키는 역할을 하게 된다.

⑤ 상품, 서비스 자체의 치열한 경쟁으로 인해 고객의 선택을 기다리는 수동적 태도에서 고객을 적극적으로 찾아 나서는 적극적 고객만족 지향의 서비스 개념으로 발전하게 된다.

해설 수요와 공급의 불균형으로 인해 고객의 역할과 중요성이 더욱 강화되고 기업은 고객중심의 경영 및 마케팅 활동에 더욱 치중하게 된다.

12 다음은 고객의 구매 행동에 영향을 미치는 다양한 요소를 설명한 것이다. 잘못 설명된 것은 무엇인가?

① 고객의 구매 행동에는 다양한 참여자가 있을 수 있다. 각 구매 참여자의 비중과 역할이 모두 최종 구매 행동에 영향을 미치게 된다.

② 상품, 서비스의 필요성을 처음 제안한 사람과 이에 대한 적절한 해결책을 찾고 기준과 한계를 설정하는 사람, 그리고 최종 구매 의사 결정자는 모두 다른 사람일 수 있다.

③ 소비와 구매에 영향을 미치는 요인은 사회적 요인, 개인적 요인, 심리적 요인 등 매우 다양하다.

④ 고객의 구매 행동 패턴은 사람마다 일정하므로 동일한 개인이라면 어떤 상품, 서비스를 구매하는가에 따라 구매 행동에 영향을 미치는 요소가 달라지지는 않는다.

⑤ 고객의 과거 구매 경험에 따라 구매 절차가 달라지기도 한다.

해설 고객의 구매 행동은 동일한 개인일지라도 어떤 상품, 서비스를 구매하는가에 따라 판단하는 요소, 절차 등이 달라지며 이는 구매 목적물의 특성이 저관여인가, 고관여인가에 따라 달라진다.

13 다음은 매슬로우의 욕구 5단계이다. 각 단계를 낮은 단계부터 높은 단계까지 올바르게 연결한 것은 무엇인가?

① 생리적 욕구 – 사회적 욕구 – 안전의 욕구 – 존경의 욕구 – 자아실현의 욕구
② 생리적 욕구 – 안전의 욕구 – 사회적 욕구 – 존경의 욕구 – 자아실현의 욕구
③ 안전의 욕구 – 생리적 욕구 – 사회적 욕구 – 자아실현의 욕구 – 존경의 욕구
④ 안전의 욕구 – 생리적 욕구 – 사회적 욕구 – 존경의 욕구 – 자아실현의 욕구
⑤ 생리적 욕구 – 안전의 욕구 – 사회적 욕구 – 자아실현의 욕구 – 존경의 욕구

14 고객의 구매 결정 과정에서 문제 인식 단계에 대한 설명이다. 문제 인식 단계가 아닌 것은 무엇인가?

① 고객이 충족되지 않은 욕구 혹은 현 상태에서의 불편 요소나 문제점들을 인식함으로써 이를 충족하거나 해결하고자 하는 것을 의미한다.
② 고객은 새로운 문제나 욕구를 인식하게 되면 상품, 서비스에 대한 의사결정의 단계를 시작하게 된다.
③ 보수적, 적극적, 긍정적, 부정적 등 다양한 태도가 형성되어 동일한 정보를 동일한 평가 기준으로 평가하고 인지하여도 태도는 다르게 나타날 수 있다.
④ 기존의 상품이 다 소모되거나 고객의 욕구를 충족시키지 못할 경우 발생할 수 있다.
⑤ 고객의 내적 욕구에 변화가 생겨서 시작되기도 하는 단계로, 고객의 무의식에서의 열망이 발현되거나 욕구의 수준이 변하여 새로운 문제나 요구가 발생한 경우라고 할 수 있다.

해설 대안 평가 단계에서 고객의 평가과정 중 태도 형성에 관련한 설명이다.

15 다음 중 커뮤니케이션의 기본 요소로 가장 잘 구성된 것은?

① 전달자, 메시지, 채널, 수신자, 효과
② 전달자, 메시지, 동기유발자, 채널, 수신자
③ 전달자, 메시지, 수신자, 통제자, 효과
④ 메시지, 통제자, 수신자, 채널, 효과
⑤ 메시지, 동기유발자, 통제자, 채널, 수신자

해설 기본 요소 + 추가 요소(잡음, 피드백)

Answer   11. ④   12. ④   13. ②   14. ③   15. ①

16 고객의 선택에 영향을 미치는 다양한 심리적 효과를 설명한 것이다. 고객의 다양한 심리적 상태를 잘못 설명한 것은 무엇인가?

① 상품, 서비스가 마음에 들어 구매를 결정하려고 하는 순간 혹시 고장, 가격 등 손해에 대한 염려로 머뭇거리게 됨 : 손실 회피 심리
② 객관적인 사실, 통계 및 실험 결과를 믿고 구매를 결정함 : 사회적 입증
③ 대기업 계열사의 상품이기 때문에 상품에 대한 품질과 디자인을 믿고 구매하고자 함 : 후광 효과
④ 다른 상품들과 비교하여 현재 검토하는 상품을 판단하는 효과. 평가의 기준이 되는 다른 상품이 제시되는 경우 의사결정이 쉬워짐 : 대비, 비교 효과
⑤ 고객이 선택하고자 하는 여러 대안을 어떻게 구성하느냐에 따라 이득으로 비춰지기도 하고 손실로 여겨지기도 하는 경우 : 프레이밍 효과

해설 사회적 입증이란 대중의 판단이나 행동에 영향을 받는 보편적 심리. 고객은 다수의 다른 고객들이 구매하고 있다는 사실을 선택의 기준으로 삼는 경향이 있음을 의미하는 고객 심리이다.

17 커뮤니케이션을 설명한 것이다. 잘못 설명한 것은 무엇인가?

① 커뮤니케이션이란 두 사람 이상의 사람들이 공통의 상징체계를 사용하여 지식과 정보를 전달함으로써 의미를 공유하고 서로에게 영향을 미치는 과정이다.
② 커뮤니케이션을 의미론적 관점으로 해석하면 상징체계를 통해 의미를 공유함으로써 전달자의 전달내용을 수신자가 해독하는 과정으로 이해할 수 있다.
③ 커뮤니케이션은 순환적, 역동적이며 계속 이어지는 하나의 과정이다.
④ 비즈니스 커뮤니케이션은 일반적인 커뮤니케이션에 비해 설득이나 조언의 역할이 상대적으로 적기 때문에 좀 더 명확하게 이해하고 실행할 수 있다.
⑤ 효과적인 비즈니스 커뮤니케이션을 통해 서비스 제공자는 자신의 지식과 스킬로 고객의 만족스러운 구매 및 서비스 이용을 도와주어야 한다.

해설 비즈니스 커뮤니케이션은 일반적 커뮤니케이션에 비해 설득이나 조언 등의 명확한 목적이 있는 커뮤니케이션이다. 따라서 좀 더 구체적이고 섬세한 커뮤니케이션의 스킬과 태도를 필요로 한다.

18 다음은 비즈니스 커뮤니케이션에서의 질문의 역할과 중요성이다. 틀린 것은?

① 질문은 대화나 상담의 목적을 이루기 위한 중요한 준비이며, 상담의 진전과 결정에 반드시 필요한 요소이다.

② 효과적인 질문은 고객의 심리적 방어를 해소하는 힘이 있다.

③ 질문을 통해 고객의 니즈와 이점을 고객이 스스로 발견할 수 있도록 도울 수 있다.

④ 어떤 질문이든 질문하지 않는 것보다는 효과적이다.

⑤ 질문을 통해 고객에 대한 의미 있는 정보를 발견할 수 있으며, 이를 효과적인 상담에 활용할 수 있다.

해설 효과적이지 않은 질문으로 인해 고객의 방어적 심리가 더욱 강화되거나 고객 만족도가 더욱 떨어지기도 한다. 질문은 준비하고 연습해야 한다.

19 다음은 설득에 도움이 되는 상황과 이를 뒷받침하는 설득의 주요한 요소들이다. 가장 적절하지 않은 것은 무엇인가?

① 평소 약속을 잘 지키며 사람들의 기대에 부응하는 사람의 설득은 그렇지 않은 경우보다 설득력이 강하다. – 진실성과 일관성 등 믿음의 구축

② 구체적인 숫자나 통계 자료, 조사 결과 등의 근거를 통해 주장하면 신뢰도가 높아져 설득에 효과적이다. – 객관성을 통한 믿음의 구축

③ 평사원이 아닌 임원이나 대표이사가 진행하는 프레젠테이션이 보편적으로 더욱 설득력이 높다. – 지위를 활용한 권위의 힘

④ 동일한 정보나 주제에 대해서는 분야의 전문가가 이야기 하는 것이 훨씬 더 설득력이 있다. – 전문성을 통한 권위의 힘

⑤ 사람들은 나와 다른 경험과 취향을 가진 사람들을 동경하여 그들의 이야기에 설득될 가능성이 높아진다. – 이질성과 동경을 활용한 매력

해설 사람들은 나이, 교육 정도, 경제적 수준, 고향이나 거주지 등이 서로 비슷하거나 태도나 의견 등이 비슷한 사람에게 보다 매력을 느끼게 되며, 이를 유사성의 법칙에 의한 매력이라고 한다.

20 효과적인 비즈니스 커뮤니케이션의 방법들이다. 잘못 설명한 것은?

① 서비스 제공자는 역동적인 서비스 현장에서의 고객 응대를 위해 감각적인 Ice Breaking 과 즉흥성을 키워내어 상황에 맞는 대화 방향을 맞추어 가야 한다.

② 효과적인 경청의 방법은 결국 고객이 더 많은 이야기를 하게 하고, 이를 통해 목적에 부합되는 방향으로 대화를 전개하는 역할을 수행하게 된다.

③ 비즈니스 커뮤니케이션에서는 고객의 이야기를 계속 듣기만 하거나, 혹은 일방적으로 설명을 진행하는 것은 효과가 떨어지므로 질문과 경청의 구조가 결합되는 것이 중요하다.

④ 질문-경청(기본단계)-경청(고급단계)-질문으로 구성되는 대화의 구조는 효과적인 비즈니스커뮤케이션 스킬의 기본적인 토대이자 대화의 흐름이다.

⑤ 경청의 방법은 눈맞춤과 끄덕임과 같은 기본적인 방법에서부터 따라하기 및 정리하기의 고급단계의 방법까지 다양하며 연습과 훈련을 통해 익힐 수 있다.

해설 서비스 제공자는 상황에 맞는 정형화된 흐름을 가지고 이를 적절히 변형하여 사용함으로써 효과적인 Ice Breaking을 진행하고 동시에 자신감을 얻을 수 있다.

21 다음은 MICE 산업의 특징 중 무엇에 관한 설명인가?

> MICE 산업의 대표적인 시설인 컨벤션센터의 경우 이를 건립하는데 막대한 비용이 필요하며 건립 이후에도 꾸준한 지원이 필요

① 공공성 　　　　　　　　② 지역성
③ 경제성 　　　　　　　　④ 관광연계성
⑤ 고부가가치성

해설 공공성 : 정부와 지역사회의 적극적인 참여가 필요함을 의미하며, MICE 산업을 활성화 시킬 수 있는 교통이나 통신, 법적인 지원 등이 필요하다.

22 효과적인 회의 기획을 위한 컨벤션 개최지 선정의 과정이다. 틀린 것은?

① 어떤 개최지가 선정되는 가에 따라 회의의 목적과 형태 및 형식 개발이 변경될 수 있다.
② 목적에 부합한 회의에 필요한 물리적 요구사항이 결정되어야 한다.
③ 참가자의 주 관심과 기대가 무엇인지를 정의한다.
④ 개최지 선정시에는 교통의 편의성, 숙박 시설과 회의장 등의 환경이 고려되어야 한다.
⑤ 개최 도시의 이미지와 인적 자원의 우수성도 개최지 선정시 고려할 사항이다.

해설 회의의 목적과 형태 및 형식이 설정, 개발되는 것이 개최지 선정과정의 우선 사항이다.

23 의전 기획에 있어 중요한 5R을 설명한 것이다. 가장 거리가 먼 것은?

① 의전은 세계 각국이 보유한 다양한 문화와 행동 양식의 차이를 인정하고 효과적으로 조율할 수 있어야 한다. – Respect : 상대방에 대한 존중

② 세계 각국의 국력과 영향력 등을 바탕으로 의전을 펼치는 것이 관례이다. – Reciprocity : 상호주의 원칙

③ 의전의 격식과 관행이 시대의 변화에 따라 달라질 수 있음을 의미한다. – Reflecting Culture : 문화의 반영

④ 공식적으로 정해진 서열에 의해 참석자 간의 서열이 정해지는 것은 의전행사의 기본이다. – Rank : 서열

⑤ 단상 배치 기준에서 차석은 VIP(No.1)의 오른쪽에 위치한다. – Right : 오른쪽 우선의 원칙

해설 상호배려의 측면으로 국력과 관계없이 모든 국가가 1대1의 동등한 대우를 받아야 하며 이는 상호주의 원칙으로 표현된다.

24 다음은 연회 행사 준비를 위한 업무이다. 잘못 설명한 것은 무엇인가?

① 손님 입장 전 연회장 입구에 정렬 대기하여 손님의 입장 순서에 따라 연회장 안으로 안내한다.

② 일찍 퇴장하는 손님은 사전에 부탁 받은 시간에 서비스 담당자의 안내를 받을 수 있도록 한다.

③ 연회 진행 시간이 지체되지 않도록 주최자에게 요청하여 연회 진행시간을 엄수한다.

④ 연회 진행시 헤드 테이블을 구별할 수 있도록 준비한다.

⑤ 연단에 나가게 되는 스피치 대상자 등의 객석과 순서를 미리 파악하여 서비스를 지원한다.

해설 연회 진행 시간이 지체, 연기되는 경우에는 주최자의 요청에 따라 이에 맞는 서비스를 지원한다.

25~29 **O/X형**

25 올바른 공수법은 두 손을 앞으로 모아 잡고 엄지 손가락을 엇갈려 깍지를 끼고 네 손가락을 포개는 것으로, 평사시에는 남자는 왼손이, 여자는 오른손이 위로 가도록 하고 흉사에서는 그 반대로 하는 것이다. (① O, ② X)

해설 올바른 공수법에 대한 설명이다.

Answer　20. ①　21. ①　22. ①　23. ②　24. ③　25. ①

26 자신만이 가지고 있는 장점, 능력, 가치, 열정 등을 이해하고 그것들을 활용하여 자신을 차별화시키고, 이를 경력이나 자기계발 등에 지침이 되도록 하는 과정으로, 이미지 메이킹을 개인의 마케팅 관점으로 확대하여 더 적극적, 주도적이면서 전문성을 강화시킨 개념이 퍼스널 브랜딩(personal branding)이다. (① O, ② X)

해설 퍼스널 브랜딩은 이미지 메이킹의 관점을 개인의 성향, 장점, 특성 등을 마케팅 관점에서 널리 알리고 인식시키는 전략이다.

27 DISC 성격유형은 소비자 행동이 다양하게 나타나는 원칙을 설명하는 개인적 근원으로 알려져 있으며, 코스타와 맥크레이(Costa & McCrae, 1992, 2007)가 개발한 총 240문항으로 구성된 심리검사에서 유래되었다. (① O, ② X)

해설 설명은 빅파이브 성격유형이며, DISC 성격유형은 1928년 콜롬비아 대학 심리학 교수인 William Moulton Marston 박사에 의해 개발되었으며, 사람들이 자신의 환경에서 나름의 독특한 동기 요인에 의해 일정한 방식으로 행동하는 행동 패턴(behavior pattern 또는 행동 스타일: behavior style)을 4가지로 구분하였다.

28 정보전달 프레젠테이션은 청중에게 정보를 제공함과 동시에 가치를 인식시켜 의도한 행동을 취하게 하고자 하는 목적을 가지며, 이를 위해 신뢰를 가지고 논리적으로 청중의 편익을 강조하는 것이다. (① O, ② X)

해설 설명은 신념을 전달하고 태도 변화를 촉구하는 설득 프레젠테이션이며, 정보전달 프레젠테이션은 상대방을 이해시키는 것을 목적으로 하여 청중이 알고자 하는 니즈를 파악하고 이해하기 쉽게 정보를 가공하여 핵심을 강조하는 것이 효과적이다.

29 컨벤션 뷰로(CVB: Convention and Visitors Bureau)는 국제회의 유치에 필요한 모든 업무를 지원하는 전담팀으로, 국제회의 유치 추진 절차에서부터 행사장 선정, 소요예산 분석, 유치 제안서 작성, 현지 설명회 개최, 마케팅, 국제기구 임원을 대상으로 한 홍보활동까지 모든 업무를 지원한다. (① O, ② X)

해설 컨벤션 유치와 관광을 동시에 홍보하며 비영리 목적의 기구이다.

30~34 연결형

※ 고객 분류에 대한 다양한 설명이다. 아래 괄호에 들어갈 내용을 다음의 보기에서 골라 연결하라.

① 구매 영향자	② 잠재고객	③ 충성고객
④ 내부고객	⑤ 편의적고객	

30 자신에게 주어진 역할에 만족하는 사원만이 고객에게 최선의 서비스를 제공할 수 있다. 직원들이 먼저 긍지와 자부심을 가지고 일하는 기업 환경에서 비로소 고객에게 최상의 서비스를 제공할 수 있다. 따라서 (　　　　)은 기업의 고객 서비스 실행과 결과를 위해 중요한 대상이다.

해설 고객을 형태로 구분하여 외부, 내부고객으로 설명한 내용 중 내부고객의 중요성에 대한 설명이다.

31 (　　　　)은 현재까지는 우리 기업의 제품이나 서비스를 구매한 적이 없지만 향후에는 충분히 구매할 가능성이 있는 집단이다. 따라서 신규고객 확보의 마케팅 대상이 되는 고객층을 의미한다.

해설 잠재고객은 향후 구매 가능성이 높은 집단군. 가망고객은 아직 구매 경험은 없으나 문의 및 상담을 진행하여 구매의 가능성이 있다고 판단되는 고객층. 이외에도 고객과 기업의 관계성에 의한 분류로 신규고객, 기존고객, 충성고객이 있다.

32 이러한 고객의 유형은 비용보다는 편익을 중시하여 추가적인 비용이 들더라도 서비스를 받는 편의성에 의해 결정을 하는 (　　　　)이다.

해설 그레고리 스톤의 고객 분류법으로 고객이 상품, 서비스를 통해 얻고자 하는 주요 가치에 따라 고객 유형을 4가지로 분류한 것. 이 외에도 경제적 고객, 윤리적 고객, 개인적 고객으로 분류된다.

33 기업의 상품, 서비스를 반복적이고 안정적으로 구매하는 고객으로 높은 선호도를 나타내는 고객군이다. 이러한 (　　　　)은 기업의 상품, 서비스를 주변에 알리고 홍보하는 역할을 수행하기도 한다.

해설 충성고객은 기존에 제품을 반복적으로 구매한 경험이 있는 것에서는 기존 고객과 같지만 안정적으로 계속 구매를 하며 주변에 홍보를 하기도 하는 등 기업의 경쟁력 향상에 매우 중요한 역할을 수행한다.

34 고객을 마케팅 대상자 관점으로 분류하는 경우 상품, 서비스의 구매 결정에 직·간접적으로 영향을 미치는 (　　　　)도 고객으로 바라볼 수 있다.

해설 모든 고객은 마케팅 대상자 관점에서 분류하면 최소 한 가지 이상의 분류에 해당되며 경우에 따라 각 분류에 모두 해당될 수도 있다. 이외에도 소비자, 구매자, 구매 승인자, 구매 영향자로 나눌 수 있다.

Answer　26. ①　27. ②　28. ②　29. ①　30. ④　31. ②　32. ⑤　33. ③　34. ①

35 다음은 00호텔 김명희 과장이 00통신 이영식 대리의 전화를 응대한 사례이다. 이후 이어질 김명희 과장의 응대를 순서대로 작성하였다. 다음 중 가장 적절치 않은 응대는 무엇인가?

> **김명희 과장** : 안녕하십니까? 00호텔 예약과 김명희 과장입니다.
>
> **이영식 대리** : 안녕하십니까? 저는 00통신 이영식 대리입니다.
>
> **김명희 과장** : (A)
>
> **이영식 대리** : 네. 수고 많으십니다. 저희 회사에서 12월 20일 경에 송년행사를 진행하려 합니다. 약 80여 명이 행사를 할 수 있는지 예약 가능여부를 확인해 주시겠습니까? 장소는 00홀이 어떨까 합니다.
>
> **김명희 과장** : (B)
>
> **이영식 대리** : 네. 맞습니다.
>
> **김명희 과장** : (C)
>
> **김명희 과장** : 네. 현재 예약 가능하십니다.
>
> **이영식 대리** : 네. 그럼 제가 어떻게 해야 되죠? 예약을 진행하고 싶은데요.
>
> **김명희 과장** : 네. 제가 도와드리겠습니다. 우선 날짜가 결정되셨다면 예약을 해드리도록 하겠습니다. (중략)
>
> **김명희 과장** : (D)
>
> **이영식 대리** : 구체적인 일정을 알려드리면 견적내용을 발송해 주십시오. 연락드리겠습니다.
>
> **김명희 과장** : (E)

① A : 어떤 일이시죠?

② B : 네. 확인하겠습니다. 12월 20일 화요일에 80여 분 송년행사를 진행하실 00홀의 예약 가능여부를 확인하고자 하는게 맞으신지요?

③ C : 가능여부를 확인하겠습니다. 잠시만 기다려주시기 바랍니다.

④ D : 네. 그럼 정리해서 안내 드리겠습니다. 12월 20일 화요일 00홀 저녁 송년행사를 현재 예약해 드렸습니다. 제가 이 외에 더 도와드릴게 있으십니까?

⑤ E : 감사합니다. 그럼 연락 기다리겠습니다. 좋은 하루 되십시오.

해설 걸려온 전화를 받으면 간단한 인사말과 함께 소속과 자신의 이름을 밝힌다. 상대를 확인하고 용건을 확인한다. 이후 상대의 용건을 예의바르게 다시 인사를 나눈다.
예 네. 안녕하십니까? 이영식 대리님이시군요! 어떤 일을 도와드릴까요?

36 종합 쇼핑몰인 00몰에서는 판매사원 교육을 위해 다음과 같은 지침을 마련하였다. 다음의 지침은 고객들의 보편적 기대심리를 바탕으로 하여 서비스 제공자의 효과적인 서비스 태도 형성을 위해 작성되었다. 각 지침별 기대 심리와 이에 대한 이해를 설명한 것 중 가장 적절치 않은 것은?

> 〈서비스 품질 향상을 위한 우리의 생각〉
>
> A. 내 앞의 고객은 소중한 인연으로 나와 만나게 되었으며 누군가에게 사랑받는 존재이다.
> B. 고객은 우리 매장에 방문한 자신만의 이유와 기준이 있다.
> C. 고객이 좋은 품질의 제품을 저렴한 가격에 구매하고자 하는 것은 당연하다.
> D 고객이 지불하는 가격에는 우리의 서비스에 대한 비용이 포함되어 있다.
> E. 모든 고객은 우리에게 특별한 의미가 있다.

① A : 고객은 환영과 존중에 대한 기대심리가 있다. 따라서 모든 고객을 환영하고 존중 받는다는 느낌으로 응대해야 한다.

② B : 고객은 자기중심적이며 자기본위적 심리를 가지고 있다. 고객은 모든 상황을 자기중심적으로 해석하려 하므로 서비스 제공자의 입장이 아닌 고객의 입장에서 생각하고 서비스해야 고객 만족으로 이어질 수 있다.

③ C : 고객은 가격에 민감하다. 따라서 가격 경쟁력을 강조하는 것이 가장 중요하며 저렴한 가격의 상품을 제공하기 위한 노력은 상품의 품질 개선 노력보다 늘 우선시 되어야 한다.

④ D : 고객은 서비스에 대한 보상심리가 있다. 고객은 지불하는 비용에 맞는 서비스를 원하므로 서비스 제공자는 제품을 판매하는 것이 아니라 서비스를 판매한다는 생각으로 임해야 한다.

⑤ E : 고객은 특별한 대우를 받고 싶어 하는 독점 심리가 있다. 따라서 고객 한명 한명에게 특별한 칭찬과 감사를 하거나 이름과 취향 등을 기억하는 것은 고객의 만족을 높이는 효과적인 방법이 될 수 있다.

해설 고객은 가격에 민감하지만 동시에 품질에 대한 최소한의 기대를 가지고 있다. 가격은 동일 품질에 대한 가격이면서 동시에 가격과 무관한 최소한의 품질 기대가 있음을 기억해야 한다.

37 경력사원으로 입사한 김철수 대리를 같은 부서 이영식 대리가 주변 부서와 고객사에 소개하는 상황이다. 잘못된 상황과 그 이유를 설명한 것은 무엇인가?

> **A** : 이영식 대리는 김영수 부장님께 김철수 대리를 소개하였다. "부장님, 이번에 저희 부서에 입사한 김철수 대리입니다."
> **B** : 이영식 대리가 지원부서 박영희 사원에게 김철수 대리를 소개하였다. "박영희 씨, 여기 우리 부서에 새로 오신 김철수 대리에요. 인사 나누시죠."
> **C** : 이영식 대리가 고객사 담당자인 김명식 과장에게 김철수 대리를 소개하였다. "과장님, 저희 회사에 새로 부임한 김철수 대리입니다."
> **D** : 소개를 받은 김명식 과장이 김철수 대리에게 악수를 청하며 인사하였다. "반갑습니다. 저는 김명식입니다."
> **E** : 악수를 한 후 이영식 대리는 김명식 과장에게 명함을 건네자 명함을 받은 김명식 과장도 자신의 명함을 건넨다.

① A : 김철수 대리를 소개할 때 존칭인 '대리님'이라고 표현했어야 한다.
② B : 박영희 사원이 김철수 대리보다 직위가 낮으므로 김철수 대리에게 박영희 사원을 소개했어야 한다.
③ C : 회사 외부 사람을 내부 사람에게 소개해야 했다.
④ D : 악수는 손 아랫사람이나 직위가 낮은 사람이 먼저 청해야 한다.
⑤ E : 명함은 손 윗사람이나 직위가 높은 사람이 먼저 건네야 한다.

해설 소개는 손 윗사람에게 손 아랫사람을, 직위가 높은 사람에게 직위가 낮은 사람을 소개하는 것이다. 명함은 손 아랫사람이 먼저, 악수는 손 윗사람이 먼저 한다. 박영희 사원은 김철수 대리보다 직위가 낮으므로 "김철수 대리님, 여기는 저희 지원부서의 박영희씨입니다."로 소개했어야 한다.

38 ○○병원 상담실에서는 상담실 서비스 제공자들의 이미지 메이킹을 위한 교육을 실시하고 이후 일지를 작성하게 하였다. 어느 상담실장의 일지이다. 이미지 메이킹의 어느 단계에 가장 가까운가?

> 목표 : 오랜 경험을 바탕으로 다양한 고객의 상황을 이해하고 적절한 조언을 해 줄 수 있는 전문성의 이미지를 표현해야 한다.
>
> 1. 이제까지의 총 상담 건수를 정리하여 기록한 나만의 프로필을 만든다.
> 2. 가장 기억에 남는 상담과 고객의 칭찬 사례 등을 들어 전문성을 돋보이게 한다.
> 3. 고객을 상담하는 나만의 원칙과 그 이유를 이야기 할 수 있다.
> 4. 전문가에 걸맞는 스타일(헤어스타일과 화장법 등)을 연구하여 나의 브랜드를 가꾼다.

① 1단계 자신을 알라. ② 2단계 자신을 계발한다.
③ 3단계 자신을 포장한다. ④ 4단계 자신을 판다.
⑤ 5단계 자신에게 진실하라.

(해설) 자신을 포장하여 외적으로 드러날 수 있게 브랜딩하는 과정이다. 자기를 계발하기 위해 전략을 수립했다면 이를 표현할 수 있는 실행이 필요하다.

39 다음은 ○○호텔 홈페이지에 올라온 칭찬 사례담이다. 고객의 칭찬을 첫인상에 관련한 심리적 효과와 연결하여 설명한 것 중 가장 거리가 먼 것은?

> 지난 10월 31일에 00호텔에서 1박을 하게 된 사람입니다. 서울지역 출장길에 자주 이용하는 편인데 호텔 예약 담당자인 김영희 매니저를 칭찬하고 싶습니다. 갑자기 금요일 출장이 잡혀 급히 예약 전화를 했습니다. 급한 성격인지라 퉁명스레 전화를 했는데도 밝은 목소리로 상냥하게 제 이야기를 들어주고 제 입장을 이해해 주더군요. 오히려 나중에는 제가 미안한 느낌까지 들었습니다. 아니나 다를까 김영희 매니저는 제 다급한 사정을 충분히 고려하여 무척 애를 많이 써주었습니다. 만일을 대비해 인근 호텔 목록도 메일로 보내주었고 3일만에 겨우 예약이 되었는데 아마 계속해서 예약 대기 상황을 꼼꼼히 확인하였을 것입니다. 출장을 가보니 객실도 평소보다 더 정갈하게 준비되어 있어서 배려심에 다시 한번 감동했습니다. 사실 5년 전부터 제 거래처 바로 옆이라서 귀 호텔을 이용하고 있었지만 처음 묵었던 날 좋지 않은 인상을 받아서 그 이후로 서비스에 대해서는 별 기대를 하지 않았는데, 이번 김영희 매니저를 통해 제 선입견이 말끔히 해소되었습니다.

① 김영희 매니저와의 전화 통화에서 형성된 좋은 첫인상은 이후에도 긍정적인 영향력을 미치게 되었으며, 이러한 효과를 초두 효과(初頭 效果, primacy effect)라고 한다.
② 친절한 첫인상의 김영희 매니저의 서비스 진행이 맥락 효과(脈絡 效果, context effect, contextual effect)에 의해 이후 객실 상황이나 예약 성사 여부가 더 높이 평가되었다.
③ 김영희 매니저의 후광 효과(後光 效果, halo effect)로 호텔의 전반적인 이미지에도 영향을 미쳐 호텔의 다른 서비스도 더 좋아졌을 것이라고 여기게 된 것이다.
④ 과거 호텔에 대한 부정적인 첫인상도 초두 효과와 부정성 효과에 의해 오랫동안 고객의 이미지 형성에 영향을 크게 미쳤던 것이다.
⑤ 고객은 김영희 매니저의 친절한 응대보다는 어려웠던 예약을 성사시킨 능력을 더 높이 평가한 것이며, 이렇게 감성적 특징보다 업무 능력이나 성과를 중심으로 판단되는 첫인상 효과를 중심특성 효과라고 한다.

(해설) 중심특성 효과(中心特性 效果, central property effect) : 다른 조건이 동일하다고 볼 때 '따뜻하다-차갑다'는 중심특성이 매우 크게 작용한다는 원리로, 김영희 매니저의 친절함과 배려심 등의 첫인상이 더 큰 영향력을 미치게 되었다.

40 최근에 TV홈쇼핑을 통해 소파를 구매한 고객이 친구에게 소파 구매 후 자신의 생각을 이야기하고 있다. 다음의 대화를 통해 서비스 제공자가 이해할 수 있는 내용으로 가장 적절치 못한 것은 무엇인가?

> **고객** : 지난 주에 TV를 보다가 소파를 하나 구입했는데 어제 집에 도착했어. 마침 소파를 사야 되는데 바빠서 알아보지를 못하고 있었거든. 큰 맘 먹고 결정했지.
>
> **친구** : 그래? 어때? 직접 보지 않고 샀을 텐데 마음에 들어?
>
> **고객** : 아무래도 직접 보지 못해서 구매할 때도 많이 기대하지는 않았어. 그래도 꽤 괜찮던데. 가격에 비해서는 꽤 폼이 나더라구. 근데 색깔하고 감촉이 TV에서 설명할 때랑 느낌은 좀 다른 것 같아.
>
> **친구** : 그래? 그럼 반품하지 그래?
>
> **고객** : 뭐 그 정도는 괜찮아. 어차피 쓰다보면 별 차이를 못 느끼게 될 거니까.
>
> **친구** : 요즘 가구점들도 할인행사를 많이 하던데, 직접 만져보고 샀으면 더 좋지 않았을까? 다른 건 괜찮은지 꼼꼼히 확인해 봐. AS는 가능하고?
>
> **고객** : 음. 그래 확인해 볼게. AS가 가능한건 당연하지 않을까? 그것도 좀 그러네…

① 구매 결정시의 기대와 구매 후 성과에 차이가 있는 구매 후 만족의 불일치 상황이 전개되고 있는 것이다.

② 고객은 소파 구매 후 경험을 통해 지각된 성과가 기대에 미치지 못하여 불만족이 생기자 성과를 기대에 동화시켜 기대방향으로 지각하는 동화효과(assimilation effect)가 생겼다.

③ 불만족에 의한 구매 후 부조화의 원인은 구매 결정 당시 관여도가 낮고 선택 대안이 존재하지 않았기 때문에 발생하였다.

④ 고객은 구매 후 부조화 현상이 발생하였지만 심리적 불편함을 해소하기 위해 단점(색깔과 감촉)을 약화시키고 중요하지 않은 것으로 생각하려는 부조화 감소 노력을 하고 있다.

⑤ 고객의 부조화 감소 노력에도 불구하고 가격과 AS 등의 또 다른 변수로 인해 고객의 부조화가 더욱 커지게 될 수 있는 상황으로, 서비스 제공 기업은 부조화 감소를 위한 후속 조치가 필요하다.

해설 부조화 발생의 원인은 주로 관여도가 높거나 여러 가지 선택 대안이 존재한 경우이다.

41 신규로 복사기를 설치한 00건설에 방문한 김명식 대리가 총무부의 이미영씨를 만나 사용법을 설명하게 되었다. 괄호 안에 들어갈 응대 중 공감의 목표를 가장 잘 달성할 수 있는 대화는 무엇인가?

> **이미영 고객** : 새로 복사기가 온다고 해서 정말 좋아했는데, 사용하기 좀 복잡해요.
>
> **김명식 대리** : 네. 아무래도 신제품이다 보니 사용법이 다양해서 복잡하다고 느끼실 수 있습니다. 어떤 부분이 어려우신가요?
>
> **이미영 고객** : 여기 이 버튼들은 무슨 용도이죠? 잘 모르니까 안 쓰게 돼요. 그러면 지난번 복사기보다 조금 빠른 것 빼고는 좋은 것 같지 않아요.
>
> **김명식 대리** : 네. 맞습니다. 여기 이 버튼들의 기능이 이 제품의 가장 좋은 기능들입니다. 제가 설명해 드리겠습니다.
>
> **이미영 고객** : 아~ 너무 복잡한 것 같아요. 괜히 잘못 건드리면 시간만 더 들고. 그렇지 않아도 바쁜데 말이에요.
>
> **김명식 대리** : (   )

① 바쁘셔도 이걸 안쓰시면 어떡해요? 회사에서 구매하신 건데 배우셔야 합니다.

② 네. 복잡하긴 하죠. 바쁘시다보니까 더 신경이 쓰이기도 하고…, 어쩌죠? 그럼 일단 쓰시던대로 쓰셔도 되시겠습니까?

③ 네. 처음 쓰실 때는 조금 복잡하게 느끼실 수 있습니다. 하지만 앞으로의 시간을 더 많이 절약할 수 있는 기능들이라 바쁘신 고객님 업무에 꼭 도움이 될 것입니다. 조금만 익숙해지시면 복잡한 느낌도 없으실 겁니다.

④ 복잡하긴요. 제가 이제까지 많은 고객을 만났지만 이걸 복잡해서 못쓰신 고객은 없으셨는 걸요. 안 복잡합니다. 바로 배우실 수 있어요.

⑤ 네. 고객님 이해합니다. 좀 복잡하고 시간이 걸릴 수도 있습니다. 그러면 어떻게 해드리면 되겠습니까?

해설 비즈니스에서의 공감이란 상대방의 심리적 상태를 그 사람의 입장에서 자각하되 이러한 심리적 원인을 이해함으로써 고객과 함께 해결점을 모색하고 상황을 긍정적으로 발전시키는 반응이다.

42 다음은 보험 세일즈맨이 고객을 첫 방문하여 나눈 대화이다. 이 대화를 효과적인 Ice Breaking의 개념에서 해석한 것으로 가장 부적절한 해석은 무엇인가?

세일즈맨 : 주변에 보험회사 다니시는 분들이 많으실 텐데, 그 분들은 방문하셔서 주로 어떤 이야기들을 하시던가요?

고　　객 : 음…, 보통 이 상품이 왜 필요한지, 또 비교도 해주고… 어떤 상품에 가입했는지 알아보겠다고 하면서 여러 가지 조언을 해주시죠.

세일즈맨 : 그 밖에 또 어떤 이야기를 하시던가요?

고　　객 : 뭐 보험 상품을 추천해주고 가입하라는 거죠….

세일즈맨 : 그런 이야기를 들으시면 어떤 느낌이 드시는지요?

고　　객 : 꼭 필요한 상품이면 생각을 해보겠지만, 보험 상품은 좀 어렵기도 하고 사실 부담스럽죠. 요즘 불경기라 다들 형편도 넉넉하지 않은데 말이죠.

세일즈맨 : 좀 어렵고 또 부담스럽기도 하구요. 맞습니다. 대부분의 고객께서 부담을 느끼십니다. 혹시 어떤 부분에서 그러신지요?

고　　객 : 이미 많이 가입했는데도 좀 부족하다고 하는데…보험만 계속 가입할 수도 없으니까요. 상담은 받아봤지만 복잡하고 또 바쁘다 보면 결정하기도 힘들구요.

세일즈맨 : 네 그러시군요. 보험은 미래의 위험에 관한 일이고 또 지출을 동반하는 만큼 복잡하고 부담스러운 문제입니다. 바로 그래서 전문가와의 진정성있는 상담이 필요한 거라 생각됩니다. 오늘 저는 고객님께서 말씀하신 그러한 부분에 조금이나마 도움을 드리고자 방문하였습니다.

① 왜, 그 밖에 또, 그래서라는 3 Step Keyword 기법을 잘 활용하여 첫 방문의 주도권 확보에 성공하였다.

② 세일즈맨은 적절한 질문을 통해 고객의 보험 가입 의사를 타진하여 효과적인 Ice Breaking을 성공시켰다.

③ 세일즈맨은 효과적인 질문과 경청을 활용하여 고객의 대화를 주도적으로 이끌어가고 있다.

④ 고객을 방문한 이유, 즉 방문 목적을 밝힘으로써 Ice Breaking 화법이 마무리 되고 본격적인 상담에 진입하게 되었다.

⑤ 고객의 상황과 감정적 느낌을 이해하면서 공감할 수 있음을 밝혀 고객의 어색함과 방어적 태도를 일부 해소할 수 있는 계기가 마련되었다.

해설 고객의 보험가입 의사 타진은 첫 방문 시의 효과적인 Ice Breaking이 아니며, 상기 상황의 화법에서는 찾아볼 수 없다.

43 다음은 OO전시회를 성공리에 마친 한 도시의 사례이다. 컨벤션 개최를 통해 얻어진 다음의 효과를 가장 정확하게 설명한 것은?

> 도시가 가지고 있던 고유의 문화가 한층 발전하게 되었다. 전시회를 홍보하기 위한 상품으로 전통 요리를 부각하게 되었고, 이를 기회로 집집마다 이어져오던 전통적인 음식 문화를 정리하는 계기가 되었다. 전시회를 홍보하고 진행하는 과정 중에 각종 매체나 참가자들의 입소문 덕분에 구체적인 음식들이 외부에 알려지게 되는 효과도 거두게 되었다. 또한 그 속에서 도시만이 보유한 독특한 문화적 배경과 역사도 하나의 스토리로 엮여져서 알려지게 되었다. 없어질 수도 있었던 전통과 역사가 되살아나는 훌륭한 기회가 되었다.

① 관광 산업 발전 효과 – 각종 시설물을 정비하고 교통망을 확충하게 됨
② 사회, 문화적 효과 – 개최 지역의 고유한 문화가 알려지고 세계로 진출하며 국가 이미지가 향상되는 기회가 생김
③ 정치적 효과 – 개최국과 개최도시의 세수가 증대됨
④ 경제적 효과 – 문화 및 외교 교류의 확대 기회가 발생함
⑤ 세계화 효과 – 다양한 세계의 문화가 유입되어 문화적 유연성이 극대화됨

(해설) 문화 발전의 효과는 사회, 문화적 효과이며 ①,③은 경제적 효과에 대한 설명임. ④는 정치적 효과

44 다음의 사례를 통해 이해할 수 있는 의전 기획 및 실무의 방침을 설명한 것이다. 거리가 먼 것은?

> 1993년 7월 방한한 클린턴 당시 미국 대통령은 녹지원에서 조깅 후 연무관 수영장에서 수영을 하고 샤워를 하게 되었다. 이때 샤워장에서는 클린턴 대통령의 애창곡이 스피커를 통해 흘러 나오는데, 이에 감동한 클린턴 전 대통령은 이를 회고록인 "My Life"에서 "Korea's famous hospitality"에 감사한다는 말과 함께 기록하고 있다.

① 의전 기획 단계에서 의전의 대상자에 대한 일상은 물론 기호 등을 면밀히 파악한 것이다.
② 의전의 핵심은 상대방에 대한 이해를 바탕으로 하는 배려임을 보여주는 좋은 사례이다.
③ 의전 대상자의 이동 경로 및 소요 시간을 정확하게 예측하여 정확하게 실행하였다.
④ 국빈 방문의 수준에서 행해질 수 있는 의전의 단계이다.
⑤ 의전이 형식을 떠나 목표를 달성하기 위한 전략으로 사용될 수 있음을 보여주는 사례이다.

(해설) 의전의 범위나 수준에서 규정짓는 내용은 아니다.

Answer 42. ②   43. ②   44. ④

※ [45~46] 다음은 금융상품이 만기가 되어 방문한 고객을 응대하는 은행 담당자의 서비스 응대이다.

A : 축하드립니다. 적금을 가입하실 때 목표가 있으셨을 것 같은데요. 여쭤봐도 될까요?

B : 네. 목돈을 만들기 위해서 이렇게 시간을 투자하신 거군요. 정확한 계획으로 목표를 이루셔서 뿌듯하실 것 같습니다. 그럼 이번 만기 자금은 특별한 사용처가 있으신 게 아니신가요?

C : 네. 사용하시기 보다는 재투자를 검토하시는 거군요. 그렇다면 혹시 어떤 형태로 투자를 계획하고 계신지요?(중략)

D : 거치식 상품은 투자 수익이 예상되는 상품을 선호하고 계신다는 말씀이시네요. 맞으신지요?

E : 투자 수익이 중요하긴 하지만 투자 상품을 고르기가 어려우신거군요. 혹시 염려되시는 점이 있다면 어떤 점 때문인가요?

F : 원금 손실에 대한 염려가 가장 크시군요. 그 밖에 또 어떤 점이 염려되시는지요?

G : 바로 그러한 부분들 때문에 고객님의 투자 성향이나 자금의 성격이 잘 고려된 상품으로 가입하시는 것이 중요합니다. (H   )

I : 고객님처럼 계획을 수립하고 완성하시는 성향의 고객께서는 포트폴리오별 투자 계획의 성공 확률이 매우 높으십니다. (J   )

45 서비스 제공자의 응대 화법을 효과적인 비즈니스 커뮤니케이션의 방법으로 해석하여 설명하였다. 거리가 먼 것은?

① 적절한 칭찬과 함께 정리하기 기법 등의 고급 경청 기법과 재질문의 구조로 이어진 One Cycle Flow의 구조를 가진 서비스 응대이다.

② 서비스 제공자는 상담의 목표를 위해 구체적인 질문을 단계별로 펼쳐 가고 있다.

③ A와 C는 고객의 상황을 파악하기 위한 폐쇄형 질문이며, D는 상담의 진전을 이루고 고객의 동의를 구하기 위한 직접형 질문의 형식이다.

④ E~G에서는 3 Step Keyword를 활용하여 고객의 부담이나 염려를 상담의 진전으로 효과적으로 이어가게 되었다.

⑤ I는 적절한 칭찬과 함께 서비스 제공자의 전문성과 경험을 드러내는 응대 화법이었다.

해설 A와 C는 개방형 질문이며, D는 간접형 질문이다.

46 상담의 진전을 단계적, 효과적으로 이어가기 위해 괄호 안에 들어갈 질문으로 가장 거리가 먼 것은?

① H : 고객님께 적합한 투자의 방향을 위해 몇 가지 질문을 드려도 되겠습니까?

② J : 제가 좀 더 구체적인 투자 상품 몇 가지를 설명드려 볼까 합니다. 어떠십니까?

③ H : 혹시 고객님께서는 투자에 있어 중요하게 생각하시는 기준이나 원칙이 있으신지요?

④ J : 투자를 하심에 있어 성공 확률은 중요한 요소라 생각되는데, 고객님께서는 어떠신지요?

⑤ H : 제가 고객님께 가장 잘 맞는 상품을 안내해 드리면 어떨까요?

해설 상담의 필요성에 대해 이야기 하였으므로 고객의 상황이나 의견을 추가적으로 질문해야 한다. 상품 안내로 바로 진행하면 고객은 다시 부담감을 가지게 된다.

※ [47~48] 내일은 중요한 거래처 사장님에게 프레젠테이션이 있는 날이다. 다음은 프레젠터인 김미영 과장의 준비 내용이다.

- 대상자 : 00전자 김철수 사장님 및 임원단
- 시간 : 2015년 1월 20일 오후 2시~3시(1시간 예정)
- 주제 : 신제품 소프트웨어 안내
- PT의 목표 : 신제품의 고객사 이점을 이해하여 구매의사가 생길 수 있도록 한다. 곧 본격적으로 전개될 영업팀의 영업 활동을 지원함으로써 구매 설득에 도움이 되어야 한다.
- PT 장소 : 00전자 증역 회의실
- PT 구성 : PPT 슬라이드 총 25장과 인쇄물
- 핵심 Contents : 제품 개발 배경 스토리, 시뮬레이션 결과 시연
- 사전 리허설 체크 사항 : 목소리 크기를 좀 더 키운다. 딱딱한 분위기를 좀 더 자연스럽게 해야 한다. 동선 체크.

Answer 45. ③ 46. ⑤

47 상기 준비 사항을 효과적인 프레젠테이션 준비의 관점에서 설명해 보았다. 가장 거리가 먼 것은?

① 프레젠테이션의 3P인 청중, 목적, 장소에 대해 언급되어 있다.

② 본 프레젠테이션은 정보전달에 최종 목표가 있으므로 핵심을 강조하고 청중이 알고자 하는 정보를 이해하기 쉽게 전달하는 것이 중요하다.

③ 1:多에 해당하는 프레젠테이션이다.

④ 프레젠테이션 장소에 대한 구체적인 사항을 점검해야 한다. 테이블 배치와 기자재 준비 사항 등에 이상은 없는지 확인해야 한다.

⑤ 정확한 참석 대상자에 대해 구체적으로 파악할 필요가 있다. 참석자 수와 직급 담당 부서 등에 대한 정보는 효과적인 프레젠테이션을 기획하는 중요한 요소이다.

해설 본 프레젠테이션은 정보전달의 내용을 포함하고 있지만 설득 프레젠테이션에 가깝다. 정보 제공 (신제품 안내)과 아울러 가치(고객 이점)를 인식시켜 의도한 행동(구매)을 취하게 하는 것이다.

48 효과적인 프레젠테이션을 위해 추가적으로 필요한 여러가지 요소에 대한 설명이다. 적절치 않은 것은?

① 프레젠터의 복장 – 깔끔한 정장 수트와 구두를 준비하는 것은 신뢰와 전문성에 부합하는 이미지 메이킹의 기본적인 준비이다.

② 청중의 이해도 정도 – 청중이 본 프레젠테이션에서 전달할 정보를 어느 정도 수준으로 이해하고 있는가를 파악하여 프레젠테이션을 진행해야 한다.

③ 비언어적 효과 – 신뢰도와 설득력을 높일 수 있는 목소리 크기, 말의 속도, 제스처 및 시선처리, 움직임 등의 연습이 필요하다.

④ 효과적인 구성 – 도입, 본론, 결론부를 효과적으로 구성하여 내용을 전달할 수 있어야 한다.

⑤ 객관성의 유지 – 프레젠터는 객관성을 유지하여 정보를 전달하는 것이 신뢰도를 높이는 측면에서 도움이 된다. 따라서 자신감, 열정, 확신보다는 객관적 사실을 겸손하게 전달한다.

해설 프레젠터의 자신감과 열정적인 태도, 확신은 프레젠테이션 성공에 중요한 요소이다. 자신감 있게 그러나 겸손하게 임해야 한다.

※ [49~50] 다음은 자동차 대리점에서 진행되는 세일즈맨과 고객의 대화이다.

> 고　　객 : 자동차를 바꿀까 하는데요.
> 세일즈맨 : 네. 어서오십시오. 여기 요즘 가장 잘 나가는 차량입니다. 디자인도 그렇고 가격도 아주 합리적으로 구성되어 있습니다. 이번 달에 특별 할인행사도 시행하고 있구요. 연령대에 잘 맞으실 것 같은데요. 한 번 타 보시죠?
> 고　　객 : 이건 휘발유 차량이죠?
> 세일즈맨 : 네. 휘발유 차량이라서 아주 조용하고 승차감도 뛰어납니다.
> 고　　객 : 요즘 기름값이 많이 올랐던데, 이 차는 하이브리드나 경유차량이 아니라서 좀 그러네요.
> 세일즈맨 : 고객님, 아무리 연비가 좋으면 뭐합니까? 일단 승차감 좋고 고장 적은 게 더 중요하죠. 하이브리드 차량은 일단 이 차보다 훨씬 비싸서 유류비 절감이 무색합니다.
> 고　　객 : 경유 차량은 어때요?
> 세일즈맨 : 경유로 찾으세요? 그럼 경유 차량은 이쪽에 있습니다. 가격은 좀 더 비쌉니다. SUV차량이라서 가족분들과 함께 나들이 하기에도 좋구요.
> 고　　객 : 아…, 차량 가격이 비싸네요. 예산을 넘는데….

49 상기 서비스 현장 상황을 효과적인 비즈니스 커뮤니케이션의 관점으로 설명하였다. 잘못 설명한 것은 무엇인가?

① 자신이 판매하는 상품에 대한 확신과 전문적인 지식으로 빈틈없는 설명을 진행하였다.

② 고객의 거절이나 염려를 일반적인 설명으로 응대하여 해결하지 못하였다.

③ 세일즈맨은 고객의 보유 니즈는 불완전한 니즈이므로 판매 상담으로 이어가기 보다는 니즈를 개발, 강화하는 절차를 밟아야 했으나 상품 설명으로 일관하여 기회를 놓치고 있다.

④ 고객의 니즈나 상황에 대해 질문하지 않아 고객에 대한 정보를 얻을 수 없었다.

⑤ 세일즈맨은 고객과의 첫만남에서 효과적인 Ice Breaking이나 경청의 태도를 보이지 못해 오픈마인드 및 공감대 형성에 실패하였다.

해설 고객은 거의 이야기 하지 않았으며, 비즈니스 커뮤니케이션의 기본인 질문이나 경청의 방법을 전혀 사용하지 않았다.

50 밑줄 친 세일즈맨의 첫 응대를 고객의 추가적인 정보를 발견하면서 고객의 니즈를 개발하기 위해 도움이 되는 내용으로 바꿔보려 한다. 가장 효과적이지 않은 것은 무엇인가?

① 네. 고객님께서 직접 운전하실 차량이시지요? 주로 출·퇴근 용도이신가요? 아니면 가족분들과의 나들이가 더 중요하신지요?

② 네. 고객님께서 모시던 차량을 신차로 바꾸실 계획이시군요. 바꾸시려는 이유는 무엇인지 여쭤봐도 될까요?

③ 네. 고객님 이번에 차량 구입을 검토하시면서 특별히 중요하게 생각하시는 점이 있으신지요?

④ 네. 생각하고 계신 차량이 있으신가요? 어느 정도 가격대를 찾으시는지요?

⑤ 네. 고객님 현재는 어떤 차량을 운전하시면서 특별히 불편하셨던 점은 없으셨나요?

해설 차량 가격 및 예산을 질문하는 것은 고객 니즈 개발에는 맞지 않는 질문이다.

참고문헌

박두환, 이경랑, 「세일즈 커뮤니케이션 스킬 12」, 정인출판

문학비평용어사전, 국학자료원(2006. 1. 30.)

피터 몬타야, 「퍼스널 브랜딩 신드롬」, 바이북스(2009)

메라비언의 법칙 [The Law of Mehrabian, 一法則] (두산백과)

곽건 생존연구소장, 「커뮤니케이션 Test」

마이클 보스워스, 「솔루션을 팔아라」, 김앤김북스

이한분, 「파워 스피치의 이론과 실제」, BG북갤러리(2008)

이수동, 「전사적 관점의 마케팅」, 학현사(2009)

한국심리학회, 「빅 파이브[Big Five]」(심리학용어사전, 2014. 4.)

Philip Kotler, Kevin Lane Keller 지음, 윤훈현 옮김, 「마케팅 관리론(제14판)」, PEARSON(2012)

Stephen P. Robbins, 김지성 역, 「조직행동론」, Person Education Korea

「커뮤니케이션」, 커뮤니케이션북스

스티븐 코비, 「성공하는 사람들의 7가지 습관」, 김영사

전성철, 최철규 저, 「협상의 10계명」, IGM books

경찰학사전, 2012.11.20., 법문사

외빈영접 의전분류(시사상식사전, 박문각)

위키백과, 대한민국의 공식 국가의전서열

정신분석용어사전, 2002.8.10., 서울대상관계정신분석연구소[한국심리치료연구소]

인간의 모든 감정, 2011.04.10., 서해문집

■ 기획 : SP&S 컨설팅(공동대표 박두환, 이경랑)

기업 고객 접점의 경쟁력을 높이기 위한 맞춤형 컨설팅, 프로세스 및 커뮤니케이션 화법 제작 전문 기업으로 프로젝트 형식의 맞춤형 서비스, 세일즈 강좌는 물론 회원제 콘텐츠 제공 등을 통해 설립 3년 만에 서비스 현장을 체계화하는 데에 전문적이고 차별화된 영역을 확보하였다.

대표적인 활동으로는,

- ㈜퍼시스 세일즈 프로세스 및 화법 개발, SE 아카데미 자문 및 오피스컨설턴트 과정 진행
- KAIST산하 (재)스마트IT융합시스템연구단 교수진 마케팅 역량강화 과정 개발, 진행
- ㈜일룸 세일즈 프로세스 및 화법 개발, 세일즈 어드밴스 과정 개발 및 진행
- 한동대학교 직업과 진로탐색 과정 진행
- 부산대학교 공대혁신센터 리더십, 마케팅 역량과정 진행
- KB투자증권 고객만족센터 커뮤니케이션 역량강화 과정 진행
- 파란손해사정(주) 경쟁력 강화 프로젝트 및 현장 커뮤니케이션 강화 과정 진행
- 〈세일즈 커뮤니케이션 스킬 12〉 도서 출간
- 월간 시사 저널 〈뉴스메이커〉 선정 '2015년 한국을 이끄는 혁신 리더' 선정
- 조세일보, 여성신문, 뉴스메이커 등 칼럼 기고
- 그 외 NHN Entertainment AD, 삼성화재(주), 알리안츠생명, 교보생명, 카네비컴(주), First Advantage 등 약 50여 개 대기업, 금융기관 및 중소기업 강좌 진행

■ 저자 : 서비스 세일즈 가치 향상 연구회

- 박두환 : SP&S 컨설팅 공동대표, 〈세일즈 커뮤니케이션 스킬 12〉 공저
- 이경랑 : SP&S 컨설팅 공동대표, 〈세일즈 커뮤니케이션 스킬 12〉 공저
- 박지원 : 국제공인 NLP 트레이너, 한국코치협회 전문 인증코치, 중소기업청 노사발전재단 CEO전문 코치, 동덕여자대학교 객원교수
- 곽건 : 생존연구소 소장, 국가공인 CS Leaders 1급 심사위원, 저서 : 〈강사를 위한 Prezitation〉, 〈비즈니스 프로파일링 기법〉
- 강정민 : 미래 지능교육개발원 대표, 대덕대학교 외래교수, 한국지식경제진흥원 전문교수
- 조윤진 : 네오패션&이미지 대표, 대덕대학교 외래교수, 코칭코리아 교육이사
- 명노욱 : KB투자증권 WM사업본부 본부장 상무
- 김성천 : (전)대우세계경영연구회 미래창조 위원장, Wilson Learning Worldwide 퍼실리테이터, GLOBIZ Academy 원장, Smart CMS 대표(국제전시 및 국제회의 전문기업)
- 조영렬 : 합동대학교 연구교수, 서울융합산업박사연합회이사, 대덕대학교 외래교수